47都道府県政治地図

八幡和郎 著
新世紀政経研究所 編著

はじめに

　日本の政治は47都道府県の政治風土や、選挙区の歴史など事情を知らずしては語れない。

　政治家にとって最大の関心事は、選挙の当落だ。「猿は木から落ちても猿だが、政治家は選挙に落ちたら政治家でなくなる」といわれる。

　しかも、小選挙区では極端な結果が出る。2009年の総選挙では、自民党は300選挙区で61議席に、2012年の総選挙では民主党が27議席しか取れなかった。

　そういうわけで、政治家はイデオロギーや国益より、選挙でどうなるかを優先しがちだ。政治家やその政治行動を理解するためには、まずその選挙区事情がどうなっているかを知らなくては始まらない。ライバルはどういう政治家か、歴史的な事情や風土がどうなっているかなどを知るのはとても大事だ。

　その都道府県の地方自治がどういう状況かも知りたい。日本では国政は三権分立だが、地方自治はほとんど知事や市長など首長独裁だ。しかも、選挙では現職が圧倒的に強い。

　だから、戦後の首相の在任期間はだいたい平均2年しかないが、知事はなんと平均10年だ。現代の封建領主といわれる所以である。

　地元の地方自治がどうなっているかも、国会議員の行動に非常に大きな影響を与えることは、東京都における小池百合子知事と自民党の死闘をみればわかるだろう。

　そこで本書は、47都道府県の成り立ちと政治風土を紹介するとともに、戦後の歴代知事を語り、それぞれの選挙区ごとに過去何回かの経緯について解説してある。

　衆議院の場合は、民主党政権を生んだ2009年の選挙から現在に至るまでの選挙を扱っており、3年ごとに改選される参議院の場合は、過去4回の選挙を扱った。

　コンパクトにまとめるために、個々の政治家の細かいデータは本文には書いてないが、現職議員については、一覧表をもって索引代わりにしているので、ぜひ参考にしていただきたい。

八幡和郎

目次

[第1章　北海道]

北海道 ……………………………………………………… 8

[第2章　東北]

青森県 ……………………………………………………… 16
岩手県 ……………………………………………………… 19
宮城県 ……………………………………………………… 23
秋田県 ……………………………………………………… 27
山形県 ……………………………………………………… 30
福島県 ……………………………………………………… 33

[第3章　北関東]

茨城県 ……………………………………………………… 40
栃木県 ……………………………………………………… 44
群馬県 ……………………………………………………… 47
埼玉県 ……………………………………………………… 51

[第4章　南関東]

千葉県 ……………………………………………………… 60
神奈川県 …………………………………………………… 65
山梨県 ……………………………………………………… 71

[第5章　東京]

東京都 ……………………………………………………… 78

[第6章　北陸信越]

- 新潟県 …… 90
- 富山県 …… 94
- 石川県 …… 97
- 福井県 …… 100
- 長野県 …… 103

[第7章　東海]

- 岐阜県 …… 110
- 静岡県 …… 114
- 愛知県 …… 119
- 三重県 …… 125

[第8章　近畿]

- 滋賀県 …… 132
- 京都府 …… 135
- 大阪府 …… 141
- 兵庫県 …… 149
- 奈良県 …… 155
- 和歌山県 …… 159

[第9章　中国]

- 鳥取県 …… 168
- 島根県 …… 172
- 岡山県 …… 177

広島県 181
山口県 186

［第10章　四国］
徳島県 194
香川県 198
愛媛県 202
高知県 206

［第11章　九州・沖縄］
福岡県 212
佐賀県 218
長崎県 222
熊本県 226
大分県 229
宮崎県 232
鹿児島県 236
沖縄県 240

参議院選挙比例区 248
中曽根首相以降の首相と内閣 258
衆議院、参議院議員名簿 259

第1章 北海道

北海道（蝦夷）

ミニ霞が関といわれる道庁の絶大な権力

> 北海道を代表する政治家一家が町村家と横路家だ。開拓時代からの名家出身で知事をつとめた町村金吾の息子である信孝は、福田派の流れを汲む清和会の会長を小泉純一郎や森喜朗から引き継ぎ、外相をつとめた。この町村親子の二代にわたるライバルが、社会党の代議士だった横路節雄とその子で知事や衆議院議長をつとめた孝弘だ。

【道の概要】

蝦夷地が北海道と呼ばれるようになったのは、明治2年（1869）のことだ。蝦夷という用字は7世紀から、エゾという呼び方は平安時代からあるが、語源は諸説あって確実なものはない。

古くから日本の一部であるという認識はあり、『平家物語』には、壇ノ浦の戦いで敗れた平宗盛が、「たとえ、蝦夷千島にても命さえあらば」といったという記述がある。ただ、米作りなどはできなかったので、律令制に基づいた支配は成り立たなかった。

和人が定着し始めたのは室町時代あたりからだが、本土の生活習慣そのままでは暮らしにくかったので、本格的な開発は明治になって西洋人たちの知恵を借りるのを待つしかなかった。

江戸時代には松前氏が支配したが、アイヌの人たちを酋長などを通じて間接支配するというようなことだった。しかし、ロシア人が姿を現すと放っておけず、徐々に開発が進み、箱館に、幕府が五稜郭を築いた。

北海道の名付け親は探検家で開拓使の高官だった松浦武四郎だが、アイヌ民族が自らを「カイ」と呼ぶことから「北加伊道」、同じ読みで南海道、東海道と平仄を合わせた「北海道」、さらに日高見道とか海北道といった案も提示していた。

行政の仕組みは、最初は松前・江差周辺の四郡が松前藩改め館藩で、残りが北海道開拓使の管轄となり、明治4年には館藩が館県になったすぐに青森県に移管され、翌年には開拓使の傘下に入り、15年には根室、函館、札幌の三県に分割され、19年になって北海道が成立した。これと並行して明治2年に律令制を踏襲し、11の国とそれを細分した郡が

設けられ、33年に本土の郡と県の中間のような規模の支庁が成立した（現在では振興局という）。北方領土といわれる歯舞・色丹・国後・択捉は根室振興局に属す。

　北海道らしい政治家といえば、「北海道のケネディ」というキャッチフレーズで売り出し青嵐会のリーダー格だった中川一郎がいたが、謎の自殺を遂げた。地盤は長男の昭一と秘書の鈴木宗男に引き継がれるが、昭一は財務相のとき朦朧会見で失脚して失意のうちに病死。宗男は異色の政界実力者となるが、不正事件などを含め「疑惑の総合商社」といわれて塀の中へ。歴史は彼らをどう評価するだろうか。

【歴代知事】

　戦後第1回の知事選挙では、6人の候補が乱立したが、当時の規定によって必要とされた有効得票総数の8分の3は誰も取れなかったが、決選投票で革新系の田中敏文（1947年）が当選した。全道庁職員組合委員長だったが、公務員としては林政部森林土木係長に過ぎなかったから誰もが意外な結果に驚いた。政府はこの事態を憂慮し、2年後には北海道開発庁を設けて、道庁の仕事に厳しい包囲網を構築したのである。

　町村金五（1959年）は開拓の功労者の家に生まれ、内務官僚として警視総監をつとめ、戦後は代議士になった。町村はストイックな内務官僚であり、公営ギャンブルの大部分を廃止するとか、自然保護に力を入れる、側近政治を排除するために、側近を次の異動ではあえて厳しいところに置くなどした。一方、市町村に対してきめ細かい配慮を徹底し、多くの役場に知事の写真が飾られるようになったほどだった。

　堂垣内尚弘（1971年）の実家は札幌の雑貨商で、北海道大学工学部卒業。北海道庁に勤務したが北海道開発庁へ出向し、事務次官をつとめた後、北海学園大学教授となっていた。北海道らしい文化や生活様式を確立しようという北方圏構想を進め、1972年の冬季オリンピックの誘致にも成功した。

　横路孝弘（1983年）は、「社会党のプリンス」といわれたことが象徴するように、ソフト・ムードで女性人気も高く、「勝手連」が活躍して知事に当選した。日本経済がバブル期に向かう中で、スキー場など観光開発が盛んに行われ華やかな時代だったが、バブル崩壊とともに国政へ

転進せざるを得なかった。

堀達也（1995年）は樺太出身。北海道大学農学部から北海道庁に入庁。副知事などをつとめた。長期間にわたって棚ざら

しになった事業を再点検する「時のアセス」を打ち出すなど、改革派的なセンスも採り入れたが、裏金問題など道庁の不祥事で、知事は生え抜きだけに厳しく責任を追及された。また、鈴木宗男との深い関係が足かせとなり、町村信孝らを中心に元北海道経済産業局長の高橋はるみ（2003年）が擁立された。

高橋は富山県生まれ。母方の祖父は富山県知事をつとめた高辻武邦である。一橋大学経済学部から通産省入りした。与党との太いパイプを活かし、道州制特区の推進、北海道新幹線の開通、知床の世界遺産登録を実現し、道職員の給与削減などに踏み切った。北海道日本ハムファイターズの優勝や外国人観光客の増加など明るい話題も多いが、何しろ、ミニ霞が関といわれる道庁の岩盤は強固で、支庁制度の廃止も中途半端になるなど難しい状況が続いている。北海道胆振東部地震への対応で手腕を発揮できるか。

【こんな政治家も】

五十嵐広三は旭川市長として全国初の歩行者天国をオープンさせるなど全国的に知られ、国政に転向したのちは、村山富市内閣の官房長官をつとめた。鳩山由紀夫はその人脈と個人的財力をあてにされて落下傘候補として苫小牧・室蘭を地盤とした。

【最近の衆参議員選挙の状況】

【略語の表記について】氏名／衆院選の執行年及び当該小選挙区の当選者名。（自②）／当選当時の所属政党（自民党）及び当選回数。（加えて直近の選挙については得票数も記載）[当]／小選挙区で当選。[比復]／比例区で復活当選。[次]／次点候補者

◇第1区：道下は横路の秘書を経て、北海道道議会議員、引退した横路の後継候補となった。船橋は麻生太郎の秘書をつとめ、建設会社経営、北見市会議員、道議。'09 **横路孝弘（民）**。'12 **船橋利実（自）**。'14 **横路孝弘（民）**。'17[当] **道下大樹（立①）139,110**、[比復] **船橋利実（自②）120,987**。

◇第2区：吉川は鳩山邦夫の秘書を経て、道議。北海道12区から転じた小沢一郎側近の松木を破った。'09 **三井辨雄（民）**。'12 **吉川貴盛（自）**。'14 **吉川貴盛（自）**。'17[当] **吉川貴盛（自⑥）104,824**、[次] **松木謙公（希）74,425**。

◇第3区：荒井元経済財政担当相は農水官僚。道庁に出向し、横路孝弘知事の知事室長をつとめた。日本新党から初当選。新党さきがけ、旧民主党に所属。父は学校法人札幌慈恵学園の創始者。'09 **荒井聡（民）**。'12 **高木宏寿（自）**。'14 **高木宏寿（自）**。'17[当] **荒井聡（立⑧）141,680**、[次] **高木宏寿（自）118,961**。

◇第4区：中村は建設会社経営者、道議。本多は松下政経塾出身、埼玉12区を選挙区にしていたが、鉢呂が参議院に転じたため、後継候補となった。新潟県選出の西村智奈美代議士は夫人。'09 **鉢呂吉雄（民）**。'12 **中村裕之（自）**。'14 **中村裕之（自）**。'17[当] **中村裕之（自③）104,054**、[比復] **本多平直（立③）90,619**。

◇第5区：和田は三菱商事入社、町村信孝の次女と結婚、義父の秘書。'16年、町村の死去に伴い行われた補欠選挙で初当選。池田は地域の福祉支援事業に従事し、無所属で'16年の補欠選挙に出馬し、和田に僅差で敗れた。'09 **小林千代美（民）**。'12 **町村信孝（自）**。'14 **町村信孝（自）**。'16 **補欠選挙 和田義明（自）**。'17[当] **和田義明（自②）142,687**、[比復] **池田真紀（立①）135,948**。

◇第6区：佐々木立憲民主党副代表は農家、北海道農民連盟幹部をつとめ、道議。比例重複を辞退し、今津を破った。'09 **佐々木隆博（民）**。'12 **今津寛（自）**。'14 **佐々木隆博（民）**。'17[当] **佐々木隆博（立④）136,312**、[次] **今津寛（自）113,851**。

◇第7区：伊東は会社勤務を経て、釧路市議、道議、釧路市長。'09 伊東良孝（自）。'12 伊東良孝（自）。'14 伊東良孝（自）。'17㊁伊東良孝（自④）95,200、次 石川明美（共）47,740。

◇第8区：逢坂は立憲民主党に入党しながらも、無所属で出馬。薬剤師、ニセコ町役場に入庁。ニセコ町長。'05年、比例北海道ブロック単独1位候補で出馬し初当選。'09 逢坂誠二（民）。'12 前田一男（自）。'14 逢坂誠二（民）。'17㊁逢坂誠二（無④）125,771、次 前田一男（自）101,243。

◇第9区：堀井はスピードスケートで五輪銅メダル、道議。鳩山元首相は'12年の選挙には出馬せず、引退した。山岡はNHK元記者、父は山岡賢次元国家公安委員会委員長。'09 鳩山由紀夫（民）。'12 堀井学（自）。'14 堀井学（自）。'17㊁堀井学（自③）108,747、比復 山岡達丸（希②）88,320。

◇第10区：稲津は特別養護老人ホーム、医療法人に勤務後、道議。神谷は漁業協同組合に勤務、徳永エリ参議院議員秘書をつとめた。'09 小平忠正（民）。'12 稲津久（公）。'14 稲津久（公）。'17㊁稲津久（公④）96,795、比復 神谷裕（立①）96,282。

◇第11区：石川は「陸山会事件」で有罪判決を受けた元代議士の石川知裕の妻。公民権停止の夫に代わり出馬、自殺した中川昭一元財務相の未亡人郁子を破った。元日本BS放送のアナウンサー。'09 石川知裕（民）。'12 中川郁子（自）。'14 中川郁子（自）。'17㊁石川香織（立①）98,214、次 中川郁子（自）82,096。

◇第12区：武部は日本興行銀行に勤務後、父の武部勤元自民党幹事長の秘書。'09 松木謙公（民）。'12 武部新（自）。'14 武部新（自）。'17㊁武部新（自③）97,113、次 水上美華（希）58,422。

◇参議院（定数3）：2016年に定数2→3に変更。長谷川は会社経営者。徳永はテレビリポーター、会社経営者。鉢呂元経済産業大臣は今金町農協に勤務。社会党から民主党。代議士を7期つとめた。伊達参議院議長は臨床検査技師、札幌医科大学病院に勤務し、札幌臨床検査センターを設立した。道議。自民党参議院幹事長などを歴任。小川は鳩山邦夫の秘書を経て、95年に新進党公認で出馬し初当選。翌年、旧民主党に入党。'07 小川勝也（民）、伊達忠一（自）。'10 長谷川岳（自）、㊁徳永エリ

（民）。'13[当]伊達忠一（自③）903,693、[当]小川勝也（民④）583,995、[次]浅野貴博（大地）352,434。'16[当]長谷川岳（自②）648,269、[当]徳永エリ（民②）559,996、[当]鉢呂吉雄（民①）491,129、[次]柿木克弘（自）482,688。

＜北海道ブロック 定数8＞◎ 2017年度　衆議院議員選挙　比例区

氏名（3）／当選者名及び当選回数。重複なし／小選挙区との重複立候補なし。北海道9区81.2／重複立候補した小選挙区及び惜敗率。（70.9、業界紙副社長）／次点候補者の惜敗率、主な肩書き

◇自由民主党77万9903票3議席

渡辺孝一（3）重複なし、**鈴木貴子**（3）重複なし、**船橋利実**（2）北海道1区86.9、[次]**高木宏寿**（83.9、元内閣政務官）北海道3区

渡辺は北海道美唄市出身。歯科医。'02年、岩見沢市長。'12年、市長を辞職し、総選挙で初当選。鈴木は北海道帯広市出身。父は新党大地代表の鈴木宗男元北海道開発庁長官。NHKに勤務後、'12年の総選挙に、公民権停止中のため立候補できない父に代わり、北海道7区から新党大地公認で出馬したが落選。'13年、比例北海道ブロック選出の石川知裕が衆議院議員を辞職し、次点の鈴木が繰り上げ当選。その後、自民へ。

◇公明党29万8573票1議席

佐藤英道（3）重複なし、[次]**武田久之**（重複なし、公明新聞記者）

佐藤は宮城県名取市出身。公明新聞記者をつとめ、'95年に道議。'12年、比例北海道ブロックで、初当選。

◇立憲民主党71万4032票3議席

神谷裕（1）北海道10区99.4、**池田真紀**（1）北海道5区95.2、**本多平直**（3）北海道4区87.0、[次]**山崎摩耶**（重複なし、旭川大教授）

◇希望の党33万1463票1議席

山岡達丸（2）北海道9区81.2、[次]**松木謙公**（70.9、業界紙副社長）北海道2区

◇日本維新の会7万4701票0議席◇日本共産党23万0316票0議席

◇社会民主党3万7374票0議席◇新党大地22万6552票0議席

◇幸福実現党1万3983票0議席

【政党略名】自／自由民主党　公／公明党　民／民進党（2016年以前は民主党）立／立憲民主党　希／希望の党　維／日本維新の会（2012年～14年）、維新の党（2014年～16年）、おおさか維新の会（2015年～16年）日本維新の会（2016年～現在）次世代／次世代の党　共／日本共産党　社／社会民主党　大地／大地の党　沖縄社会大衆党／沖縄社会大衆党　国民新党／国民新党　みんな／みんなの党　日本未来の党／日本未来の党　生活の党／生活の党　みどり／みどりの風　無／無所属

第2章 東北

青森県 (陸奥の大部分) 津軽と南部のたすきがけ人事

「美人すぎる」という女性たちがあちこちの分野で登場しているが、その嚆矢のひとつになったのが、八戸市の「美人すぎる市会議員」として知られる藤川優里だ。市議だった父親はかつて、津島雄二の秘書をしており、その夫人で太宰治の娘である津島園子が名付け親だという。青森県の政界で、最近、ダントツの有名人だ。父親は県会議員に当選した。

【県の概要】

東北地方は、陸奥と出羽の二国からなる。このうち、陸奥は畿内から東山道を進んできた「道の奥」であることから「ミチノオクノクニ」と呼ばれていたのが訛って「ムツノクニ」となったということで間違いあるまい。

陸奥国が大国のまま分割されなかったのは、遠国のことゆえ多賀城のような強力な出先にまとめてまかせておいた方がよいと判断されたからである。室町時代にも、守護より格上の探題などが置かれ、陸奥国守護といった形にはならなかった。

ところが、明治になって5ヵ国に分割された。北部はもともとの国名と同じ陸奥を名乗ったので、新陸奥とも呼ばれる。最初は二戸郡も含む陸奥国全体が青森県だったが、明治9年（1876）に二戸郡は岩手県に移った。

青森県の西部は旧津軽藩で、東部は旧南部藩だった。犬猿の仲で、その対立感情は現代も色濃く残り、県庁の人事もたすきがけにしたりする。県庁所在地の青森は、津軽藩の港町で東津軽郡に含まれる。寛永年間に港町が開かれる前は善知鳥といったのを、青い松林があったので青森としたという。

文豪の父である津島源右衛門は明治45年（1912）に代議士となり、のちには、多額納税者として貴族院議員、その長男で太宰治の兄である文治は初代の民選知事、文豪の娘婿である津島雄二は元厚相、その子の淳は代議士。

青森県

【歴代知事】

太宰治の兄である津島文治（1947年）は、早稲田大学を卒業し、金木町長、県議を経て代議士となった。財政再建団体の道を選ばず自主的な再建につとめたが、増税案や職員給与削減案が議会で承認されず、汚職で副知事が逮捕されるなどに嫌気がさして3期目の途中で辞任した。

山崎岩男（1956年）は中央大学、大湊町（現むつ市）助役から町長、県議、代議士を経て知事に。八戸周辺は知事離任の翌年には新産業都市に指定された。

竹内俊吉（1963年）は、東奥日報の名記者で、棟方志功を世に送り出したのは彼である。県議、代議士を経て知事に。知事時代に東北本線の電化が完成するなど、発展の基盤を整えた。

北村正哉（1979年）は、三沢市出身だが、先祖は会津藩士である。盛岡高等農林学校を出て県議、のち副知事。東北自動車道や青函トンネルが開通した。六ヶ所村の核燃料サイクル再処理施設受け入れも北村知事の決断で、これをきっかけに東北新幹線の延伸を勝ち取った。「三内丸山遺跡」の保存は高く評価されている。

木村守男（1995年）は、日本大学から県議を経て新自由クラブから代議士。岩手県、秋田県とともに北東北3県による広域構想を推進したが、「セクハラ不倫疑惑」が報道され、不信任案の可決を目前にして辞めた。

三村申吾（2003年）は上北郡百石町（現おいらせ町）出身で、東京大学文学部で学び、新潮社に入った。帰郷後に百石町長から代議士に無所属で当選した。財政再建に取り組み、トップセールスで農産品などを海外に売り込む。

【こんな政治家も】

佐藤尚武は弘前藩士の家に生まれ外交官となり、林銑十郎内閣の外務大臣、終戦時の駐ソ大使で、戦後は参議院議長をつとめた。笹森順造（国務大臣）は教育者でキリスト教系の東奥義塾の経営に携わり、青山学院の院長も兼ねた。

【最近の衆参議員選挙の状況】

'17年に4選挙区から3選挙区に。2区のむつ市は1区へ、残りの八戸市が十和田市や三沢市など新2区というのが最大の変更。木村が旧4区から新3区へ、旧3区の大島が新2区へ、旧2区の江渡は新1区の津島とコスタリカ方式で比例東北ブロックで出馬。

◇第1区:津島は関電工に勤務後、父の津島雄二厚生相の秘書をつとめた。'09横山北斗(民)。'12津島淳(自)。'14津島淳(自)。'17当 津島淳(自③) 103,177、次 升田世喜男(希) 64,173。

◇第2区:大島衆議院議長は毎日新聞、県議。文部大臣、科学技術庁長官、農林水産大臣、自民党幹事長などを歴任。'09江渡聡徳(自)。'12江渡聡徳(自)。'14江渡聡徳(自)。'17当 大島理森(自⑫) 133,545、次 工藤武司(希) 56,011。

◇第3区:木村は青森県庁に勤務。父は木村守男元県知事、元代議士。兄の木村太郎元代議士が死去し、後を継いだ。'09大島理森(自)。'12大島理森(自)。'14大島理森(自)。'17当 木村次郎(自①) 128,740、次 山内崇(希) 51,096。

◇旧第4区:'17年の公職選挙法改正で廃止。'09木村太郎(自)。'12木村太郎(自)。'14木村太郎(自)。

◇参議院(定数1):田名部はかつて旧2区で大島と競った父の田名部匡省元農水相の秘書を経て、代議士を3期つとめた。滝沢は中曽根康弘の秘書を経て、県議。'07平山幸司(民)。'10山崎力(自)。'13当 滝沢求(自①) 261,575、次 平山幸司(生活の党) 76,432。'16当 田名部匡代(民①) 302,867、次 山崎力(自) 294,815。

岩手県（陸中の大部分、陸前の一部分）

東条英機など三人の首相を出した盛岡藩

総理を輩出している数では、山口県がダントツだが、それに次ぐのは、数え方にもよるが岩手県である。盛岡藩士出身は近江浅井氏の分家で家老もつとめた原敬、地元の土豪出身で下級武士の米内光政、観阿弥の兄弟の子孫といわれる能役者の家系の出身の東条英機である。そのほかに、山田町の網元だった鈴木善幸、仙台藩家老で水沢を本拠地にしていた水沢伊達家の家臣だった斉藤実がいる。

【県の概要】

南部氏は山梨県南巨摩郡の南部町の豪族だったが、奥州藤原氏滅亡後に、今の青森県東部と岩手県の九戸、二戸両郡をあわせた糠部郡の地頭として送り込まれた。陸奥国中部では、岩手県奥州市から盛岡市までが、奥六郡と総称され、その北には、前9年の役のあと糠部郡や鹿角郡、比内郡、津軽諸郡が置かれた。

糠部郡はのちに二戸郡、三戸郡、九戸郡、北郡に分割された。南部氏が本拠としていたのは三戸郡だが、豊臣秀吉の天下統一後に南部氏は福岡（九戸）城、さらに、岩手県の盛岡城に落ち着いた。

明治元年の陸奥国分割のときは、旧糠部郡のうち九戸郡、鹿角郡、旧奥九郡が陸中国になったが、岩手県は陸奥国の二戸郡と陸前国の気仙郡を含み、一方、鹿角郡は秋田県になった。このために、陸前高田などという地名が岩手県あり、陸中大里駅が秋田県にある。

廃藩置県後、仙台藩領の北半分が磐井県（県庁が一関、水沢、登米を転々としたので県名も変幻した）となり、現在の形になったのは明治9年である。岩手県の名の由来は、盛岡市が属する岩手郡にある岩手山と関係していそうだ。

岩手県は面積が広く、交通が不便で「日本のチベット」といわれたこともあるが、1982年に東北新幹線が開業し、高速道路も整備され産業が発展するようになった。山陽新幹線が博多止まりだったのに比べて優遇されたのは、有力政治家がそろっていたからだ。

水沢からは、江戸時代の終わりには高野長英、高野の一族から後藤新平（内部大臣）、椎名悦三郎も出ている。椎名悦三郎は後藤新平の甥で

商工官僚として岸信介の弟分的存在であり、外務大臣として日韓国交回復をまとめ上げ、戦後の名外相と評価された。息子の素夫は知米派の政治家として知られた。

椎名父子のライバルは同じ水沢出身の小沢佐重喜元郵相とその子の一郎だ。椎名悦三郎は小沢佐重喜に1勝4敗。小沢一郎には1勝2敗、椎名悦三郎から息子の素夫になってからは小沢の4勝1敗だった。

【歴代知事】

国分謙吉(1947年)は二戸郡の農家に生まれ、農業、林業、食品産業、さらには銀行業でも活躍し岩手県議もつとめた。農民知事として愛された。その二戸弁での弁舌は視察に訪れた香淳皇后をおおいに笑わせたとして話題になった。

阿部千一(1955年)は稗貫郡出身で、東京大学卒。朝鮮総督府の官僚として慶尚南道知事となり戦後は代議士。北上川の電力利用を軸とした総合開発を打ち出した。千田正(1963年)は胆沢郡の出身で、早稲田大学から米英に留学。上海で貿易会社を経営し、参議院議員。最初は革新系に推された。東北本線の電化、花巻空港の整備、東北自動車道の開通、県内の道路整備の進展が見られた。工場進出でも手腕を発揮した。

中村直(1979年)は紫波郡の出身で、盛岡農業学校で学び県庁入りし、副知事、岩手銀行専務、代議士をつとめた。東北新幹線の盛岡入りに貢献した。北上テクノポリスではIC産業を誘致し、国際興業、コクド、リクルートなどによる観光開発も進んだ。

工藤巌(1991年)は東京大学を卒業後、岩手県庁入りし、盛岡市長、代議士。当選の祝いの席で健康不安を露呈し、肺気腫と闘いながらの任期だった。

増田寛也(1995年)は、建設官僚でその父は参議院議員だった。小沢一郎の後押しで当選したが、徐々に増田も小沢からの自立を図り、2期目からは自民も含めた相乗りとなったので、3期目にはこれで終わりという条件を小沢はつけた。

知事としての増田の評価は高く、改革派知事として注目されるとともに、全国知事会会長選挙でも麻生福岡県知事を相手に善戦した。だが、小沢は増田が再出馬の意向があるかどうか聞く前にさっさと民主党代議

士で元外交官の達増拓也の擁立を決定し、それを受けて増田も不出馬を表明した。達増拓也（2007年）は盛岡市の生まれ。東京大学から外務省入りした。田中眞紀子外相を国会で鋭く追及して知られるようになった。

　達増は「岩手ソフトパワー戦略」を掲げた。知事の任期を原則二期八年にする、知事退職金の廃止、医師不足解消、インターネット普及率の向上、英語力の強化、コミュニティー・スクール制の導入などを掲げた。ただし、公約に反して３期目に入っている。

【こんな政治家も】

　鈴木善幸は三陸地方山田町の網元の子。水産教習所出身。戦後に社会党代議士となったが、保守系に転向。自民党内で総務会長を何度も経験したが、大平正芳首相死後にリリーフとして首相に。誰でも首相になれる前例となり政治を劣化させた。

【最近の衆参議員選挙の状況】

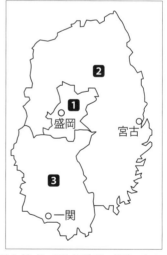

　'17から４区から３区になった。釜石市など旧３区の大部分は北部の旧２区とともに新２区へ。奥州市など旧４区が新３区となった。

◇第１区：階は長銀に勤務後、弁護士。みずほ証券主任研究員。達増拓也の県知事選出馬に伴い行われた補欠選挙に民主党から出馬。高橋は盛岡市議、県議。'09 階猛（民）。'12 階猛（民）。'14 階猛（民）。'17㊥ 階猛（希⑤）87,534、比復 高橋比奈子（自③）57,381。

◇第２区：鈴木五輪担当相は全国漁業協同組合連合会に勤務、父の鈴木善幸元首相の秘書をつとめた。父の地盤を引き継ぐ。'09 畑浩治（民）。'12 鈴木俊一（自）。'14 鈴木俊一（自）。'17㊥ 鈴木俊一（自⑨）129,884、

次 畑浩治（希）98,842。

◇第3区：旧4区の小沢が新3区へ。黄川田は引退した。小沢は慶應大学卒業後、弁護士を目指していたが父の小沢佐重喜が急死し、地盤を引き継ぐ。自治相。'93年に羽田孜らと新生党を結党。新進党党首、民主党代表、生活の党代表などを経て、現在、自由党党首。黄川田は妻とその両親、長男、公設第二秘書を震災で亡くした。'09 黄川田徹（民）。'12 黄川田徹（民）。'14 黄川田徹（民）。'17 当 小沢一郎（無⑰）130,229、比復 藤原崇（自）96,571。

◇旧第4区：'17年の公職選挙法改正で廃止。'09 小沢一郎（民）。'12 小沢一郎（日本未来の党）。'14 小沢一郎（生活の党）。

◇参議院（定数1）：木戸口は小沢一郎の秘書を経て、県議。平野元復興大臣は農水官僚。'03年に自由党から出馬し、初当選。'13年に民主党を離党し、'16年、自民党に入党。'07 平野達男（民）。'10 主濱了（民）。'13 当 平野達男（無③）243,368、次 田中真一（自）161,499。'16 当 木戸口英司（無①）328,555、次 田中真一（自）252,767。

【コラム】政治家の秘書たちの実態

　国会議員は公費で3人、秘書を雇うことができる。第一公設秘書、第二公設秘書、政策秘書の3人である。しかし、普通、3人だけでは足りず、さらに2人以上、秘書を雇うのが通常である。これは私設秘書と呼ばれ、国会議員が自費で雇う。1人の国会議員には合計5人以上、秘書がいる。

　大物政治家ともなると、数十人もの秘書がいるということもある。それぞれ、地元事務所担当、国会事務所担当と割り振られる。通常、地元に多くの秘書がおり、地域の陳情などの処理を行う。

　秘書の仕事は雑用・運転手から政策立案まで様々だ。ただ、ほとんどの場合、事務雑用係というのが実態で、政策立案のために設けられた政策秘書でも、政策に関わることなどはあまりない。

　事務所によって、仕事の内容も量もまったく異なるが、議員秘書は通常の会社員よりも多忙であるだろう。週休2日取れている秘書は少ない。

（宇山卓栄）

宮城県 （陸前の大部分、磐城の一部） 浅野史郎を上回る村井嘉浩人気の秘密

大震災の被災地の気仙沼出身の代議士である小野寺五典は、東京水産大学から宮城県庁入りして震災で役場が流されたことで知られる南三陸町などで勤務したのち政経塾入りした。初当選の後に線香セットを持参して初盆の支持者をまわり、公職選挙法違反に問われ議員を辞職したが、かえって同情が集まった。復帰後には防衛相を二度つとめている。

【県の概要】

明治元年に陸奥国を五分割したときには、現在の宮城県のうち伊具郡、刈田郡は磐城国である一方、現在は岩手県になっている大船渡周辺も陸前国に含められていた。県の名称は、「仙台県」にすると旧藩と紛らわしいという県令の訴えで、仙台市が所在する郡名をもって県名とした。これがきっかけで、全国で同様の改正が相次いだ。反官軍だったところが旧藩名を避けたからというわけではない。

宮城郡の名は、大和朝廷の東北出張所である多賀城と関連しているという人が多いが無理がある。仙台は千体仏があったことに由来し、それが千代を経て仙台になったといわれる。

戊辰戦争の結果、仙台藩の領地も大幅に削減され仙台周辺に限られた。廃藩置県ののちは、登米・栗原・気仙沼周辺は岩手県南部とともに一ノ関（水沢、磐井と名称はたびたび変更）県だったが、明治9年(1876)に現在の形になった。仙台藩の一部が岩手県になったのは、東北各県のバランスをとった結果であって、戊辰戦争に負けたからではない。

「東北にしては」という言葉が宮城県ではしばしば聞かれる。気候が温暖だといったこともあるし、都会的だという意味でも使われる。古代にあって鎮守府たる多賀城が置かれ、明治以降は東北他県に先駆けて、国の出先機関や帝国大学が集中した。その一方、虐げられた東北の盟主として中央への反発心を代表としているという意識もまた強い。

首相はまだ出たことがないが、高橋是清は、幕府御抱えの絵師の子で仙台藩の江戸詰藩士の養子になったし、斉藤実は岩手県ながら仙台藩の領地の出身である。

【歴代知事】

千葉三郎（1947年）は、千葉県出身でプリンストン大学留学から企業人、代議士ののち宮城県の官選知事になった。汚職事件に嫌気がして、2年足らずで故郷の千葉県から国政に転出し労相などをつとめた。

佐々木家壽治（1949年）は、盛岡高等農林学校から実業界に進み、村長、県議、代議士を歴任。百姓知事を自称し人気を博した。

宮城音五郎（1952年）は埼玉県出身で、東北大学の教授などをつとめた教育者。大沼康（1956年）は京都大学卒で県経済連会長だったが社会党から推されて知事になった。任期中に病死。三浦義男（1959年）は自民党の参議院議員で東京大学卒の鉄道省技術官僚。2期目の途中で病死。高橋進太郎（1965年）は東北大学から拓務省に入って植民地経営などにあたり、副知事、参議院議員だった。

山本壮一郎（1969年）は、大阪府出身の自治官僚で副知事。堅実な手腕で仙台以外の地域にもよく目配りをしながら着実な地域発展につとめ、全国的にも官僚出身の知事の中で一目置かれる存在だった。戦後の宮城県では、新産業都市建設の一環として仙台新港が整備され、東北開発三法による格差是正も進んだ。ササニシキの人気は、食糧管理制度の開発中でも農業県を支えた。また、1958年から84年まで、仙台に弁護士出身で革新市長の島野武が君臨し、保守県政とある種のバランスを取っていた。

本間俊太郎（1989年）は、中央大学から読売新聞記者となり、中新田町長としてパイプオルガンを備えたバッハホールを建設するなどアイディア町長として全国的にも有名だった。ハイテク分野での企業立地も進んだが、再選直後に汚職事件で逮捕された。

浅野史郎（1993年）は厚生官僚。情報公開や公共事業の入札改革は全国でも最先端のもので、全国紙や全国ネットで大きく取り上げられ、それを県民は高く評価した。だが、経済問題の軽視もあり、3期目の終盤には、さすがに人気にも陰りが出た。

村井嘉浩（2005年）は、防衛大出身で自衛官として県内に勤務。その後、松下政経塾を経て県会議員となった。松下幸之助が提案した道州制の実現を公約の筆頭に掲げる。東日本大震災のときには、その見かけと同様に背筋を伸ばした対応を示して、いまや、浅野氏の全盛期を上回

宮城県

る支持率を得ている。

【こんな政治家も】

ズーズー弁の「ササコー」こと佐々木更三は社会党委員長だった。自民党では安倍晋太郎亡きあとの清和会を率いた三塚博や、大蔵大臣在任中に急死した愛知揆一がいた。

【最近の衆参議員選挙の状況】

◇第1区：土井は代議士秘書、県議。岡本はNTT東日本に勤務後、仙台市議。郡は'17年に民進党を離党し、仙台市長に。'09 郡和子（民）。'12 土井亨（自）。'14 土井亨（自）。'17当 土井亨（自④）100,123、比復 岡本章子（立①）78,704。

◇第2区：秋葉は松下政経塾、県議。'09 斎藤恭紀（民）。'12 秋葉賢也（自）。'14 秋葉賢也（自）。'17当 秋葉賢也（自⑥）111,559、次 鎌田さゆり（無）110,243。

◇第3区：西村は三塚博秘書、蔵相秘書官。地盤を継承。'09 橋本清仁（民）。'12 西村明宏（自）。'14 西村明宏（自）。'17当 西村明宏（自⑤）92,893、次 一條芳弘（希）40,670。

◇第4区：伊藤は米留学、父の伊藤宗一郎元衆議院議長の防衛長官秘書官。テレビ・キャスター。'01年の父の死に伴い補欠選挙で当選。'09 石山敬貴（民）。'12 伊藤信太郎（自）。'14 伊藤信太郎（自）。'17当 伊藤信太郎（自⑥）73,298、次 坂東毅彦（希）34,424。

◇第5区：安住元財務相はNHK記者。民主党国対委員長。'09 安住淳（民）。'12 安住淳（民）。'14 安住淳（民）。'17当 安住淳（無⑧）89,423、次 勝沼栄明（自）50,496。

◇第6区：小野寺防衛相は県庁を経て松下政経塾、東大大学院修士。小野寺信雄元気仙沼市長の娘婿となる。'97年の補欠選挙で初当選するも有権

者に線香セットを配布した行為が公職選挙法違反に問われて議員辞職。'03年に復帰。'09小野寺五典（自）。'12小野寺五典（自）。'14小野寺五典（自）。'17[当]小野寺五典（自⑦）123,871、[次]横田有史（共）20,638。
◇参議院（定数1）:2016年に定数2から1に変更。桜井元民主党政調会長は医師、東北大学医学部附属病院内科に勤務、愛知は父の愛知和男元防衛庁長官の秘書。和田はNHK元アナウンサー、ジャーナリスト、みんなの党、次世代の党などを経て、自民党へ。保守派の論客。'07岡崎トミ子（民）、愛知治郎（自）。'10熊谷大（自）、桜井充（民）。'13[当]愛知治郎（自③）421,634、[当]和田政宗（みんな①）220,207、[次]岡崎トミ子（民）215,105。'16[当]桜井充（民④）510,450、[次]熊谷大（自）469,268。

【コラム】政治家を飲んだくれにさせているのは誰か？

夏は盆踊り大会、冬は餅つき大会、春は入学式、秋は運動会という具合に、政治家は年がら年中、地域の催事に参加し、顔を売らなければならない。膨大な数の催事である。国会議員は国会開会中、地元を離れるため、この期間だけは参加を免除されるが、地方議員はそうはいかない。

夜には、飲み会に出席して、「ノミニケーション」を図らなければならない。年末年始などは飲み会を一晩に何軒もハシゴする。とくに地方議員の多くが親睦を深めると称して、毎晩のように飲んだくれている。アルコール中毒者のような議員がなんと多いことか。こんな生活でいったい、いつ、政策の勉強をするのか。

政治家は票を稼ぐためには、付き合いが大事だ。有権者も身近に接している政治家を支援する。親近感があるからというだけで、有権者は政治家の政策信念や政治思想をろくに知ろうともせず、一票を投じる。有権者にも大いに責任がある。

政治家の政策や業績・実績をキチンと評価する視点や基準を、有権者がしっかり持たなければならない。親近感という選択基準を政治に持ち込むから、飲んだくれ議員がのさばる。催事や飲み会に来ない付き合いの悪い政治家の中に、本物の政治家がいる可能性がある。

政治家がバカだということは、それを選んだ有権者もバカだということであり、イコールの関係にある。有権者の政治的成熟が最も望まれる。

（宇山卓栄）

秋田県 (羽後の大部分、陸中の一部)

八郎潟干拓地から学ぶ農村の将来

村岡兼造元官房長官（橋本内閣）は平成会（旧竹下派）の幹部の一人だったが、日歯連闇献金事件でスケープゴート的に有罪判決を受けた。引退後の2004年に、政治資金規正法違反で在宅起訴され、地裁では無罪だったが、高裁で逆転有罪となり、そのまま確定した。子息の敏英は民進党代議士になったが、3期目は落選した。

【県の概要】

日本海側に長く伸びる出羽国は、歴史的には越後の国から分かれた。端の方に出ているというので「出端」といわれ、最初は「イズハ」と発音されたのが訛ったものといわれた。古代には秋田城が設けられた。明治元年（1868）に羽後、羽前の二国に分けられ、廃藩置県後の秋田県は、羽後のうち鳥海山南の飽海郡を山形県に譲り、陸中から鹿角郡を編入した。江戸時代には、常陸から佐竹氏が移ってきて治めた。当時、秋田市は久保田と呼ばれていた。

戊辰戦争で官軍に与して庄内藩や盛岡藩から攻撃されて大きな被害を出したのだが、その割には報われなかったので、伝統的に農村にしては反中央政府の傾向が強い。

石田博英・元労相は、石橋湛山の側近で、昭和31年（1956）の自民党総裁選挙では、断然に有力といわれた岸信介陣営に対して、石井光二郎派と二・三位連合を組み、奇跡の勝利の立役者となった。

ところが、ソ連KGBの工作員だったレフチェンコがアメリカに亡命して日本国内における協力者を暴露した時、もっとも重要の人物として石田の名前があった。

【歴代知事】

蓮池公咲（1947年）は、新潟県生まれで、東北大学から農林省入りし、秋田県官選知事に転じた。池田徳治（1951）は、東京大学土木科から内務省入りし秋田県庁の土木部長となっていた。この時代、全国最悪といわれる財政状況に転落した。

小畑勇二郎（1955年）は、現大館市の出身で、旧制秋田中学を卒

業。村役場の書記を経て県職員となり、総務部長から秋田市長となって、市町村合併や官庁街移転、また財政再建のために増税や職員数の思い切った削減など大鉈を揮った。「生涯教育」というコンセプトを最初に実現したのも小畑知事だ。八郎潟干拓も業績だ。

小畑は6期目に、消防庁長官だった佐々木喜久治（1979年）を後継者含みの副知事として自治省から迎えた。その佐々木も、秋田新幹線、秋田新空港、高速道路網の整備などを着実に進めるなど実績を上げた。だが、県庁ぐるみの選挙が批判され、食糧費問題では知事の失言もあった。

寺田典城（1997年）は、工務店経営から横手市長を経て知事に。近年珍しい野人派知事だった。佐竹敬久（2005年）は、角館を本拠とする久保田藩主佐竹家の分家の主である。東北大学を出て県庁につとめ、秋田市長を経て知事に就任した。秋田県は人口減少率日本一、自殺率日本一で悩みは深い。小学生の学力日本一というのが明るいニュース。

【こんな政治家も】

町田忠治は東洋経済新報社の創始者で実業家としても活躍したのちに代議士に。戦前の民政党、戦後の進歩党などを率いた戦中期における代表的な政党政治家だった。

【最近の衆参議員選挙の状況】

◇第1区：冨樫は野呂田芳成元農水相の秘書を経て、県議。'09 寺田学（民）。'12 冨樫博之（自）。'14 冨樫博之（自）。'17 当 冨樫博之（自③）79,442、次 松浦大悟（希）53,850。

◇第2区：金田元法相は大蔵官僚、参議院議員を2期つとめ、野呂田芳成の後継候補として'09年に出馬し比例復活当選。緑川は秋田朝日放送元アナウンサー。'09 川口博（無）。'12 金田勝年（自）。'14 金田勝年（自）。'17 当 金田勝年（自④）74,835、比復 緑川貴士（希①）73,163。

◇第3区：御法川は秋田銀行に勤務後、父の御法川英文元代議士の秘書。自民党候補は英文と村岡兼造の間で、コスタリカ方式を適用。しかし、英文の死後に村岡はコスタリカ方式の盟約は解消されたと小選挙区から出馬。御法川信英は無所属で出馬し村岡を破り当選し、村岡家は野

党へ。'09 京野公子（民）。'12 御法川信英（自）。'14 御法川信英（自）。'17㊂ 御法川信英（自⑤）107,432、次 村岡敏英（希）93,746。

◇参議院（定数1）：石井はプロ野球選手で会社経営。中泉は参議院議員秘書を経て、農業に従事、会社勤務、県議。'07 松浦大悟（無）。'10 石井浩郎（自）。'13 当 中泉松司（自①）260,846、次 松浦大悟（民）194,497。'16㊂ 石井浩郎（自②）290,052、次 松浦大悟（民）236,521。

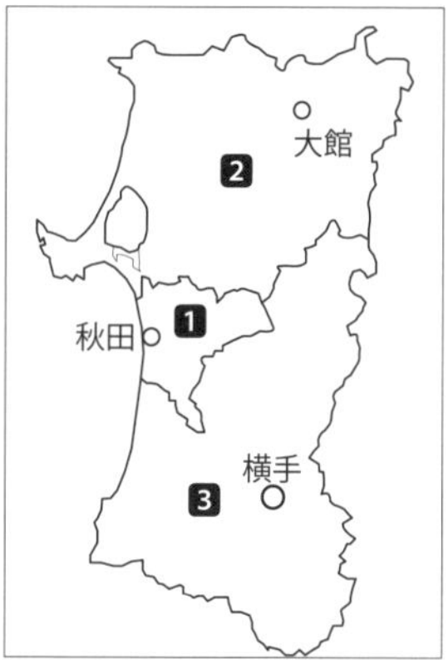

【コラム】地方政治ジャーナリズムの確立を

不思議なことに、地方には政治ジャーナリズムが存在しないに等しいがなんとかならないものかと思う。

国政についての政治評論は、与党と野党の対決を描き出すことを基本とする。ところが、地方政治については、個別問題について当局の政治にクレームをつけるかどうかだけの報道しかしていない。

それに、全国紙やテレビのキー局・準キー局の報道は、東京、大阪のようなブロック中心地域の問題に片寄っている。とくに、テレビだと、特定都道府県の問題を扱うことは、視聴率確保のうえで許されないようだ。つまり、群馬県の問題は、東京の人に興味があることだけ扱われる。

一方、一県一紙の新聞やテレビ局は、しばしば県政と癒着して与党的になりがちだ。もちろん、逆に、かつての山形県での有名なケースのようにメディアが政治を支配する構図になることもある。

地方政治ジャーナリズムの不在は、国政選挙についての地方ごとの動静についても同様であって、来るべき選挙で現職と対決するはずの落選候補者や立候補予定者の動向はほとんど報道されない。何かことがあるたびに、現職議員とその対立候補や予定者の見解を並べて報道すれば面白いと思うのにおかしなことだ。

さらに、時事的な問題だけでなく、地方ごとの政治史もほとんど語られることがない。国政レベルだと、戦後政治史の著作など山ほどある。ところが、どこかの県へ行って本屋を覗いても、その地方の政治についての本など一冊もないことのほうが多い。

（八幡和郎）

山形県 (羽前の大部分)

全国最強の地方ボスといわれた地方マスコミの社長

政治家は選挙区を出生地としたがるので、本当はどこか分かりにくいが、父親が官僚の場合などは地元であることはまれだ。加藤紘一元官房長官の父である精三は文部官僚から鶴岡市長を経て代議士になった。紘一は名古屋生まれで外交官としてはいわゆるチャイナ・スクールだった。ドブ板活動に励み、父の死から7年経った1972年に初当選した。

【県の概要】

出羽国のルーツは、和銅元年(708)に越後国に設置された出羽郡であり、これが和銅5年に出羽国に昇格した。一方、新庄を中心とする最上地方と米沢周辺の置賜地方はもともと陸奥国の一部だったが、のちに出羽国に併合された。

山形県には、もともと5つの郡しかない。最上、村山、置賜、田川(以上は明治になって羽前国)、飽海(同じく羽後国)である。関ヶ原の戦いの後は、置賜が上杉、最上と庄内は最上となったが、最上氏は改易されて庄内には酒井氏が入った。

庄内藩は大地主である本間家の協力で経済を運営し、最上川の河口にある酒田は日本海側で有数の港町として栄えた。米沢では18世紀の終わりごろ藩主だった上杉鷹山が江戸時代屈指の名君として活躍し、産業の振興にもつとめた。

廃藩置県の後、最上・村山郡が山形県、置賜郡が置賜県、田川・飽海郡が始め酒田県、のちに鶴岡県だったが、明治9年(1876)に統一された。このとき鶴岡県令から山形県令となり明治15年まで在職したのが三島通庸で、道路網の整備や公共建築の充実、山形市の都市計画などに華々しい成果を上げた。

山形新聞、山形放送、山形交通(現山交バス)などの社長や会長を歴任した服部敬雄ほど「地方ボス」という言葉がぴったり来る人はいなかった。板垣清一郎知事の時代には、「服部知事・板垣総務部長・金沢(山形市長・金沢忠雄)総務課長」と揶揄された。

戦前は各県に多くの新聞があったのだが、戦時中に各県一紙に統合さ

山形県

れた。このために地方では、地方新聞のシェアが圧倒的なことが多いのだが、服部は観光などでもドンとして功罪ともに枚挙にいとまがなかった。功績の一つとされるのが、東北四大祭りの一つとして人気の「花笠まつり」である。様々な分野で県外資本の進出を嫌い、マクドナルドが進出したのは、全国で最後、モスクワより後だった。

【歴代知事】

村山道雄（1947年）は、兵庫県生まれ。東京大学から官界入りし官選の山形県知事。大量の引き揚げ者の処置、本間家に代表される大地主も対象にした農地改革などを手堅くこなしたが、尊大だったといわれる。

安孫子藤吉（1955年）は寒河江市出身で東京大学から農林省に入った。無理をせずに、バランス良く県政を運営した。庄内支庁の場所をめぐって鶴岡、酒田が争ったときには、豪州のシドニーとメルボルンが首都を争い中間のキャンベラになったことを引き合いに出して、両市の中間にある三川町に決めた。

板垣清一郎（1973年）は、会社経営、県議、副知事。山形新幹線を始めとする社会資本の整備、東北芸術工科大学の創設などを行った。高橋和雄（1993年）は、東北大学卒で県庁に入り副知事。公共事業中心の県政から脱することはできなかった。

斎藤弘（2005年）は、日銀マンから山形銀行に転職していたところを加藤紘一が後押しして「県庁改革」「3年間で200億円の人権費削減」「女性副知事の登用」を唱えて勝利したが、原理主義的な行革路線が反発を招いた。吉村美栄子（2009年）は亡夫の一族が政界の名門だったが本人は行政書士で各種の審議会委員などをつとめていただけであった。しかし、政治的には県内をよくまとめ、2期目と3期目は無投票当選。

【こんな政治家も】

東条英機の後継首相だった小磯国昭は父が宇都宮県庁につとめていたときに宇都宮で生まれた。そのため、栃木県出身とされることも多いが、父は庄内藩士で山形県選出代議士だったこともある。

【最近の衆参議員選挙の状況】

◇第1区:遠藤は近藤鉄雄元労相の秘書をつとめ県議。無所属で初当選。日本新党に所属するも自民党に復党。鹿野道彦元農相は自民党のホープといわれ、また、民主党の党首候補でもあったが、'12に落選して引退。'09鹿野道彦（民）。'12遠藤利明（自）。'14遠藤利明（自）。'17当遠藤利明（自⑧）104,227、次荒井寛（希）62,407。

◇第2区:鈴木は農水官僚、山形は父親の出身地。'12年にTPP反対の立場で、賛成の近藤洋介を破る。TPP関連法案の採決を棄権。'09近藤洋介（民）。'12鈴木憲和（自）。'14鈴木憲和（自）。'17当鈴木憲和（自③）109,949、次近藤洋介（希）92,035。

◇第3区:加藤は慶應大学卒業後、ドリームインキュベータに勤務、野田聖子の秘書を経て、米国留学。父の加藤紘一元内閣官房長官の秘書。'12年に紘一が落選し、後継者指名を受けた。'09加藤紘一（自）。'12阿部寿一（民）。'14加藤鮎子（自）。'17当加藤鮎子（自②）103,973、次阿部寿一（希）81,708。

◇参議院（定数1）:舟山は農水官僚。小国ガスエネルギー株式会社の取締役。'12年、民主党を離党し、みどりの風を結成。大沼はNHK報道記者として仙台放送局に赴任。外務省香港総領事館に勤務。曾祖父が山形市長。'07舟山康江（民）。'10岸宏一（自）。'13当大沼瑞穂（自①）272,779、次舟山康江（みどり）252,040。'16当舟山康江（無②）344,356、次月野薫（自）223,583。

福島県 (岩代・磐城の大部分)

豪腕知事が二人とも逮捕された政治風土

河野広中は三春の素封家の出身。藩を動かし会津攻撃の手引きをしたが、自由党に参加して、道路建設に力を入れる薩摩出身の三島通庸県令（麻生太郎の高祖父）やそれと結んだ会津帝政党と対立し、弾圧を受けたのが福島事件である。衆議院議長もつとめたが、日露講和に反対して大衆を扇動し日比谷事件を引き起こした。

【県の概要】

奈良時代に数年間の短い期間であるが、石背、石城の国が陸奥国から分離して設置されたことがある養老2年（718）。新政府は陸奥を五分割したが、古代の地名を参考にして、岩代、磐城二ヵ国を復活させた。語源は不明だ。

廃藩置県ののち、若松、福島（一時期は二本松）、平の三県とされ、明治9年（1876）に三県が合併された。それに加え、旧会津藩領で交通も越後に抜けるのが不便だった越後国東蒲原郡も明治19年（1886）まで福島県に含められた。

だいたい全国的な傾向と同じような原則と規模に応じた県域の設定であり、三県合併の場合は、県庁をそのまま採用するのが自然な流れだから、会津が戊辰戦争で反官軍だったから県庁になれなかったという説は誤りである。

会津武士らしい政治家といえば、伊東正義がいる。大平正芳首相の盟友で官房長官や外相をつとめた伊東正義は、首相候補といわれたこともあったが、「（自民党という）本の表紙を変えても、中身を変えなければ駄目だ」と固辞した。個別の難しい決断を断行するのにこれ以上、勇気のある政治家もいなかったが、柔軟性に乏しく、極端に走る傾向があり、総理には向いていなかったように思う。

【歴代知事】

石原幹市郎（1947年）は、岡山県出身で東京大学から内務省入りし福島県の官選知事。只見川電源開発計画の樹立などに辣腕を振るった。大竹作摩（1950年）は、磐梯山の裏にある北塩原村に生まれ、村議か

ら県議となった。県庁を郡山に移すかどうかという問題はくすぶり続けたが、福島に当時としてはとびきり豪華な新庁舎を建設して論争に終止符を打った。郡山を「経済県都」として位置づける慰撫策がとられ、県庁所在地にあるような機関のいくつかが郡山にある。

　佐藤善一郎（1957年）は福島市出身で、福島県議を経て福島県経済連の会長。いわき地区と郡山地区を両方合わせた形で新産業都市に指定させた。木村守江（1964年）は、慶應大学医学部卒で開業医から県議、参議院議員、代議士を経て4期にわたって知事をつとめ、空前の大合併で現在の郡山市やいわき市を誕生させ、原発立地につとめた。一方、露骨な利権政治が批判された。全国知事会の会長にもなったが、空前の大規模な汚職摘発が行われ、知事自身も逮捕されることとなった。

　松平勇雄（1976年）は、会津藩主だった松平容保の孫で早稲田大学卒、三菱商事などを経て参議院議員。行政管理庁長官。殿様らしい清潔なイメージが好感を持たれ、県立図書館や美術館、博物館などハコモノを相次いでオープンさせた。

　佐藤栄佐久（1988年）は郡山市の出身で東京大学を卒業したのちアパレル製造業を継ぎ、日本青年会議所副会頭を経て、参議院議員。首都機能移転候補地として名乗りを上げたり、市町村合併について矢祭町が「合併しない宣言」をするとこれを容認、原子力発電所やプルサーマルについても厳しいポーズを見せていた。だが、実弟が経営にあたった自身の企業が不正な土地取引を通じて利益を受けていたとして逮捕された。

　佐藤雄平（2006年）は、神奈川大学出身。渡部恒三の甥で元秘書、参議院議員だった。温厚な人柄が買われたのだが、東日本大震災と福島第一原発事故に際しては非力さが目立った。

　内堀雅雄（2014年）は、長野県出身で東京大学から自治省。福島県庁で部長を四年間、副知事を8年間つとめた。副知事としての手堅い手腕が買われ、佐藤の後継者となった。

【こんな政治家も】

　会津の庶民は会津の民謡「会津磐梯山」に登場する小原庄助さんのように楽天的だ。その系譜を代表するのが南会津出身の渡部恒三だ。「タバコがおいしく感じられるのは健康であるということ」とか「原子力発

電所を造れば造るほど、国民の健康は増進、長生き」「原子力発電所の事故で死んだ人は地球上にいない」など名言（迷言）の数々が人柄を象徴している。

【最近の衆参議員選挙の状況】

◇第1区：金子は新生党代議士だった金子徳之介の娘。高校教諭、米国のNPOで福祉支援事業に従事し保原町議、伊達市議。'07年の参議院議員選挙に民主党から出馬し、初当選。亀岡は旧姓小倉。江川と甲子園でバッテリーを組んだ捕手。亀岡高夫元代議士の養子となり田名部匡元農水相の秘書をつとめた。**'09 石原洋三郎（民）。'12 亀岡偉民（自）。'14 亀岡偉民（自）。'17[当] 金子恵美（無②）126,664、[比復] 亀岡偉民（自④）113,514。**

◇第2区：根本元復興相は建設省出身。**'09 太田和美（民）。'12 根本匠（自）。'14 根本匠（自）。'17[当] 根本匠（自⑧）96,892、[次] 岡部光規（希）59,377。**

◇第3区：玄葉元外相は松下政経塾に学び県議。無所属で当選したのち新党さきがけに入党。国家戦略担当大臣、科学技術担当相。妻の父の佐藤栄佐久は元知事だが汚職で失脚。'11年に財務相。上杉は「東進衛星予備校」などを経営するナガセ勤務後、荒井広幸の秘書をつとめた。**'09 玄葉光一郎（民）。'12 玄葉光一郎（民）。'14 玄葉光一郎（民）。'17 当 玄葉光一郎（無⑨）92,930、[比復] 上杉謙太郎（自①）60,006。**

◇第4区：かつての渡部恒三衆議院副議長の地盤。菅家は会津若松市議、県議、会津若松市長をつとめた。小熊は新井将敬などの秘書を経て、会津若松市議、県議。みんなの党などから民主党に入党。**'09 渡部恒三（民）。'12 菅家一郎（自）。'14 小熊慎司（維）。'17[当] 菅家一郎（自③）68,282、[比復] 小熊慎司（希③）67,073。**

◇第5区：吉野は家業の吉野木材から県議。今村雅弘の被災地への問題発言後、復興相に就任。**'09 吉田泉（民）。'12 坂本剛二（自）。'14 吉野正芳（自）。'17[当] 吉野正芳（自⑦）86,461、[次] 吉田泉（希）51,478。**

◇参議院（定数1）:2013年に定数2から1。増子は石原幹一郎元自治相の秘書を経て、県議。1区から代議士となり自民党から新進党、旧民主党へと転じた。'05年に落選したが'07年の参議院議員補欠選挙で当選。森少子

化対策相は弁護士、米国留学、金融庁検査官。知事選に立候補し敗れたが国政に転じる。'06年に県知事選に出馬するも落選。'07金子恵美（民）、森雅子（自）。'10増子輝彦（民）、次岩城光英（自）。'13 当森雅子（自②）484,089、次金子恵美（民）240,842。'16 当増子輝彦（民③）462,852、次岩城光英（自）43。

〈東北ブロック 定数13〉

◇自由民主党 145万3871票 5議席

江渡聡徳（7）重複なし、**亀岡偉民**（4）福島1区89.6、**藤原崇**（3）岩手3区74.1、**高橋比奈子**（3）岩手1区65.5、**上杉謙太郎**（1）福島3区64.5、次**勝沼英明**（56.4、医師）宮城5区、次**橋本英教**（重複なし、党役員）。

　江渡防衛相は青森県十和田市出身。父・江渡誠一が設立した社会福祉法人至誠会に勤務し、同法人が運営するあけぼの学園園長などを歴任。光星学院八戸短期大学講師。'96年、青森2区から出馬し、初当選。'17年、選挙区の区割り変更に伴い青森1区の津島淳との間でコスタリカ方式を導入。江渡は比例東北ブロックの単独候補で出馬。

◇公明党 46万3740票 1議席

井上義久（9）重複なし、次**真山祐一**（重複なし、党役員）。

　井上党幹事長は富山県富山市出身。公明新聞に勤務後、'90年の旧東京3区で出馬し、初当選。'96年から比例東北ブロックで出馬。

◇希望の党 91万2819票 3議席

寺田学（5）重複なし、**小熊慎司**（3）福島4区98.2、**緑川貴士**（1）秋田2区97.7、次**村岡敏英**（87.2, 元民新副幹事長）秋田3区。

　寺田は秋田県横手市出身。三菱商事に勤務後、'03年、秋田1区から民主党公認で出馬し、初当選。'17年、民進党と希望の党は調整の末、1区

から民進公認予定の寺田を降ろし、コスタリカ方式により比例東北ブロック単独1位とすることを決定。

◇立憲民主党76万1117票3議席

岡本章子（1）宮城1区78.6、**山崎誠**（2）重複なし、**阿久津幸彦**（4）重複なし、次**梶護**（重複なし、元秘書）。

　山崎は東京都練馬区出身。株式会社熊谷組、日揮株式会社等に勤務後、'06年、横浜市議会議員補欠選挙に出馬し、初当選。'09年、民主党公認で神奈川8区から出馬し、選挙区ではみんなの党の江田憲司に敗れたが、比例復活し、初当選。'12年、民主党を離党、「みどりの風」に合流。阿久津は東京都出身。石原慎太郎の秘書をつとめた。'00年、民主党公認で東京24区に出馬し、初当選。

◇日本共産党31万0559票1議席

高橋千鶴子（6）重複なし、次**船山由美**（重複なし、元仙台市議）。

　高橋は秋田県能代市出身。私立高校教諭をつとめ、'91年の参議院補欠選挙をはじめ、国政選挙に6回挑戦するものの、いずれも落選。'99年に青森県議。'03年、比例東北ブロックから初当選。

◇日本維新の会12万7674票0議席

◇社会民主党10万5589票0議席

◇日本のこころ4万4960票0議席

◇幸福実現党2万2626票0議席

第3章 北関東

茨城県（常陸・下総の一部）

農工両全を実践した鹿島コンビナート

> 梶山静六（通商産業相大臣）。橋本龍太郎首相の後継を争ったときに、「凡人（小渕）、奇人（小泉）、軍人（梶山）の争い」と田中眞紀子に評されたように陸軍航空学校出身。金丸信から「無事の橋本、平時の羽田、乱世の小沢、大乱世の梶山」といわれた。健康を害さなかったら、森首相の後継を小泉と争っていい勝負だっただろう。

【県の概要】

　現在の茨城県は、常陸一国と下総国の一部である。このために、平将門の根拠地だった猿島とか、戦国時代に関東公方が鎌倉から戦乱を逃れて御所を構えた古河などは、下総国だが茨城県内ということになり、企業で常総という名のものも多い。

　このように、下総国の一部が茨城県に編入されたのは利根川の流路変更がゆえである。現在の利根川の下流は、もともと、常陸川という河川だったが、五霞町のあたりで赤堀川を掘削して利根川の水を流し込んだものだ。明治時代にいまの茨城県ができるときに、下総の国でも新しい利根川の北の部分は茨城県に属した。

　常陸国の語源は、「常陸風土記」に道が真っすぐ延びて河川などに遮られない「直通（ひたみち）」だからという記述がある。親王を国司にする国とされ、皇室との縁も深かった。天皇陛下の弟である義宮殿下が宮家を立てられるときに常陸宮を名乗られたのはこのためである。また、地元では藤原鎌足は鹿島出身だといっている。

　茨城県の名は、水戸市が東茨城郡にあることから来ている。戦国時代は江戸氏が城主で、天下統一とともに佐竹氏に、江戸時代は御三家の一つ水戸藩35万石の支配するところとなった。明治になって人口流出が続いて不振だったが、戦後になって鹿島のコンビナートや筑波学園都市が立地して一気に盛り返した。

　茨城県政では、山口武平県会議長という県会の実力者がいた。自民党県連会長や全国都道府県議会議長会など歴任し、中央政界にも知己が多かった坂東市出身で昭和30年（1955）に県議となったが、上記の事件で起訴され有罪判決を受けたこともある。参議院議員選挙に出馬したが

茨城県

落選し県議会に復帰。昭和62年（1987）には県議としては異例の県連会長となった。

しかし、平成21年の知事選挙で、山口は現職の橋本昌に対抗して小幡政人元国土交通省次官を擁立したものの、市町村長や連合などが支持した橋本にダブル・スコアで敗れた。このとき、民主党と県医師連盟が接近することとなり、知事選挙で橋本を支持するとともに総選挙でも民主党を支持した。

その結果、総選挙では、厚生労働族のエースといわれた丹羽雄哉までが落選するなど自民党は惨敗する羽目になり、山口も平成22年の県議会議員選挙で引退することになった。

【歴代知事】

友末洋治（1947年）は広島県出身で、日本大学から内務省に入り、官選の茨城県知事だった。1957年の日本原子力研究所の研究所設置をきっかけに東海村の建設が進んだ。

岩上二郎（1959年）は旧制水戸高校から京都大学、ブリヂストンを経て瓜連町長、一念発起して米国ペパーダイン大学に留学し地方自治や社会福祉を学び「農工両全」を掲げた。農民からブローカーが言葉巧みに土地を安く買い上げ、慣れない大金を受け取った農民はそれを浪費し零落することになることが多い。そのため、土地をいったん寄付させ、整備したのちに6割を戻し、4割を工業開発や都市整備にあてれば、農民は工業などからも収入を得られるし、農業も近代化できると考えたのである。このキリスト教的な理想主義に基づく発想はいろいろな批判にもさらされたが、ともかくも、県内でも後進性の強かったこの地域に飛躍的な発展をもたらした。この時代に、鹿島臨海工業地帯が建設されることになった。

竹内藤男（1975年）は朝鮮の京城で生まれ、東京大学、建設省都市局長から参議院議員になっていた。つくば科学万博を開催し、常磐自動車道建設などを進めた。また、鹿島アントラーズをバックアップし、サッカーの発展にも寄与したし、「つくば市」の誕生など市町村合併にも成果を上げた。だが、政治資金をゼネコンに頼り、収賄容疑で逮捕された。

橋本昌（1993年）は、東海村生まれ。水戸第一高校、東京大学から1969年に自治省。公営企業第一課長をつとめた。「茨城空港」、県北の三港をまとめて「茨城港」とするといったブランド確立戦略、メロン、常陸牛、コシヒカリを重点的に売り出すなど多彩な施策で「日本を代表する県」を目指し、前知事時代からの懸案事項である県庁移転も実現した。

大井川和彦（2017年）は、土浦市生まれで水戸一高から東京大学。通産省入りし、米留学、シンガポールでの勤務を経験し、退職後は、マイクロソフトアジア執行役員、ニコニコ動画の運営会社であるドワンゴの取締役。「活力があり、県民が日本一幸せな県」「県民が豊かさを享受し、安心安全な生活環境のもと、未来を担う人財が育まれ、夢・希望にあふれた茨城を実現していく」としている。

【こんな政治家も】

安保騒動のときの防衛庁長官として自衛隊出動を断固として止めたのが赤城宗徳。その孫が政治資金規正法違反で農水相を辞任した赤城徳彦。橋本登美三郎は、運輸相在任中の行為がロッキード事件で収賄にあたるとして二審まで有罪ののち上告審中に死去した。その地盤を継いだのが防衛庁長官などをつとめた額賀福志郎だ。

【最近の衆参議員選挙の状況】

◇第1区：田所は建設会社経営を経て、日本青年会議所幹部をつとめ、下館市議、県議。引退した赤城徳彦元農水相の後任となった。**'09 福島伸享（民）。'12 田所嘉徳（自）。'14 田所嘉徳（自）。'17㊂田所嘉徳（自③）100,875、次 福島伸享（希）82,835。**

◇第2区：額賀元財務相は産経新聞政治部元記者、県議。経済企画庁長官、経済財政政策担当大臣、防衛庁長官を歴任した。**'09石津政雄（民）。'12 額賀福志郎（自）。'14 額賀福志郎（自）。'17㊂額賀福志郎（自⑫）104,183、次 石津政雄（希）57,098。**

◇第3区：葉梨は警察庁出身。義父の葉梨新五郎元国家公安委員長の秘書をつとめた。**'09小泉俊明（民）。'12葉梨康弘（自）。'14葉梨康弘（自）。'17㊂葉梨康弘（自⑤）113,068、次 樋口舞（希）51,060。**

茨城県

◇第4区：梶山内閣府特命担当大臣（地方創生・規制改革）は会社経営者、父の梶山静六元官房長官の秘書をつとめた。'09 梶山弘志（自）。'12 梶山弘志（自）。'14 梶山弘志（自）。'17㊣ 梶山弘志（自⑦）97,966、次 大熊利昭（希）29,547。

◇第5区：石川は自由民主党本部元職員。浅野は日立製作所に勤務後、大畠章宏元経産大臣の秘書をつとめ、引退をした大畠の後継者となった。'09 大畠章宏（民）。'12 大畠章宏（民）。'14 大畠章宏（民）。'17㊣ 石川昭政（自③）61,450、比復 浅野哲（希①）56,098。

◇第6区：国光は医師、丹羽元厚労相の後継者に指名された。青山は丹羽の秘書を経て、県議。'14年に民主党公認で出馬するも落選。'09 大泉博子（民）。'12 丹羽雄哉（自）。'14 丹羽雄哉（自）。'17㊣ 国光文乃（自①）102,820、比復 青山大人（希①）96,987。

◇第7区：中村元建設相は田中角栄の秘書をつとめ、父の中村喜四郎（先代）元参議院議員の後援会を引き継ぎ、'76年に無所属で出馬し、初当選。'94年、ゼネコン汚職事件で逮捕されるも、後援会「喜友会」の支援で無所属で出馬し、当選を続ける。永岡は自殺した永岡洋治元衆議院議員の後を引き継いだ。'09 中村喜四郎（無）。'12 中村喜四郎（無）。'14 中村喜四郎（無）。'17㊣ 中村喜四郎（無⑭）77,719、比復 永岡桂子（自⑤）62,617。

◇参議院（定数2）：岡田は参議院議員秘書を経て、県議、水戸市長。郡司元農水相は日本労働組合総連合会幹部をつとめた。上月は総務官僚、県副知事をつとめた。藤田はNGO元理事、衆議院議員を2期つとめた。'07 藤田幸久（民）、長谷川大紋（自）。'10 岡田広（自）、郡司彰（民）。'13㊣ 上月良祐（自①）560,642、㊣ 藤田幸久（民②）204,021、次 石原順子（みんな）153,403。'16㊣ 岡田広（自④）609,636、㊣ 郡司彰（民④）306,050、次 小林恭子（共）113,833。

栃木県 （下野）

素朴な方言で放言やりたい放題

全国の高校で生徒数最大といわれるのが高校野球の名門として知られる作新学院だが、その創業家が政界の名門でもある船田一族だ。当主である船田元は政界のホープといわれたが、元参議院議員の畑恵との不倫騒動・再婚と、安保法制議論の中で、この法律を違憲という参考人を自民党推薦で呼んで議論混乱の戦犯として袋叩きにあった。

【県の概要】

栃木県はかつての下野の国である。古代は群馬県とともに毛野といわれていたが、上野と下野に分かれた。面白いのは、別称が上野は上州であり、下野は野州ということか。あまり有名でないので、歴史に野州とかいうのが出てきてもピンとこない。

古代には関東と東北の両方を睨む東国の中心で、鑑真和上が設立した戒壇は、平城京や大宰府と並んで下野薬師寺に置かれた。関東武士の活躍した場所で、足利氏は発祥の地はここだ。ただし、尊氏はここに来たこともないようだ。

名門宇都宮氏が豊臣秀吉に改易されてから大きな藩はなかった。江戸時代には、日光東照宮が創建されて、徳川氏にとっての聖地になり、宇都宮城の本丸は、日光参詣に来る将軍専用として使われた。

しかし、廃藩置県の後、県の東部は宇都宮県に、西部は上野の館林地方とともに栃木県となり、両県が合併した後の県庁は栃木市に置かれた。

その後、館林は群馬県に移り、下野一国が栃木県になったので、県の中心には宇都宮の方が適切だということで、県令の三島通庸が決断して県庁移転となったが、県の名前はそのままである。

明治時代には足尾鉱山が発展したが、「足尾鉱毒事件」を起こした。この問題を告発し救済のために活躍したのが代議士だった佐野市出身の田中正造である。海のない内陸県であったので、産業の発展は遅れ、農業県として人口も流出気味だったが、東北自動車道や東北新幹線の開通で日産自動車栃木工場に代表される工場の進出が目立ち、発展している。

栃木の言葉は、その素朴な印象を使って、政治家には本音トークが得

栃木県

意な人が多い。ただし、それは、放言と紙一重だ。「ミッチー」こと渡辺美智雄（蔵相）は「（野党支持の人は）毛針にかかるようなもの」とか「アメリカには黒人やヒスパニックなんかがいて、破産してもアッケラカのカー」など放言を繰り返して、そのたびに問題になったが、憎めないところがあった。

その息子はみんなの党を創った渡辺喜美。ユーモラスな愛嬌がある風貌、栃木弁の語り口など父のDNAを強く感じさせる。

【歴代知事】

小平重吉（1947年）は実業家で明治大学予科中退。「野人知事」といわれ、台風の被災地に下着姿のまま、自転車で駆けつけたという。日光の「いろは坂」を舗装道路として観光開発に貢献した。

横川信夫（1959年）は宇都宮出身で、東京大学で林学を学び、農林省に入り、林野庁長官。日産自動車の工場の誘致にある成功と、自治医科大学医科大学と獨協大学医学部を誘致したことは、医療水準の向上に結びつき、県民から高く評価された。

船田譲（1974年）の父は衆議院議長をつとめた船田中。譲は参議院議員だったが、学者肌で『素人知事奮戦記』の著書にあるようなエネルギッシュな活動を示さないまま、病気で3期目の任期途中で退任した。

渡辺文雄（1984年）は宇都宮生まれで東京大学から農林省入りし事務次官。首都機能移転の有力候補地として那須がクローズアップされて脚光を浴びた。

福田昭夫（2000年）は東北大学から今市市役所につとめ、市長。全国青年市長会会長。ダム事業の見直しや、財政健全化に成果を上げたが、保守派を掌握するには至らず、1期で交替。文化財的な価値が高いとされる県庁舎保存問題では有効な解決方法を見出せなかった。

福田富一（2004年）は、宇都宮工業高検から県庁入りしたのちに日本大学の建築科を卒業。宇都宮市議、県議を経て市長。全国市長会の会長。また、結婚、出産、子育ての切れ目ない支援で移住者を呼び込み、「選ばれる県を目指す」とし、「ベリー グッド ローカル とちぎ」をキャッチフレーズに、国内外へ"とちぎの元気"を発信している。

【こんな政治家も】

近年では、官房長官や文相をつとめた森山真弓がいた。女性として東京大学法学部最初の学生で、女性の上級職公務員としても第一号。労働省局長から政界入り。夫は運輸大臣などをつとめた森山欽司。

【最近の衆参議員選挙の状況】

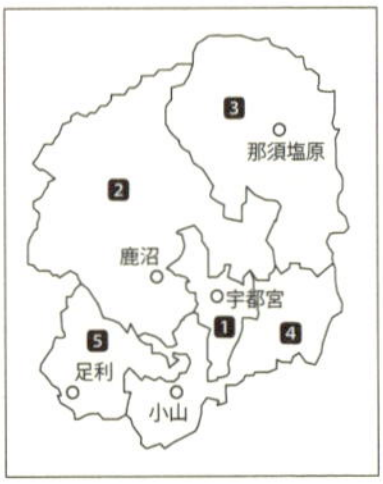

◇第１区：船田元経済企画庁長官は学校法人を経営。父の船田譲は元参議院議員で元県知事。祖父の船田中の地盤を引き継いだ。自民党から新生党、新進党を経て、自民党に復党。'09 石森久嗣（民）。'12 船田元（自）。'14 船田元（自）。'17[当]船田元（自⑫）109,139、[次]柏倉祐司（希）51,122。

◇第２区：福田は西川公也元農水相を破った。今市市役所に勤務後、今市市長、県知事。'09 福田昭夫（民）。'12 西川公也（自）。'14 福田昭夫（民）。'17[当]福田昭夫（無⑤）75,031、[次]西川公也（自）65,445

◇第３区：簗は代議士秘書をつとめ、日本経済研究所元研究員。'14 年に敗れた渡辺喜美は参議院へ転出。'09 渡辺喜美（みんな）。'12 渡辺喜美（みんな）。'14 簗和生（自）。'17[当]簗和生（自③）74,371、[次]渡辺美由紀（希）42,820

◇第４区：佐藤元総務相は会社勤務後、県議。'12 年に落選した山岡賢次元国家公安委員長は参議院選挙区へ転出したが、'13 年に落選。'09 山岡賢次（民）。'12 佐藤勉（自）。'14 佐藤勉（自）。'17[当]佐藤勉（自③）111,167、[次]藤岡隆雄（希）76,294。

◇第５区：茂木内閣府特命担当大臣（経済財政政策）は東大卒業後、丸紅、読売新聞、マッキンゼーに勤務した。'93 年に日本新党公認で出馬し、初当選。新進党には参加せず、自民党に入党。経産相をはじめとする閣僚ポストを歴任した。'09 茂木敏充（自）。'12 茂木敏充（自）。'14 茂木敏充（自）。'17[当]茂木敏充（自⑨）89,403、[次]大豆生田実（希）41,438。

◇参議院（定数１）：上野は高校教師を経て、県議。高橋は岩崎純三参議院議員の秘書を経て、県議、高根沢町長。'07 谷博之（民）。'10 上野通子（自）。'13[当]高橋克法（自①）376,553、[次]沖智美（みんな）201,895。'16[当]上野通子（自②）484,300、[次]田野辺隆男（無）314,401。

群馬県（上野）　同じ中選挙区から三人の総理を出す

中選挙区時代の群馬3区は、福田赳夫、中曽根康弘、小渕恵三といういずれも総理となった3人と、それに社会党の山口鶴夫という顔ぶれが、1963年から1968年まで9回の総選挙でまったく同じ顔ぶれが当選し続けた。小選挙区では群馬4区と5区で、それぞれ、福田康夫と小渕優子が引き継いだ。

【県の概要】

栃木・群馬両県が、古代には毛野と呼ばれたのはすでに紹介したとおりだが、毛野の毛は草木のことで作物がよくなる野ということであろう。

碓氷峠を通じて信濃に接し、三国峠の向こうは越後である。上野国は戦国時代に上杉謙信、武田信玄、北条氏康らの争奪戦の舞台だった。江戸時代、前橋藩を除くと小藩と旗本領が混在し、治安の維持のため、国定忠治のような親分衆の力を借りねばならなかった。養蚕が主力産業だったので、女性はよく働き、カカア天下となり、男は博打が大好きということになった。

明治になって、一時は館林は栃木県となり、残りの部分と埼玉県北部が熊谷県となった時期もあったが、まもなく現在の形になった。県庁は要地である高崎を陸軍と内務省が取り合ったりもしたが、前橋経済界や県令だった楫取素彦（妻は吉田松陰の妹で平成27年NHK大河ドラマの主人公）の決断で前橋に落ち着いた。江戸後期以降、生糸の生産が増えていたが、開国でますますの隆盛をみて、世界遺産になっている富岡製糸場も設立された。

親子二代の首相を出した福田家も高崎市郊外の豊かな養蚕農家だった。福田と中曽根についていえば、1952年から14回も戦い続けたのであるが、1972年の自民党総裁選挙で中曽根が田中角栄の陣営にまわったことは、地元ではひどく不評で、それ以来、中曽根が福田に勝利することはなかった。

この二人は、いずれも旧制高崎中学の出身だが、神童といわれた福田は第一高等学校に進み、それほどでもなかった中曽根は静岡高校へ入った。その後、東京大学法学部で学び、福田は大蔵省に、中曽根は内務省

に入った。

この二人の間に挟まれて「ビルの間の屋台のラーメン屋」と呼ばれていたのが小渕恵三元首相である。

【歴代知事】

北野重雄（1947年）は、大阪府出身で東京大学から商工省に入りし、鉱山局長から官選知事として赴任した。闇物資にからむ不祥事で辞職に追い込まれた。

伊能芳雄（1948年）は東京大学法学部から内務省入りした人物で文化・スポーツの振興にも力を入れた。のちに、参議院議員となり、自民党政調会長などをつとめた。そのあと、北野重雄（1952年）が復帰したが、公約の財政再建はうまくいかなかった。

竹腰俊蔵（1956年）は、師範学校出身で県教育委員だったが、兄が選挙戦中に急死したので身代わりとなり当選した。このころ、館林出身の正田家から皇太子妃が誕生し、県民を喜ばせた。

神田坤六（1960年）は、新潟県出身で東京大学から内務省入りして副知事となっていた。神田は、「総花的」「手堅すぎる」といわれつつも、インフラ整備に力を入れ、自動車保有率全国一位の数字が示すように、モータリゼーションを先取りした県土を創り上げ、利根川水系のダム建設にもつとめた。この時代に大久保清事件や浅間山荘事件のような事件がマスコミをにぎわした。

清水一郎（1976年）は福島高等商業学校から日立製作所、教師、税理士などを経て実業家となり、信用組合、ホテル、電子計算センターなどを立ち上げた。上越新幹線や関越自動車道が開通し、あかぎ国体が開催されたのはこの時代である。

小寺弘之（1991年）は自治官僚で副知事。全国に先駆けた企画として、県立病院整備費調達のために募集した「愛県債」は、各地で流行したミニ地方債の先駆例となった。また、前橋城跡にある県庁を超高層ビルに建て替えた。

大沢正明（2007年）は、福田系が小寺に対抗して擁立した。現在の太田市で生まれ、慶應大学工学部から海上自衛隊幹部候補生学校を卒業したが、家業の大沢建設に入社。町議、県議経て知事選挙に自民党公認

で立候補し当選。「富岡製糸場と絹産業遺産群」が世界文化遺産に登録されたことが話題になった。民主党政権が中止した八ッ場ダム建設再開、朝鮮学校への補助金などで自民党らしい立場を完遂している。

【こんな政治家も】

田辺誠は全逓信労働組合出身で社会党委員長をつとめた。国対委員長として親交を深めた金丸信と1990年に北朝鮮を訪朝した。山本富雄は旅館経営者で参議院議員。息子が安倍側近の論客である山本一太である。

【最近の衆参議員選挙の状況】

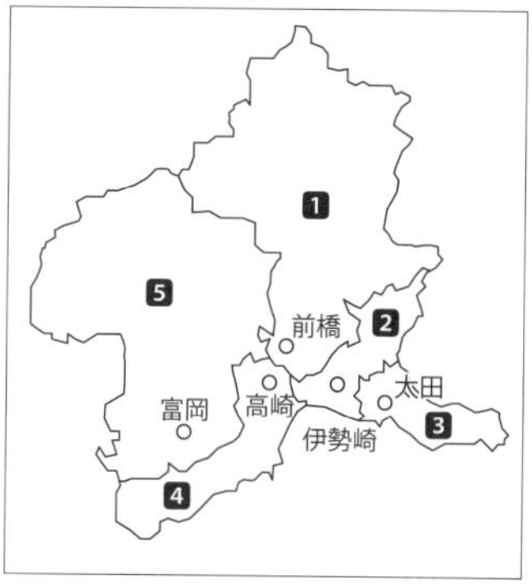

◇第1区：尾身は東大卒業後、NTTに勤務、ITコンサルタント業を起業。東海大学非常勤教授。内閣府子ども・子育て会議委員などをつとめた。父は尾身幸次元財務相。自民党県議団が佐田玄一郎を公認候補としない方針を打ち出し、佐田は不出馬。**'09 宮崎岳志（民）。'12 佐田玄一郎（自）。'14 佐田玄一郎（自）。'17[当]尾身朝子（自②）92,641、[次]宮崎岳志（希）71,569。**

◇第2区：井野は弁護士、伊勢崎市議。**'09 石関貴史（民）。'12 井野俊郎（自）。'14 井野俊郎（自）。'17[当]井野俊郎（自③）89,219、[次]石関貴史（希）48,545。**

◇第3区：笹川は'96年から国政選挙に3度出馬するも、落選。県議。父は笹川尭元代議士。長谷川は歯科医師、県議。**'09 柿沼正明（民）。'12 笹川博義（自）。'14 笹川博義（自）。'17[当]笹川博義（自③）83,446、[比復]長谷川嘉一（立①）67,456。**

◇第4区：福田は慶應大卒業後、米国のシンクタンク研究員を経て、三菱商事入社。父の福田康夫元首相の秘書、首相秘書官をつとめた。**'09 福田康夫（自）。'12 福田達夫（自）。'14 福田達夫（自）。'17[当]福田達夫（自③）93,262、[次]不破弘樹（希）36,167。**

◇第5区：小渕元経産相はTBSテレビに入社、父の小渕恵三元首相の秘

書をつとめた。'00 年に小渕元首相が急死し、同年の総選挙で地盤を引き継ぎ、初当選。麻生内閣で内閣府特命担当大臣（男女共同参画・少子化対策）に任命された、戦後最年少の 34 歳の入閣。2014 年に政治資金をめぐる疑惑により、経産相を辞任した。東京地検の家宅捜索を受け、政治資金規正法違反容疑で会計責任者が在宅起訴、執行猶予付きの有罪判決が下った。'09 小渕優子（自）。'12 小渕優子（自）。'14 小渕優子（自）。'17[当]小渕優子（自⑦）109,453、[次]猪口幸子（希）30,127。

◇参議院（定数 1）: 中曽根元文科相は慶應大卒業後、旭化成に入社、父の中曽根康弘元首相の秘書をつとめた。父が首相であった '86 年に初当選。山本は中央大学卒業後、米国のジョージタウン大学院卒業。朝日新聞入社。父の山本富雄元農水相の死去に伴い、地盤を引き継ぎ、'95 年に初当選。'07 山本一太（自）。'10 中曽根弘文（自）。'13[当]山本一太（自④）580,144、[次]加賀谷富士子（民）123,725。'16[当]中曽根弘文（自⑥）527,371、[次]堀越啓仁（民）248,615。

埼玉県(武蔵の一部) 印象の薄さを乗り越えイメージアップに全力

　三権の長といえば首相、最高裁長官、それに衆参両院議長だ。その参議院議長だった土屋義彦がなんと、埼玉県知事になってしまった。埼玉県の格は上がったようにも見えるが、参議院としてはどうなのかという声も当然にあった。しかし、全国知事会会長をつとめるなど大物政治家ならではの実績を上げた。

【県の概要】

　古代から中世にかけての武蔵国は埼玉、東京、それに神奈川の一部にまで及んでいる。その開発は上野国に近いところから進んできたようである。

　稲荷山古墳は、その被葬者が若いころ、大和で雄略天皇に仕えていた地方豪族だということが出土した鉄剣に彫られた銘文から判明した。この古墳は、北部の行田市にある。行田市は忍城の城下町だった。

　武士の時代になっても、駿馬の産地だった埼玉県西部からは、武蔵七党などの武士団が登場して鎌倉幕府を支えた。

　江戸時代には、忍藩と川越藩のほかは、主として飛び地や旗本領などが錯綜していた。忍藩は秩父市も領地にしていた。川越藩は多くの老中経験者が城主であった。

　明治の初めには、西部が入間県と埼玉県だったり、上野の一部と熊谷県などがあったりしたが、最終的には現在の形になった。

　県庁所在地である浦和はもともと宿場町で、県庁に予定された岩槻に適当な建物がなかったので移ってきた。市制が敷かれたのは、昭和9年(1934)で、県内でも川越、熊谷、川口に次ぐ4番目であり、47都道府県庁所在地でもっとも遅い市制施行であった。そんなわけで、もともと異質な二つの地域からなるうえに、県庁所在地にカリスマ性がなくて求心力は弱く、戦後も県庁舎が火事で焼けた後、大宮や熊谷に新庁舎を移すように求めたくらいだ。しかも、流行語の「ダサイタマ」は「ダメな埼玉」の略だといわれたりもして県民は肩身の狭い思いをした。

　ややあか抜けしないにせよ、人が良さそうで温和で親切な埼玉県人の典型は『クレヨンしんちゃん』。都会人にもなりきれず地方人として開

き直りもできない曖昧な県民性を形成している。

　かつての国会の名物男だった荒舩清十郎は、運輸大臣になって地元の深谷駅に急行を止めて辞任。派閥の領袖だった川島正次郎は「やはり野に置け蓮華草」と嘆いた。近年では旧民主党系が強い地盤。栃木県出身だが、日本新党の公募で埼玉県から政界進出した枝野幸男を中心とした民主党は全国でも屈指の強さを見せ、平成21年の総選挙では13選挙区で自民党は全敗したほどだった（11区のみでは民主党は候補を出さず、平沼グループの小泉龍司を連合も推薦して当選させた）。

【歴代知事】

　西村実造（1947年）は、日本郵船などで活躍した国際派経済人で進駐軍の受けもよく、米の供出を促進するために酒を加配するといったこともやった。だが、旧軍物資放出などをめぐる黒い霧に巻き込まれて逮捕され辞職した。

　大沢雄一（1949年）は、吉川市出身で内務省から県副知事に。焼失した県庁舎再建にあたり、県庁をこれまでどおり浦和とするか、あるいは、大宮ないし熊谷にするか激しい誘致合戦があったが、大沢は財政負担なども考え断固焼け跡での再建を貫き通した。財政再建、市町村合併を円滑に進めたことも評価されている。

　栗原浩（1956年）は、大利根町出身で早稲田大学中退、県庁職員となり副知事に。東京オリンピックの一部種目の県内開催、国体開催などを成功させた。また、日曜画家で名文家だった。

　畑和（1972年）は、東京大学卒。三代続きの弁護士で社会党代議士だった。革新知事の中では異色の現実主義者で、妥協や配慮もいとわなかったし、迷惑施設についても設置の必要性を辛抱強く説いた。東北新幹線を通勤新線の建設を条件に実現し、ほかの都県では頓挫した関東外環道路も工事を進めた。革新知事の中で「有能」といわれた珍しい存在だった。

　土屋義彦は（1992年）内務省の技術者だった父親の妹が大正製薬のオーナーで、地元選出の参議院議員でもあった上原正吉と結婚していたことから、その秘書、県議、上原の後継者としての参議院議員となって出世した。大宮の新都心事業を進めて各省庁の関東支分局、さいたま市

埼玉県

を誕生させ、ワールドカップでは横浜と決勝戦の会場を争った。「彩の国」という造語で「ダサイタマ」というイメージからの脱却を図った。しかし、夫人や娘のスキャンダルが発覚し、土屋は3期目の途中で辞職に追い込まれた。

　上田清司（2003年）は、福岡県生まれで民主党代議士だった。東京に対しての独自性を主張した土屋時代に対して、上田は都県間の協力を重視する。とくに、石原慎太郎（東京都）、松沢成文（神奈川県）との連携は顕著だった。また、スピードを重視し、県民に分かりやすい目標を示し、それを実現することで、県民の求心性を保とうとしている。2018年に山田啓二京都府知事の後を継ぎ、全国知事会会長となった。

【こんな政治家も】

　川越を中心とした中選挙区時代の旧埼玉2区では、山口敏夫と小宮山重四郎が激しく争ったことが語り草。山口敏夫の父である六郎次は箱根駅伝で活躍、戦後、5期にわたり代議士をつとめたが、敏夫が大学生のうちに死去。敏夫は石田博英の秘書などを経て代議士となり、〝政界の牛若丸〟などといわれ政局の仕掛け人として活躍した。

【最近の衆参議員選挙の状況】

◇第1区：村井は財務官僚。'12年、武正元財務副大臣を破り、初当選。'09 武正公一（民）。'12 村井英樹（自）。'14 村井英樹（自）。'17 当 村井英樹（自③）106,699、次 武正公一（希）75,716。

◇第2区：新藤元総務相は川口市役所に勤務後、川口市議。'09 石田勝之（民）。'12 新藤義孝（自）。'14 新藤義孝（自）。'17 当 新藤義孝（自⑦）110,072、次 菅克己（希）64,783。

◇第3区：黄川田は会社勤務後、松下政経塾に学んだ。'12年に細川律夫元厚労相を破り、初当選。山川はNGO活動後、県議。'09 細川律夫（民）。'12 黄川田仁志（自）。'14 黄川田仁志（自）。'17 当 黄川田仁志（自③）95,093、比復 山川百合子（立①）73,250。

◇第4区：穂坂は税理士、父は志木元市長。社会福祉法人、学校法人の理事をつとめた。志木市議。自民党を離党した豊田に代わり、自民党が擁立。'09 神風英男（民）。'12 豊田真由子（自）。'14 豊田真由子（自）。'17

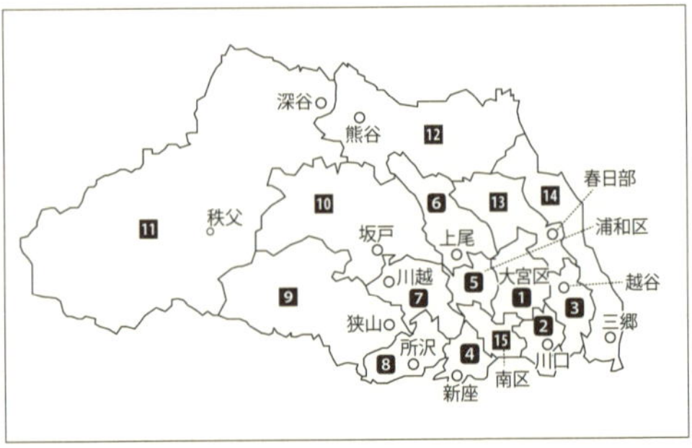

[当] 穂坂泰（自①）74,287、[次] 吉田芳朝（希）50,165。

◇第5区：枝野立憲民主党代表は弁護士。'93年、日本新党公認で出馬し、初当選。新生党には入らず、新党さきがけに入党、'96年の旧民主党結成に参加、党政調会長をつとめた。菅内閣で内閣官房長官、野田内閣で経産相など、閣僚ポストを歴任。牧原は弁護士。'09 枝野幸男（民）。'12 枝野幸男（民）。'14 枝野幸男（民）。'17 [当] 枝野幸男（立⑨）119,091、[比復] 牧原秀樹（自④）77,023

◇第6区：大島元民進党幹事長は日本鋼管に勤務した。希望の党代表代行。中根は鴻巣市市議。'09 大島敦（民）。'12 中根一幸（自）。'14 大島敦（民）。'17 [当] 大島敦（希⑦）106,448、[比復] 中根一幸（自④）92,222。

◇第7区：神山は会社経営を経て、県議。小宮山はNTTに勤務後、父の小宮山重四郎元郵政相の秘書を経て、県議。'09 小宮山泰子（民）。'12 神山佐市（自）。'14 神山佐市（自）。'17 [当] 神山佐市（自③）90,841、[比復] 小宮山泰子（希⑥）78,202。

◇第8区：柴山は東大卒業後、住友不動産に勤務、弁護士。'09 小野塚勝俊（民）。'12 柴山昌彦（自）。'14 柴山昌彦（自）。'17 [当] 柴山昌彦（自⑥）92,952、[次] 小野塚勝俊（希）61,501。

◇第9区：大塚は東京三菱銀行に勤務後、不動産会社を経営。妻は丸川珠代参議院議員。'09 五十嵐文彦（民）。'12 大塚拓（自）。'14 大塚拓（自）。'17 [当] 大塚拓（自④）111,815、[次] 杉村慎治（希）57,599。

◇第10区：山口は一族が経営するガス会社に勤務した。父は元川島町長。'09 松崎哲久（民）。'12 山口泰明（自）。'14 山口泰明（自）。'17 [当] 山口泰明（自⑦）85,453、[次] 坂本祐之輔（希）66,106。

◇第11区：小泉は大蔵官僚。'05年に郵政民営化法案に反対し、自民党から公認を得られず、落選。以後、無所属で出馬、'17年に自民党に復党したため、自民党は小泉と今野の両方に公認を出さなかった。'09 小泉龍司

埼玉県

（無）。'12 小泉龍司（無）。'14 小泉龍司（無）。'17 当 小泉龍司（無⑥）88,290、次 今野智博（無）50,046。

◇第12区：野中は建設会社に勤務後、県議。森田も県議。'09 本多平直（民）。'12 野中厚（自）。'14 野中厚（自）。'17 当 野中厚（自③）86,499、比復 森田俊和（希①）86,007。

◇第13区：土屋の父の義彦は元参議院議長、元県知事。'96年に無所属で出馬し、父の後継会の支援を受け、当選。'09 森岡洋一郎（民）。'12 土屋品子（自）。'14 土屋品子（自）。'17 当 土屋品子（自）104,500、次 北角嘉幸（希）57,947。

◇第14区：三ツ林は医師、日大医学部教授。'09 中野譲（民）。'12 三ツ林裕巳（自）。'14 三ツ林裕巳（自）。'17 当 三ツ林裕巳（自③）98,443、次 鈴木義弘（希）62,733。

◇第15区：田中は会社経営者で日本青年会議所幹部を歴任した。'09 高山智司（民）。'12 田中良生（自）。'14 田中良生（自）。'17 当 田中良生（自④）96,185、次 高山智司（希）48,729

◇参議院（定数3）：関口は歯科医、県議。大野は外務官僚、会社役員。西田は慶應大卒業後、東洋経済新報社に入社し、副編集長をつとめた。古川は医師で弁護士、慶應大元教授。矢倉は弁護士、経産官僚。行田は電通元社員、希望の党の設立メンバー。'07 行田邦子（民）、古川俊治（自）、山根隆治（民）。'10 関口昌一（自）、西田実仁（公）、大野元裕（民）。'13 当 古川俊治（自②）1,000,725、当 矢倉克夫（公①）599,755、当 行田邦子（みんな②）485,559、次 山根隆治（民）389,625。'16 当 関口昌一（自④）898,827、当 大野元裕（民②）676,828、当 西田実仁（公③）642,597、次 伊藤岳（共）486,778。

＜北関東ブロック 定数19＞

◇自由民主党 198万5993票 7議席

中根一幸（4）埼玉6区 86.6、**永岡桂子**（5）茨城7区 80.5、**牧原秀樹**（4）埼玉5区 64.6、**中曽根康隆**（1）重複なし、**佐藤明男**（1）重複なし、**百武公親**（1）重複なし、**神田裕**（1）重複なし、次 山脇孝雄（重複なし、党職員）、次 笹尾憲司（重複なし、元党職員）。

中曽根は埼玉県鴻巣市出身。JPモルガン証券勤務を経て、父の中曽根

弘文の秘書。群馬1区に出馬の意志を示したが、尾身朝子との調整に合意し、最終的に比例北関東ブロックの単独30位で出馬、初当選。元文科事務次官の前川喜平は伯父。佐藤は自民党栃木県連元事務局長。栃木県宇都宮市出身。百武は埼玉県上尾市出身で百貨店勤務から自民党党埼玉県支部連合会元事務局長。神田は茨城県水戸市出身で元自民党茨城県支部連合会元事務局長。

◇公明党 78万4671票 2議席

石井啓一（9）重複なし、**岡本三成**（3）重複なし、次 **興水恵一**（重複なし、元総務政務官）

　石井国交相は東京都豊島区出身。土木系の建設官僚として11年間在職。'93年、旧東京5区で出馬し初当選。'96年の総選挙では新進党比例東京ブロックから単独出馬、当選。'00年に公明党比例北関東ブロックで単独出馬、当選。党政調会長などを歴任。岡本は佐賀県鳥栖市出身。シティバンクに勤務、ゴールドマン・サックス証券で40歳にして同社執行役員。'12年、初当選。

◇希望の党 115万4154票 4議席

森田俊和（1）埼玉12区99.4、**青山大人**（1）茨城6区94.3、**浅野哲**（1）茨城5区91.2、**小宮山泰子**（6）埼玉7区86.0、次 **福島伸亨**（82.1 元経産省職員）茨城1区。

◇立憲民主党 131万7457票 5議席

長谷川嘉一（1）群馬3区80.8、**山川百合子**（1）埼玉3区77.0、**堀越啓仁**（1）重複なし、**大河原雅子**（1）重複なし、**高木錬太郎**（1）重複なし。

　堀越は群馬県下仁田町出身。作業療法士で、僧侶。大河原は東京・生活者ネットワーク公認で都議。'07年、参議院議員選挙に東京都選挙区から民主党公認で初当選。高木は高知県四万十市出身。枝野幸男の秘書をつとめ、埼玉県議の妻の秘書。

◇日本共産党 44万9625票 1議席

塩川鉄也（7）重複なし、次 **梅村早江子**（41.0,党準中央委員）埼玉15区。

　塩川は埼玉県日高市出身。日高市役所勤務を経て、日本共産党専従職員になり、'00年、埼玉8区から出馬し比例復活し初当選。'12年から比例単独で出馬。

◇日本維新の会 20万3103票 0議席

◇社会民主党 6 万 5985 票 0 議席
◇幸福実現党 2 万 9504 票 0 議席

【コラム】選挙でカネはいくらかかるのか？
カネをかければ選挙は有利になるのか？

　かつて、国政選挙に出れば、1 億円のカネは普通にかかっていた。府県全域を対象にする中選挙区時代のことだ。平成 6 年（1994）以降、小選挙区制が導入されてからは、選挙にかかる費用は格段に減った。選挙でのバラまきを防止するため、公職選挙法や選挙資金規制を厳格化し、違反について連座制が適用されたことも大きい。

　昔、選挙事務所でおにぎりを出されて食べたら、その中にサランラップに包んだ 1 万円が入っていたということもあったようだが、今ではあり得ない。衆議院議員選挙小選挙区で立候補して、おおよそ 1000 万円～2000 万円かかるというのが相場である。選挙資金報告書には、もっと少額の数字が報告されているが、これは表向きの数字である。

　参議院議員選挙となると、府県全域が対象になるので、費用はハネ上がる。それでも、おおよそ 3000 万円～6000 万円というのが相場だ。

　地方議員はどうか。町議会や村議会などの小規模自治体は別として、おおよそ 300 万円～1000 万円といったところだ。(以上の平均幅を大きく外れているケースもあり)。

　カネをかければ、票を稼げるかといえばそうではない。一等地に選挙事務所を借りて、華々しく派手に選挙をやったとしても、今の時代、そんな演出で票を入れようとする有権者などいない。

　ただ、カネの有効な使い方の一つとして、国会議員候補が地方議員にカネを握らせて、地方議員が支援者や地元有権者の票を固めるために奔走するということがある。逆に、カネを握らせなければ、地方議員も本気になって、国会議員候補のために票固めをしない。これはいわゆる裏金(公職選挙法違反)であり、上記の選挙にかかるカネには含まれない。

（宇山卓栄）

第4章 南関東

千葉県（下総の一部、上総、安房） 土着の金権政治と新住民の無関心で低投票率

> 野田佳彦は、松下政経塾第1期生で保守的な考え方の政治家だが、自民党に所属したこともなければ、自民党との連立政権に参加したこともなかった。その経歴が民主党代表から総理になるときに有利となった。開発行政で金が飛び交う千葉県において、金権政治へのアンチテーゼとして、野田の政治姿勢は評価された。

【県の概要】

　房総半島と呼ばれるが、下総の北部は茨城県に入っている。これは、江戸時代に現在の隅田川を下流部として東京湾に流れ込んでいた利根川本流が付け替えられて、銚子市の北側に移されたことから、明治になって、利根川の北側が分離されたからである。

　古代豪族の忌部氏は、四国の阿波の国を拓いたが、その一部が朝廷の命で房総半島にやってきた。上総、下総の「総」は彼らが栽培した麻の別名「ふさ」にちなむもので、安房は阿波に由来する。安房は奈良時代になって上総から分かれた。

　千葉の名は県庁所在地の所在の郡に由来する。中世には東国武士の千葉氏がこのあたりにあったが、これも郡名から来ているし、都市名も同様だ。

　江戸時代の房総は小さな藩や旗本の領地が入り乱れていたが、最大の藩は佐倉藩だった。明治元年（1868）、徳川本家の駿府移封のあおりで、駿河と遠江の七藩が房総半島に移ってきた。

　明治4年には、上総国と安房国が木更津県に、下総国の西部が印旛県になり、東部の3郡は新治県の一部になった。印旛県は6年に木更津県と合併して千葉県が成立し、8年には新治県3郡を千葉県に、下総国の利根川以北を茨城県に移管して現在の姿に落ち着いた。

　平凡な宿場町でしかなかった千葉市に県庁が置かれたのは、印旛県と木更津県を合同したとき、中間地点を取ったからだ。

　明治6年（1873）の人口は全国で6位だったのは、昭和5年（1932）には全国で16位にまで凋落していた。

　千葉県の海岸は遠浅で海苔の養殖や潮干狩りには好適だったが、港に

は適さなかった。だが、土木技術が進んだことで、川崎製鉄千葉工場をはじめとする開発が進んだが、工業立県を目指そうというグループと、農業や漁業とのバランスの取れた発展を主張するグループの対立が深刻化し、漁業権への補償や地上げのために政治家の出る幕が頻繁に生じた。

【歴代知事】

公選第1回の選挙では、旧政友会系の長老でスマートな英国紳士といわれた元県議・川口為之助（1947年）が当選し、戦後の農地改革、東京への闇米の流通の中心地となるという厳しい状況を乗り切ったが、任期を半年残して辞任した。

柴田等（1950年）は、革新系の支持を受け副知事同士の決戦を制した。しかし、3選時には自民党の公認となった。柴田は宮崎県出身の農林官僚であり、「農工両全」の思想の持ち主であった。対して、広島県出身の内務官僚で友納武人が最初は総務部長、のちに副知事となったが、こちらは京葉工業地帯の建設を通じての工業県を指向した。友納は厚生省に戻り、後任には自治省の宮澤弘（喜一の弟、のちの広島県知事）が入り、東京湾埋め立てについても、県主導の範囲内で行うことを主張した。

経済界は、この動きを好まず、地元選出の川島正次郎（自民党副総裁）らが知事候補に担ぎ出したのが、旧一宮藩主家で、東京大学法学部、横浜正金銀行から日本住宅公団総裁となっていた加納久朗（1962年）を擁立し勝利した。だが、在任、4ヵ月にして急死。

後任には、宮沢に替わって副知事に復帰していた友納武人（1963年）が圧倒的な強さで選出された。友納は引き続き開発路線を突き進んだが、公害問題も発生し、オイルショックにも見舞われ、成田空港問題という難問を抱え込むことになった。

この友納のもとで副知事をつとめたのは、安房の富浦町の出身で、「千葉の神童」といわれた川上紀一（1975年）である。東大法学部から内務省入りし、戦後、千葉県庁に移籍していた。川上は柴田の「農工両全」の考え方に近かった。この流れの中で、TDL用地として県が払い下げた土地をオリエンタルランドが無断転売し、これを県が買い戻させるという一幕もあった。川上は2選を果たした後、怪文書事件に巻き込

まれ失脚した。

そのあとは、副知事だった沼田武（1981年）が当選した。東京大学文学部を卒業して県庁入りした。沼田は「ぼくはエピソードのない男」というくらいで、もっぱらバランスを重視した。県民の県政への関心は低調で、全国の知事選挙の投票率の最下位3位まで独占という不名誉な記録を作った。

そうした中で、堂本暁子（2001年）が、いわゆる市民派選挙の潮流に乗って当選した。堂本はTBSでプロデューサーをつとめ、社会党から参議院議員となり、新党さきがけ、無所属の会に属した。市民派的な感覚で人気を博し、千葉の政治風土を変えるのに貢献したが、経済界などからは物足りないと批判があった。

森田健作（2009年）は東京生まれで、タレントとして活動中、野党系無所属で参議院議員に当選、その後に自民党へと転じ、さらに衆議院議員となった。堂本の再選時に立候補して敗れたが、4年後に木更津と川崎を結ぶアクアラインの値下げなどを公約に掲げて雪辱を果たした。「次世代への飛躍輝け！ちば元気プラン」を策定し、「子育てするなら千葉！」「災害に強い千葉県づくり」を目指している。

【こんな政治家も】

水田三喜男は今の鴨川市の名家の生まれで、実業界で活躍した後、衆議院議員となり、佐藤内閣などで大蔵大臣をつとめた。ヨーロッパ型の消費税を日本に導入するアイデアは彼が元祖といわれる。自民党青嵐会に属し暴れん坊として活躍した浜田幸一は木更津市出身。

【最近の衆参議員選挙の状況】

◇第1区：門山は弁護士、千葉青年会議所理事長をつとめた。田嶋はNTT元社員、'05年に臼井日出男元法相を破り、初当選。'09田嶋要（民）。'12田嶋要（民）。'14田嶋要（民）。'17㊥ 門山宏哲（自③）82,838、比復 田嶋要（希⑥）81,481。

◇第2区：小林は財務官僚。'09黒田雄（民）。'12小林鷹之（自）。'14小林鷹之（自）。'17㊥ 小林鷹之（自③）108,964、次 樋口博康（立）54,035。

◇第3区:松野元文科相は会社勤務後、松下政経塾に学んだ。岡島はNHKの元報道カメラマン、父の地盤を引き継いだ。'12年、民主党を離れ、旧自由党に所属。'09 岡島一正（民）。'12 松野博一（自）。'14 松野博一（自）。'17当 松野博一（自⑦）85,461、比復 岡島一正（立③）52,018。

◇第4区:野田元首相は早稲田大を卒業後、松下政経塾に学び、家庭教師など様々な職を経験して、県議。日本新党の結党に参加して、'93年に初当選。民主党国対委員長、財務相などを経て、'11年に首相。木村は建設会社勤務後、元通産相の田村元の秘書を経て、船橋市議、県議。'09 野田佳彦（民）。'12 野田佳彦（民）。'14 野田佳彦（民）。'17当 野田佳彦（無⑧）131,024、比復 木村哲也（自①）61,804。

◇第5区:薗浦は東大卒業後、読売新聞政治部記者を経て、麻生太郎の秘書をつとめた。朝日新聞元編集委員の山田を破った。'09 村越裕民（民）。'12 薗浦健太郎（自）。'14 薗浦健太郎（自）。'17当 薗浦健太郎（自④）107,299、次 山田厚史（立）62,894。

◇第6区:渡辺は松戸市役所に勤務後、県議。生方は読売新聞記者を経て、ジャーナリスト、経済評論家。'09 生方幸夫（民）。'12 渡辺博道（自）。'14 渡辺博道（自）。'17当 渡辺博道（自⑦）76,323、比復 生方幸夫（立⑥）65,281。

◇第7区:斎藤元農水相は経産官僚、埼玉県副知事をつとめた。'09 内山晃（民）。'12 斎藤健（自）。'14 斎藤健（自）。'17当 斎藤健（自④）115,731、次 石塚貞通（立）51,776。

◇第8区:桜田は建設会社経営を経て、柏市議、県議。太田は7区から転出するも落選。'09 松崎公昭（民）。'12 桜田義孝（自）。'14 桜田義孝（自）。'17当 桜田義孝（自⑦）100,115、次 太田和美（希）71,468。

◇第9区:秋本は富里市議をつとめた。奥野は郵政省官僚、広中和歌子元

環境庁長官の秘書をつとめる。'09年に自民党現職の水野賢一を破り、初当選。'09奥野総一郎（民）。'12秋本真利（自）。'14秋本真利（自）。'17[当]秋本真利（自③）92,180、[比復]奥野総一郎（希④）76,332。
◇第10区：林元経産相は会社勤務を経て、父の林大幹元環境庁長官の秘書をつとめ、県議。国家公安委員長や内閣府特命担当大臣（沖縄および北方対策など）を歴任した。'09谷田川元（民）。'12林幹雄（自）。'14林幹雄（自）。'17[当]林幹雄（自⑨）88,398、[次]谷田川元（希）65,256。
◇第11区：森元法相は川崎重工に勤務を経て、父の森美秀元環境庁長官の地盤を引き継いだ。'09森英介（自）。'12森英介（自）。'14森英介（自）。'17[当]森英介（自⑩）103,919、[次]多ケ谷亮（希）45,345。
◇第12区：浜田元防衛相は渡辺美智雄の秘書をつとめた。父の浜田幸一の地盤を引き継いだ。'09浜田靖一（自）。'12浜田靖一（自）。'14浜田靖一（自）。'17[当]浜田靖一（自⑨）120,075、[次]樋高剛（希）36,571。
◇第13区：白須賀は歯科医、社会福祉法人の理事長。宮川は生物学者、バイオベンチャー企業社長。'09若井康彦（民）。'12白須賀貴樹（自）。'14白須賀貴樹（自）。'17[当]白須賀貴樹（自③）93,081、[比復]宮川伸（立①）57,431。
◇参議院（定数3）：猪口元内閣府特命担当大臣（少子化・男女共同参画担当）は上智大教授、小泉元首相から立候補を要請されて、'05年の衆議院議員選挙で比例東京ブロック1位で出馬し、初当選。元栄は弁護士、「弁護士ドットコム」の設立者。小西は総務官僚。石井は浜田幸一の秘書を経て、県議。倉田寛之参議院議長から後継指名された。豊田は県議、八千代市長。長浜元環境相は松下政経塾に学び、会社勤務、会社経営を経て、細川護熙元首相の秘書をつとめた。'93年に日本新党公認で衆議院議員に初当選。'07長浜博行（民）、石井準一（自）、加賀谷健（民）。'10小西洋之（民）、猪口邦子（自）、水野賢一（みんな）。'13[当]石井準一（自②）680,706、[当]豊田俊郎（自①）418,806、[当]長浜博行（民④）388,529、[次]寺田昌弘（みんな）285,007。'16[当]猪口邦子（自②）760,093、[当]元栄太一郎（自①）577,392、[当]小西洋之（民②）472,219、[次]浅野史子（共）351,561。

神奈川県（相模・武蔵の一部） 松下政経塾の所在地で知事・横浜市長がOBだったことも

松下政経塾は茅ヶ崎市にある。奈良も候補だったが、講師の招聘などの都合もあって茅ヶ崎に落ち着いた。伊藤博文や吉田茂の邸宅があった大磯にも近い。神奈川県は地元ということになるからといって政経塾の天下というほどではないが、一時期、塾出身の松沢が神奈川県知事、中田宏が横浜市長をつとめた。

【県の概要】

神奈川県と兵庫県は、横浜市と神戸市を内務省の出先である県庁の所在地にしたいがために、それに合わせて県域ができあがった。旧国だと横浜は東京と同じ武蔵国、神戸は大阪とともに摂津国である。

このときの神奈川県は武蔵国のうち三多摩地方と横浜・川崎周辺、それに相模国の鎌倉や三倉半島の付近となる。相模の残りは小田原を中心に伊豆とともに足柄県だった。伊豆には伊豆七島も入っているが、伊豆は静岡県に移され、相模は神奈川県に回された。さらに、明治26年（1893）になって三多摩が東京府に移管された。

神奈川の開港を要求された幕府だったが、東海道を往還する旅人との摩擦を避けるため、南に隣接する漁村の横浜を差し出した。昔の郡でいうと、神奈川は橘樹郡で横浜は久良岐郡である。

幕末時、神奈川の語源は、源流がどこかも分からない「上無川（かみなしがわ）」という小さな川があったからという『江戸名所図会』に記されている説がある。

鎌倉が関東の中心になったのは、前９年の役で活躍した源頼義が妻の父である平直方に気に入られたからだ。その縁で頼義は鎌倉を拠点としてた。

室町時代になっても鎌倉公方がここにあり、関東の都として栄えたが、康正元年（1455）の享徳の乱で焼かれて、その後は小田原や江戸が関東の中心となり、江戸時代、鎌倉は宗教・観光都市になった。

横須賀の小泉純一郎の祖父は「いれずみ大臣」といわれた小泉又次郎で、海軍の出入り業者から政界に進出し、ライオン宰相・浜口雄幸のもとで逓信大臣をつとめた。娘婿である純也は鹿児島出身で、戦時中の翼

賛選挙では鹿児島から当選したが、戦後は、親子ともに公職追放され、追放解除後は純也が義父の選挙区を引き継いだ。純一郎の息子の進次郎は小学校から大学まで地元に近い横浜市内の関東学院。

小田原から出た河野家は、県会議長を父に持つ一郎が建設大臣などを歴任し、佐藤栄作のライバルだった。息子の洋平は自民党総裁や衆議院議長をつとめ、ハト派の代表格だが、反対派からは「江（沢民）の傭兵」と揶揄された。その子が河野太郎外相。母親は伊藤忠の創業家だ。

【歴代知事】

内山岩太郎（1947年）は群馬県前橋市に生まれ、東京外国語学校スペイン語科から外交官となった。駐アルゼンチン公使などの後、幣原内閣により神奈川県知事の官選知事となった。占領軍の受け入れにあたって最重要の地であったことが考慮された。「民主主義とは人が集まって話し合いをすることで、そのためには集まれる施設が必要である」といい、いわゆる会館だけでなく、近代美術館（鎌倉市）、県立図書館、県立音楽堂などハコモノ整備を積極的に行った。

二代目の知事は津田文吾（1967年）である。津田は富山県生まれで、東京大学から内務省入り、県警本部課長として神奈川県に来て、そのまま県庁に移り2期にわたり副知事をつとめた。人口流入抑制と県土の開発規制に地味ながらもしっかりと取り組んだことが評価されている。

長洲一二（1975年）は東京生まれで、横浜高等商業学校から一橋大学で学び、横浜国立大学経済学部の教授をつとめていた。「地方の時代」という言葉は、長洲が言い出し一世を風靡した。普通高校増設、法人県民税・法人事業税の超過課税、厚木基地の撤去要求など革新知事らしい活動もしたが、政治力にもすぐれ、行政改革にも取り組んで、二期目からは自民党の支持も得た。

岡崎洋（1995年）は、湘南高校出身で東京大学法学部から大蔵官僚、最後のポストが環境庁次官だったことがイメージとして幸いした。税収減が目立つ中で支出削減に厳しく取り組んだ。

松沢成文（2003年）は川崎市の生まれ。慶應高校から慶應大学に進み、松下政経塾で学び、米国でも議員スタッフとして研修した。20代で史上最年少の県会議員をつとめたのちに衆議院議員となった。マニ

フェストの先駆者であり、形式だけ追い求めるのでなく内容も充実していた。ただ、長くオール与党だっただけに、県議会との関係はややぎくしゃくした。知事が提案した「多選禁止条例案」が自民などの反対多数で否決された。

黒岩祐治（2011年）は、神戸市出身で早稲田大学を卒業しフジテレビジョンへ入社。「FNN スーパータイム」のアンカーマンなどをつとめた。退職後には国際医療福祉大学大学院教授をつとめ、事実上の相乗りで当選した。「いのち輝く神奈川」、「マグネット神奈川」をスローガンにしている。前者は仮名書きにすることがみそらしい。後者は「神奈川県で働きたい、神奈川県に住みたい」ようにすることだという。

【こんな政治家も】

社会党ながら首相になった片山哲は和歌山県田辺市の出身だが、藤沢市を選挙地盤とした。横浜から選出されていた藤山愛一郎は大日本精糖などを経営し、岸信介の支援者だったが、請われて政界入りし外務相などをつとめた。政治で私産を失う「井戸塀」の典型だ。飛鳥田一雄は横浜市長から社会党委員長となったが、1977年の総選挙では東京1区から立候補した。

【最近の衆参議員選挙の状況】

◇第1区：松本元国家公安委員長は薬剤師、エスエス製薬に勤務後、横浜市議。篠原は雑誌編集者を経て、横浜市議。**'09 中林美恵子（民）。'12 松本純（自）。'14 松本純（自）。'17[当] 松本純（自⑦）103,070、**[比復]**篠原豪（立②）78,019。**

◇第2区：菅官房長官は小此木彦三郎通産相の秘書を経て、横浜市議を2期つとめた。'96年に初当選。'06年、当選4回で総務相に任命された。**'09 菅義偉（自）。'12 菅義偉（自）。'14 菅義偉（自）。'17[当]菅義偉（自⑧）123,218、**[次]**高橋野枝（立）47,191。**

◇第3区：小此木国家公安委員長は父の彦三郎の秘書、渡辺美智雄の秘書をつとめ、'93年に初当選。'96年、小選挙区比例代表並立制の導入により、彦三郎の地盤に含まれていた2区を菅義偉が、3区を小此木が引き継いだ。**'09 岡本英子（民）。'12 小此木八郎（自）。'14 小此木八郎（自）。'17[当]**

小此木八郎（自⑧）101,157、次 勝又恒一郎（希）46,284。

◇第4区：早稲田は日本輸出入銀行、タウン誌の記者などをつとめ、鎌倉市議、県議。山本は松下政経塾出身、'05年、京都2区から出馬して前原誠司に僅差で敗れたが、比例復活し、初当選。'11年に当区に転じた。'09 長島一由（民）。'12 浅尾慶一郎（みんな）。'14 浅尾慶一郎（無）。'17 当 早稲田夕季（立①）67,020、比復 山本朋広（自④）55,700。

◇第5区：坂井は東大卒業後、松下政経塾に学び、技術管理職。その後、鳩山邦夫の秘書となる。'09 田中慶秋（民）。'12 坂井学（自）。'14 坂井学（自）。'17 当 坂井学（自④）120,068、次 吉岡憲史（希）67,085。

◇第6区：青柳は松田岩夫代議士秘書を経て、'12年、みんなの党公認で出馬し、比例当選。その後、民進党に合流。立憲民主党への参加を表明し、共産党が支援に回り、上田を破った。上田は公明党の小選挙区候補者で唯一の落選者となった。'09 池田元久（民）。'12 上田勇（公）。'14 上田勇（公）。'17 当 青柳陽一郎（立③）86,291、次 上田勇（公）82,788。

◇第7区：鈴木は財務官僚。中谷は菅直人の秘書をつとめ、県議。'09 首藤信彦（民）。'12 鈴木馨祐（自）。'14 鈴木馨祐（自）。'17 当 鈴木馨祐（自④）103,324、比復 中谷一馬（立①）87,819。

◇第8区：江田は経産官僚。'00年、自民党公認で出馬するも、無所属の中田宏に敗れた。中田が横浜市長選に出馬するに伴い行われた'02年の補欠選挙で無所属で出馬し、初当選。'09年、自民党を離党した渡辺喜美らとみんなの党を結党、その後、結いの党、維新の党を経て、'16年に民進党に合流。自民党は元みんなの党所属の元衆議院議員三谷を擁立した。'09 江田憲司（みんな）。'12 江田憲司（みんな）。'14 江田憲司（維）。'17 当 江田憲司（無⑥）119,280、比復 三谷英弘（自②）74,119。

◇第9区：笠はテレビ朝日に入社。'03年、松沢成文が県知事選に出馬す

るため、衆議院議員を辞職し、笠は民主党の後継候補となり、同年、初当選。中山は金融機関に勤務後、代議士秘書。'09 笠浩史（民）。'12 笠浩史（民）。'14 笠浩史（民）。'17㊥ 笠浩史（希⑥）72,531、比復 中山展宏（自③）70,819。

◇第10区：田中は県議秘書を経て、川崎市議、県議。'09 城島光力（民）。'12 田中和徳（自）。'14 田中和徳（自）。'17㊥ 田中和徳（自⑧）113,824、次 市川佳子（希）58,053。

◇第11区：小泉は関東学院大を卒業後、米国のコロンビア大学院で政治学の修士号を取得した。米国の戦略国際問題研究所非常勤研究員を経て、父の純一郎の秘書。'09年、初当選。'09 小泉進次郎（自）。'12 小泉進次郎（自）。'14 小泉進次郎（自）。'17㊥ 小泉進次郎（自④）154,761、次 瀬戸和弘（共）21,874。

◇第12区：阿部は東大医学部卒業後、医師。'00年に社民党公認で出馬、比例復活し、初当選。以後、6期連続して比例復活当選。'12年に社民党を離党し、日本未来の党などを経て、'14年に民主党へ合流。星野は産経新聞元記者、県議。'09 中塚一宏（民）。'12 星野剛士（自）。'14 星野剛士（自）。'17㊥ 阿部知子（立⑦）86,550、比復 星野剛士（自③）83,924。

◇第13区：甘利元経産相はソニーに勤務後、父の甘利正元代議士の秘書をつとめ、父の地盤を引き継ぎ、'83年に初当選。「都市再生機構に対する口利き疑惑」で'16年に内閣府特命担当大臣（経済財政政策）を辞任した。この疑惑に関し、斡旋利得処罰法違反で刑事告発されたが、不起訴とされた。'09 橘秀徳（民）。'12 甘利明（自）。'14 甘利明（自）。'17㊥ 甘利明（自⑫）127,214、次 太栄志（希）62,779。

◇第14区：赤間は立教大学を卒業後、プロボクサー、保護司として地域活動にも従事、県議。本村は参議院議員であった伯父の秘書をつとめ、会社勤務などを経て、藤井裕久元財務相の秘書、県議。'09 本村賢太郎（民）。'12 赤間二郎（自）。'14 赤間二郎（自）。'17㊥ 赤間二郎（自④）105,953、比復 本村賢太郎（希③）94,348。

◇第15区：河野外務大臣は慶應大を中退、米国のジョージタウン大卒業。米国議員のインターンをつとめた。富士ゼロックスに勤務。小選挙区比例代表並立制の導入により、父の河野洋平元衆議院議長の選挙区が分割されたため、'96年に出馬し、初当選。'09 河野太郎（自）。'12 河野太郎

（自）。'14 河野太郎（自）。'17 [当] 河野太郎（自⑧）159,647、[次] 佐々木克己（社）38,242。

◇第 16 区 : 義家は学習塾講師、高等学校教師、横浜市教育委員会委員、内閣官房教育再生会議担当室室長、大学准教授などをつとめた。'07 年に参議院議員に初当選。後藤は経産官僚、'17 年、民主党を離党、細野と連携して、希望の党を結党。**'09 後藤祐一（民）。'12 義家弘介（自）。'14 後藤祐一（民）。'17 [当] 義家弘介（自③）110,508、[比復] 後藤祐一（希④）96,128。**

◇第 17 区 : 牧島は大学講師やラジオパーソナリティをつとめた。父は県議。**'09 神山洋介（民）。'12 牧島かれん（自）。'14 牧島かれん（自）。'17 [当] 牧島かれん（自③）117,003、[次] 神山洋介（希）83,407。**

◇第 18 区 : 山際は獣医師。'02 年に中田宏が横浜市長選挙に出馬したことに伴い、8 区補欠選挙に出馬するも、江田憲司に敗れた。'03 年に 18 区に転じ、比例復活し、初当選。**'09 樋高剛（民）。'12 山際大志郎（自）。'14 山際大志郎（自）。'17 [当] 山際大志郎（自⑤）111,285、[次] 三村和也（希）66,057。**

◇参議院（定数4）: 三原は元女優・歌手。三浦は防衛大学元准教授。真山は日本テレビ元ニュースキャスター、調布市議、自民党、みんなの党、維新を経て、民進党へ合流。中西は東大卒業後、JP モルガン証券に勤務、選挙後に自民党から追加公認された。島村は歯科医師、日本歯科医師連盟元理事長。松沢は松下政経塾に学び、米国の下院議員の政策スタッフをつとめた。県議。'93 年に新生党から出馬し、衆議院議員初当選。'03 年に民主党を離党し、県知事。希望の党の結党に参加し、党参議院議員団代表。佐々木は創価大卒、弁護士。牧山は TBS テレビに入社、米国司法試験に合格、会社法務を担当した。**'07 牧山弘恵（民）、小林温（自）、水戸将史（民）。'10 小泉昭男（自）、中西健治（みんな）、金子洋一（民）。'13 [当] 島村大（自①）1,130,652、[当] 松沢成文（みんな①）740,207、[当] 佐々木さやか（公①）629,662、[当] 牧山弘恵（民②）461,006、[次] 畑野君枝（共）444,955。'16 [当] 三原じゅん子（自②）1,004,877、[当] 三浦信祐（公①）629,582、[当] 真山勇一（民②）582,127、[当] 中西健治（無②）524,070、[次] 浅賀由香（共）487,729 。**

山梨県（甲斐）

全国でただ一組の親子知事を生んだ天野家

副総理や自民党副総裁をつとめた金丸信は甲州らしい肝の据わった腹芸の政治家だった。米軍駐留経費の負担についての「おもいやり予算」などで知られるが、1990年に社会党の田辺誠らと訪朝し、拉致問題を棚上げにしたままで、安直な合意をして日朝関係をこじらせた。最後は佐川急便事件に巻き込まれ、巨額の脱税で逮捕され裁判中に病死した。この金丸の側近が小沢一郎で、その後の自民党分裂の引き金となった。

【県の概要】

古代の甲斐国は東海道に属していた。甲斐は「峡（かい）」に由来するようだ。いまでも山梨県はしばしば関東に入れられるが、室町時代には伊豆とともに鎌倉公方の管轄下に置かれていた。

山梨県の名は甲府市が、山梨郡に属することから来ている。フルーツの山梨とも、山をならし平地にする「山ならし」ともいわれている。

甲府の名は国府の所在地だったことを連想させるが、古代の国府は甲府盆地の南の方にあったらしく、甲府市にはない。ちなみに武田信玄の館は市の北部の躑躅ヶ崎にあった。

江戸時代には徳川一族が居城したこともあるが定着せず、5代将軍側用人の柳沢吉保は武田旧臣の末裔と称して、この地の統治に心血を注ぎ込み、武田信玄の法要も行っている。だが、柳沢氏が大和郡山に移り、甲府は幕府領になった。

明治6年（1873）に着任した藤村紫朗の殖産興業政策により、製糸業の勧業や道路整備、金融機関の整備が行われ名県令といわれた。明治42年（1909）には甲府連隊が設置された軍都としても栄えた。

衆議院の山梨全県区では、知事だった田邊国男が国政に復帰した昭和54年（1979）以降、平成2年（1990）まで5回の総選挙で、金丸信、田邊国男、それに富士急社長の堀内光男、のちに収賄事件で逮捕されることになる中尾栄一（通産相・建設相）の保守系4強と社会党の2人の実質6人で5議席を争っていた。

金丸がダントツで強く指定席で、あとはそのたびに代わっていた。

【歴代知事】

親子で知事となったのは、山梨県の天野久と天野建だけである。ただし、34年間の空白がある。また、これまでの7人の知事のうち、4人が落選して退任しており、全国でもっとも多い割合。

吉江勝保（1947年）は京都府生まれで東京大学から内務省入り。戦争中はジャカルタ特別市長としてインドネシアにあったが、終戦の翌年に官選の山梨県知事。戦時中における山林の過剰伐採のために水害が相次ぎ悩んだ。

自由党は吉江の再選を推したが、民主党や社会党系に支持された天野久（1951年）が「県政は県民の手で」として勝利。武田勝頼が天目山で滅びて以来、甲斐国の支配者に甲州人が立ったことはなかったのである。天野は塩山市（現甲州市）の生まれで、いったん没落した造酒家を再興していた。新笹子トンネルや、野呂川の工事などをした。

天野の5選を阻んだのは田邊圀男（1967年）である。田邊は塩山市の造酒家で父の七六は立憲政友会の幹事長。早稲田大学を卒業し、代議士に。北富士演習場の暫定使用と引き替えに富士山の保全を進めた。中央自動車道の富士吉田線が開通。養蚕に代わって果樹栽培が盛んになり、県立美術館がオープンして話題となった。

望月幸明（1979年）は、現身延町の生まれで東京大学卒だが、山梨県庁に入り副知事。自民党金丸派と社会党の推薦で当選。参議院地方区で田邊に協力してオール与党体制。国体を機にインフラ整備を進め、社会党に配慮して県立高校の総合選抜制を完全実施。

天野建（1991年）は、無線電信講習所（現電気通信大学）を中退し、家業の酒造業を経営し、石和町長として生涯教育などで評価された。アンチ金丸派が結集して当選し、金丸信の凋落の始まりといわれた。政治的な人事の排除で、革新系からも「公平公正で清潔」と評価された。また、副知事を置かなかった。

その後継者とされたのが、甲府市長だった山本栄彦（2003年）。甲府市の出身で、明治大学卒。積翠寺温泉の旅館「要害」が実家。甲府駅北口再開発問題では、PFI方式で建設を推進していた県立図書館について、他の事業での不祥事の影響で公募ゼロに終わり、もたついた。

横内正明（2007年）の父は韮崎市長だった。東京大学から建設省入

山梨県

りし、金丸信の後継者として代議士となる。知事選、参議院議員選で落選したが、山本県政への不満が高まり立候補し当選。各種の公共事業を見直したうえで推譲し好評価を得た。

後藤斎（2015年）は、甲府市生まれ。東北大学から農水省。山梨1区で新進党から出馬するが落選。民主党から山梨3区に国替えして比例復活当選。内閣府副大臣。知事選挙では、民主党に加え自民党、公明党の推薦も受けて当選。中央新幹線山梨県駅（仮称）の周辺について前知事による「商業施設を抑制し、公共施設に特化する」の方針を撤回。東京五輪やリニア新幹線の開通を経済活性化などにどう結び付けていくかが課題。

【こんな政治家も】

阪急の創始者で貴族院議員となり、商工大臣の時に次官の岸信介と対立した小林一三は山梨県出身。田邊圀男の異母兄だ。広瀬久忠は内務官僚で平沼内閣の厚相など。戦後は参議院議員として改憲運動。弟の名取忠彦は財界人で金丸信らを育てる。

【最近の衆参議員選挙の状況】

◇第1区：中島は医師、'12年にみんなの党公認で比例復活し、初当選。'14年に民主党に入党。中谷は防衛大学卒業後、陸上自衛隊一等陸尉。佐藤正久参議院議員の秘書をつとめた。'09 小沢鋭仁（民）。'12 宮川典子（自）。'14 中島克仁（民）。'17㊣ 中島克仁（無③）107,0070、比復 中谷真一（自③）105,876

◇第2区：堀内は美術館館長をつとめた。夫の堀内光一郎は富士急行社長、義父は堀内光雄元経産相。義父の引退に伴い、地盤を引き継いだ。財務官僚出身の長崎が自民党への復党を認められたため、自民党は堀内と長崎の双方に公認を出さず、選挙後、当選した堀内を追加公認した。'09 坂口岳洋（民）。'12 長崎幸太郎（無）。'14 長崎幸太郎（無）。'17㊣ 堀

内詔子（自③）70,532、次 長崎幸太郎（無）67,434。
◇**参議院**（定数1）：宮沢は名古屋市職員として保育園に勤務。NPO法人理事長として、地域の保育・子育て支援事業に関わる。森屋は幼稚園経営者、県議。'07 米長晴信（民）。'10 輿石東（民）。'13 当 森屋宏（自①）142,529、次 坂口岳洋（無）75,686。'16 当 宮沢由佳（民①）173,713、次 高野剛（自）152,437。

＜南関東ブロック 定数22＞
◇**自由民主党 235万6614票 8議席**
宮川典子（3）重複なし、**中谷真一**（3）山梨1区98.9、**中山展宏**（3）神奈川9区97.6、**星野剛士**（3）神奈川12区96.9、**山本朋広**（4）神奈川4区83.1、**三谷英弘**（2）神奈川8区62.1、**木村哲也**（1）千葉4区47.1、**上野宏史**（2）重複なし、次 **出畑実**（重複なし、政治団体役員）、次　**外川正明**（重複なし、党職員）宮川は山梨県山梨市出身。高校講師をつとめた後、松下政経塾に学ぶ。'12年、山梨1区から出馬、民主党から日本維新の会に鞍替えした小沢鋭仁を破り、初当選。選挙区の区割り変更に伴い、コスタリカ方式を導入し、比例南関東ブロックの自民党単独候補1位。上野は宮城県仙台市出身。経産官僚。'10年7月の第22回参議院議員通常選挙にみんなの党公認で比例区から立候補し、初当選。'14年、日本維新の会分党に伴い次世代の党に参加、同年、落選。群馬1区からの出馬を模索するも南関東比例区にまわる。義父は上野公成元官房副長官・元参議院議員（群馬県から選出）。

◇**公明党 78万7461票 2議席**
富田茂之（8）重複なし、**古屋範子**（6）重複なし、次 **角田秀穂**（重複なし、党千葉副代表）。
富田は千葉県銚子市出身。弁護士。'93年、旧千葉4区から出馬し、初当選。'00年、千葉2区から出馬するが、永田寿康に敗れ、比例復活もならず落選。'03年から比例南関東ブロックから出馬。古屋は埼玉県浦和市出身。聖教新聞社出版局に勤務後、'03年、比例南関東ブロックで初当選。

◇**希望の党 118万4103票 4議席**
田嶋要（6）千葉1区98.3、**本村賢太郎**（3）神奈川14区89.0、**後藤祐一**（4）神奈川16区86.9、**奥野総一郎**（4）千葉9区82.8、次 **谷田川元**（71.8

元県議）千葉10区。

◇日本維新の会 26万9274票 1議席

串田誠一（1）神奈川6区28.3、次**長谷川豊**（18.1、フリーアナウンサー）千葉1区。

◇立憲民主党 161万2425票 5議席

生方幸夫（6）千葉6区85.5、**中谷一馬**（1）神奈川7区84.9、**篠原豪**（2）神奈川1区75.6、**宮川伸**（1）千葉13区61.7、**岡島一正**（3）千葉3区60.8、次**山田厚史**（58.6、元新聞記者。テレビ・コメンテーター）千葉5区、次**樋口博康**（49.5、元民進党職員）千葉2区

◇日本共産党 55万404票 2議席

志位和夫（9）重複なし、**畑野君枝**（2）神奈川10区43.3、次**斉藤和子**（22.1、元県立高講師）千葉13区。

　志位は千葉県四街道市出身。35歳の若さで党書記局長。宮本顕治元委員長長男の宮本太郎（中央大学教授）の家庭教師。学生運動から党東京都委員会に就職、早稲田大学などの青年学生運動を担当。

　'93年、旧千葉1区より出馬して初当選。'96年以来、南関東ブロックで単独出馬。'00年から不破哲三の後任として共産党委員長。

◇社会民主党 8万7517票 0議席

◇幸福実現党 2万6331票 0議席

第5章 東京

東京都 (武蔵の一部、伊豆の一部)
富裕団体であることに甘えた姿勢は党派を超えて共通

東京都生まれの首相になったのは5人いるが、選挙区にしていたのは鳩山一郎と菅直人だけである。菅は山口県出身で、父親の東京転勤で都立小山台高校に転入した。東京工業大学を出て弁理士として働く傍ら、市民運動家として活動。武蔵野市を中心とした選挙区から代議士として当選を重ねて厚相、財務相を経て首相となった。鳩山家は東京きっての政治名門から出ている。

【都の概要】

武蔵国の北部は埼玉県になったが、南部のうち北側の地域は東京都に、南側は神奈川県の一部になっている。また、下総国の葛飾郡の一部は、江戸時代の半ばに武蔵国に所管替えされた。それ以前は、隅田川が国境だったことが、国技館の近くにある両国橋の名の由来だ。

現在、三多摩と呼ばれるのは、江戸時代以前の武蔵国多摩郡が東西南北の四郡に分けられたときの、東多摩郡を除く西、北、南多磨郡、3郡のことで、明治26年(1893)までは神奈川県に属していた。また、伊豆諸島は明治11年(1878)まで静岡県だった。

ただし、当時の東京市は、現在の千代田・中央・港・文京・台東・それに新宿・墨田・江東の一部であって、関東大震災の後の昭和7年に郊外を合併して、明治初年の東京府がほぼ東京市と一致することになった。さらに、昭和11年(1936)の合併で、もともと神奈川県の北多摩郡だった世田谷区の西部が編入された。

また、23区でも郡が設定されていた。江戸城は、戦国時代までは荏原郡だが、江戸時代には豊島郡だった。中野区と杉並区が東多摩郡。墨田、江東、江戸川、葛飾は葛飾郡で江戸時代の初期までは下総国だった。足立区は南足立郡。練馬、板橋、豊島、北、荒川、文京、台東は北豊島郡。千代田、中央、新宿、渋谷、それに港区北部が南豊島郡。港区南部に品川、大田、目黒、世田谷東部が荏原郡である。ただし、明治29年(1896)に南豊島郡と東多摩郡が合併して豊多摩郡となっているので、関東大震災のころは、新宿駅や東京都庁のあたりは豊多摩郡淀橋町だったのだ。さらに、昭和18年(1943)に東京市が廃止され、東京都の制度町できた。

東京都

　東京都庁は、ほかの都道府県庁と違って市役所としての機能の一部を兼ね備えている。このために、都庁の仕事には消防、水道、公営交通など公共的なものが多く含まれているので、ほかの都道府県庁と著しく体質が違う。

　都知事や都議会の権限は最大の人口と経済力を誇り、首都であることも加味すれば、他の知事や道府県議会とは比べものにならない。

　公明党は都議会選挙に国政選挙と同じくらいの力を入れるといわれ、全国から支持者が集まってそれぞれの人脈を使って集票を行う。このために、公明党は国政選挙と都議会議員選挙が近接した時期に行われることを極端に嫌う。その力の入れ方の理由は、東京都に本部を置く宗教団体である創価学会に対して不公正な扱いがされることを防ぐためといわれるが、理由のない話ではない。

　大都会だけに世襲により代議士になるのはそう容易でないが、鳩山家は東京を代表する政治家一家である。歴代総理の中で、美作国勝山藩出身の和夫は、イギリスに留学した後、弁護士として成功し東京市長をつとめた。その子の一郎は、普通選挙反対や大陸進出を訴えて頭角を現し、悪辣な司法官僚だった鈴木喜三郎（政友会総裁）を排除して軍人宰相が誕生するのに反対したのが幸いして、自由党を結党したが、公職追放にあって首相就任は吉田茂の後になった。息子の威一郎は大蔵官僚で全国区から参議院議員となり外相。その長男の由紀夫は北海道から立候補して、民主党政権の首相となる。次男の邦夫は祖父の選挙区から出て文相などをつとめ、民主党の指示で東京都知事に出馬したが落選。福岡県から代議士に復帰し、総務相となった。

【歴代知事】

　安井誠一郎（1947年）は岡山県出身の内務官僚で、官選知事にあたる東京都長官だった。都民が日々の暮らしに困っている中で、長期的観点に立った復興計画よりその場しのぎでよいという日本的な方針で臨んだが、すぐに深刻な過密問題を引き起こした。

　東龍太郎（1959年）は、「雇われマダム」と自らを評し、大阪出身の医学者だった。オリンピックは副知事だった鈴木俊一らの補佐を受けてやり遂げたが、汚職で都議会が解散し革新系が大勝する中で寂しく職を

去った。

美濃部亮吉（1967年）は、革新知事で、「天皇機関説」で有名な美濃部達吉の息子で財政学者。品が良くテレビ解説者として女性に人気があった。福祉や環境で空前の支持を得たが、バラマキやコスト軽視、公共事業についての反対勢力に度が過ぎた肩入れをし経済崩壊の遠因をつくった。

鈴木俊一（1979年）は、三多摩で生まれ、京都の旧制三高から東京帝大を卒業した超エリート内務官僚だった。健康、人格、能力なにをとっても完璧な人物で、財政再建や世界都市としての地位向上に尽くした。だが、バブル経済のもとでの地価値上がりに都庁の人手不足などを理由に迅速に対応せず、日本経済の崩壊の主犯の一人になった。

青島幸男（1995年）は、中央区の豊かな商家出身のタレント・作家で市民感覚が売りだった。世界都市博覧会を中止しただけが仕事のようなもので、ほとんど何もしないまま1期で退任した。

石原慎太郎（1999年）は神戸生まれで、戦後の高度成長のもとでの日本と東京が「良かった時代」の象徴的なキャラクターだ。「東京都という小説を書く」と話したことがあるが、前提となる事実関係や条件を創作するのが困りもの。尖閣諸島を都が購入すると言って喝采を浴びたが、そのことで生じる国際的な緊張についてどう責任を取るつもりだったのか。知事というのは、会長兼社長のような役職だが、石原は社長としての仕事をしなかったため、小池知事になってから豊洲問題が話題になった。

猪瀬直樹は長野県生まれで、作家。公益法人改革の評論で行政改革の旗手として認められ、石原知事のもとで副知事となったが、都議会の守旧派との関係は円滑でなかった。石原氏の国政復帰にともなう退任の後を受けて立候補し、史上最高得票を記録した。東京五輪の誘致に成功したものの、急な選挙と自民党の非協力の中で生じた医療法人徳洲会との政治資金の不明瞭なやりとりで辞任することになった。

舛添要一（2014年）は、福岡県出身で東京大学を出て国際政治学者となる。テレビの討論番組で知名度を上げ、参議院議員に比例区でトップ当選。小泉内閣の厚生労働相として高く評価された。自民党を離党してから不遇だったが、猪瀬辞任の後を受けた選挙では知名度を期待され

て自公の積極的支援を受けた。東京五輪に向けて得意の語学を生かして都市外交を展開したが、自身の政治資金や公用車の利用などが批判され退任に追い込まれた。

小池百合子（2016年）は兵庫県生まれで、カイロ大学に留学。ニュースキャスターとして活躍した後、日本新党から参議院議員に当選。各政党をわたり歩いたが、自民党に復党後は小泉内閣で防衛相、環境相などをつとめた。代議士としては兵庫県を選挙区としていたが、郵政解散のときに東京に刺客として国替えされた。知事選では、自民党は元岩手県知事で総務相経験者の増田寛也をかついだが、小池は巧みな選挙戦を繰り広げ当選した。就任早々から五輪会場問題、豊洲への卸売市場移転問題で都議会自民党と対立して、都議会議員選挙では「都民ファーストの会」を結成し公明党とも連携、過半数を獲得した。ところが、この勢いで国政進出を目指し、希望の党を結成したものの失敗した。次の知事選挙は東京五輪の1，2週間前になり、任期終了は期間中であるが果たしてそうするのだろうか。

【こんな政治家も】

社会党委員長時代に暗殺された浅沼稲次郎は三宅島の生まれ。バイタリティあふれる行動力から「人間機関車」の愛称で親しまれ、江東区の同潤会住宅に住む愛犬家で、大衆にこれほど愛された政治家はいない。

【最近の衆参議員選挙の状況】

◇第１区：海江田元経産相は野末陳平元参議院議員の秘書を経て、経済評論家。'93年に日本新党公認で出馬し、初当選。自民党の与謝野馨元財務相と激しく戦った。山田は経産官僚、ボストン・コンサルティング・グループなどに勤務した。'09 海江田万里（民）。'12 山田美樹（自）。'14 山田美樹（自）。'17[当] 海江田万里（立⑦）96,255、[比復] 山田美樹（自③）93,234。

◇第２区：辻はリクルート社に勤務、米国のシンクタンクで研究員。深谷隆司元経産相の後継候補となった。'09 中山義活（民）。'12 辻清人（自）。'14 辻清人（自）。'17[当] 辻清人（自③）112,993、[次] 松尾明弘（立）91,230。

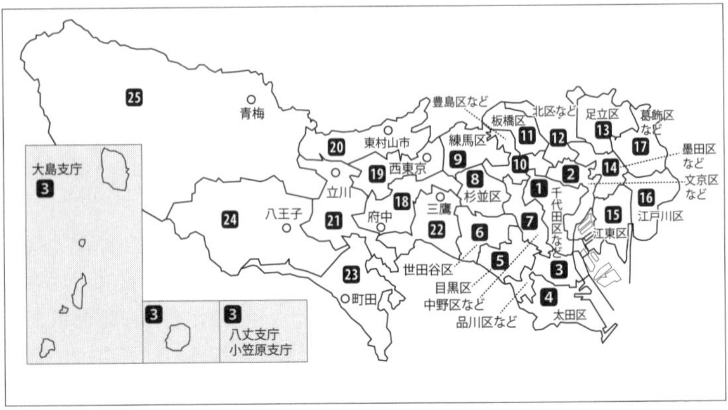

◇第 3 区 : 石原は興銀に勤務、石原慎太郎元都知事の三男。松原元国家公安委員会委員長は松下政経塾に学び、都議。'17 年 7 月の都議選で民進党が大敗した責任を取り、都連会長を辞任、9 月に民進党を離党し、小池都知事らと希望の党を結成した。**'09 松原仁（民）。'12 石原宏高（自）。'14 石原宏高（自）。'17[当]石原宏高（自④）107,708、[比復] 松原仁（希⑦）94,380。**

◇第 4 区 : 平は家業の仲卸業を継ぎ、東京青年会議所幹部をつとめた。**'09 藤田憲彦（民）。'12 平将明（自）。'14 平将明（自）。'17[当]平将明（自⑤）115,239、[次]井戸正枝（立）53,480。**

◇第 5 区 : 若宮はセゾングループ代表の堤清二の秘書をつとめた。手塚は大学卒業後、日本新党に入党し、都議。**'09 手塚仁雄（民）。'12 若宮健嗣（自）。'14 若宮健嗣（自）。'17[当]若宮健嗣（自④）101,314、[比復]手塚仁雄（立④）99,182。**

◇第 6 区 : 落合は希望の党の憲法改正を強いる方針に反発し、当初、無所属での出馬を表明。三井住友銀行に勤務して、江田憲司の秘書をつとめた。越智は住友銀行につとめ、父の越智通雄元金融再生委員長の秘書官となる。祖父は福田赳夫元首相。**'09 小宮山洋子（民）。'12 越智隆雄（自）。'14 越智隆雄（自）。'17[当]落合貴之（立②）100,400、[比復]越智隆雄（自④）98,422。**

◇第 7 区 : 長妻元厚労相は枝野幸男らとともに立憲民主党を結党、代表代行、政調会長に就任。NEC に勤務後、日経ビジネス記者となる。3 回の

国政選挙の落選を経て、'00年に初当選。松本は代議士秘書を経て、都議を4期つとめた。'09 長妻昭（民）。'12 長妻昭（民）。'14 長妻昭（民）。'17当 長妻昭（立⑦）117,118、比復 松本文明（自④）85,305。

◇第8区：石原元国交相は日本テレビ報道部政治記者をつとめた、'90年に無所属で出馬し、初当選。'09 石原伸晃（自）。'12 石原伸晃（自）。'14 石原伸晃（自）。'17当 石原伸晃（自⑩）99,863、次 吉田晴美（立）76,283

◇第9区：菅原は日商岩井に勤務後、練馬区議、都議。'09 菅原一秀（自）。'12 菅原一秀（自）。'14 菅原一秀（自）。'17当 菅原一秀（自⑥）122,279、次 高松智之（希）64,731。

◇第10区：鈴木は経産官僚、都民ファーストの会を支援するため自民党を離党した若狭を破った。'09 江端貴子（民）。'12 小池百合子（自）。'14 小池百合子（自）。'16 補欠選挙 若狭勝（自）。'17当 鈴木隼人（自②）91,146、次 若狭勝（希）57,901。

◇第11区：下村元文科相は学者塾経営を経て、都議。'16年の都知事選に惨敗した責任を取り辞任した石原伸晃に代わり、自民党都連会長に就任したが、'17年の都議選惨敗を受けて、辞任。'09 下村博文（自）。'12 下村博文（自）。'14 下村博文（自）。'17当 下村博文（自⑧）104,612、次 前田順一郎（立）60,291。

◇第12区：太田元国交相は公明新聞の国会担当記者をつとめた。'06年、神崎武法の後任で党代表に就任した。'09 青木愛（民）。'12 太田昭宏（公）。'14 太田昭宏（公）。'17当 太田昭宏（公⑧）112,597、次 池内沙織（共）83,544。

◇第13区：鴨下元環境相は医師。'93年に日本新党公認で出馬し、初当選、新進党の結党に参加、'97年に自民党に入党。'17年の都議選惨敗を受けて、辞任した下村博文に代わり、都連会長に就任。'09 平山泰朗（民）。'12 鴨下一郎（自）。'14 鴨下一郎（自）。'17当 鴨下一郎（自⑨）120,744、次 北条智彦（立）67,070。

◇第14区：松島元法相は朝日新聞元政治記者。'09 木村剛司（民）。'12 松島みどり（自）。'14 松島みどり（自）。'17当 松島みどり（自⑥）104,137、次 矢作麻子（希）63,235。

◇第15区：秋元は'04年の参議院議員選挙に自民党公認で比例区から出

馬、初当選。前職は不明。柿沢はNHKに勤務後、父の柿沢弘治元外相の秘書を経て、都議。'09年にみんなの党公認で出馬し、比例当選。'09 東祥三（民）。'12 柿沢未途（みんな）。'14 柿沢未途（維）。'17[当] 秋元司（自③）101,155、[比復]柿沢未途（希④）70,325。

◇第16区：大西は深谷隆司の秘書を経て、江戸川区議、都議。初鹿は東大卒業後、逢沢一郎や鳩山由紀夫の秘書を経て、都議。'09年に自民党の島村宣伸を破り、初当選。民主党、維新の党、民進党を経て、立憲民主党へ。'09 初鹿明博（民）。'12 大西英男（自）。'14 大西英男（自）。'17[当] 大西英男（自③）84,457、[比復]初鹿明博（立③）71,405。

◇第17区：平沢は警察庁出身。'96年に山口那津男を破り、初当選。'09 平沢勝栄（自）。'12 平沢勝栄（自）。'14 平沢勝栄（自）。'17[当]平沢勝栄（自⑧）127,632、[次]西田主税（希）49,485。

◇第18区：菅元首相は弁理士、市民運動に励み、3回の国政選挙の落選を経験し、'80年に初当選。社会民主連合に所属し、'94年に新党さきがけに入党、'96年に鳩山由紀夫とともに旧民主党を結党し、共同代表となった。'10年に首相。'09 菅直人（民）。'12 土屋正忠（自）。'14 土屋正忠（自）。'17[当]菅直人（立⑬）96,713、[次]土屋正忠（自）95,667。

◇第19区：松本は三和銀行に勤務。末松は外務官僚。'09 末松義規（民）。'12 松本洋平（自）。'14 松本洋平（自）。'17[当] 松本洋平（自④）96,229、[比復]末松義規（立⑥）90,540。

◇第20区：木原は財務官僚、英国大蔵省にも出向した経験を持つ。宮本は日本共産党東京都委員会幹部などを歴任した。'09 加藤公一（民）。'12 木原誠二（自）。'14 木原誠二（自）。'17[当] 木原誠二（自④）107,686、[比復]　宮本徹（共②）57,741。

◇第21区：長島は慶應大学院卒業後、米国の研究機関の研究員を経て、東京財団主任研究員をつとめた。'17年に民進党に離党届けを出したが除名された。小田原は富士銀行に勤務後、モルガン・スタンレー証券に勤務した。'09 長島昭久（民）。'12 長島昭久（民）。'14 小田原潔（自）。'17[当] 長島昭久（希⑥）92,356、[比復]小田原潔（自③）88,225。

◇第22区：伊藤元金融相は松下政経塾に学び、'93年に日本新党から出馬し、初当選。新進党を離党し、'98年に自民党に入党。山花は専門学校講師をつとめ、父の山花貞夫元社会党委員長の死後、地盤を引き継いだ。'09 山花郁

夫（民）。'12 伊藤達也（自）。'14 伊藤達也（自）。'17当 伊藤達也（自⑧）110,493、比復 山花郁夫（立④）91,073。

◇第23区：小倉は日本銀行に勤務。伊藤は会社経営者、父は伊藤公介元国土庁長官。維新の党の公認で2回出馬し落選、希望の党に入党。'09 櫛渕万里（民）。'12 小倉将信（自）。'14 小倉将信（自）。'17当 小倉将信（自③）110,522、比復 伊藤俊輔（希①）76,450。

◇第24区：萩生田元内閣官房副長官は八王子市議の秘書を経て、八王子市議、都議。'09 阿久津幸彦（民）。'12 萩生田光一（自）。'14 萩生田光一（自）。'17当 萩生田光一（自⑤）122,331、次 高橋斉久（立）61,441。

◇第25区：井上は国交官僚。維新の党の比例近畿ブロックに属していた小沢鋭仁は維新の党を離党し、希望の党の公認候補となるも3位落選。'09 井上信治（自）。'12 井上信治（自）。'14 井上信治（自）。'17当 井上信治（自⑥）112,014、次 山下容子（立）44,884。

◇参議院（定数6）：'16年から定数5が6に。蓮舫元民進党代表はタレントやテレビ朝日ニュースキャスターをつとめた。元内閣府特命担当大臣（行政刷新担当）。民進党を離党し、立憲民主党に入党。中川元環境相は大蔵官僚、環境省に出向し、環境省事務次官。竹谷は公認会計士。山添は弁護士。朝日は元バレーボール選手。小川元法相は東京地検元検事、弁護士。民主党参議院幹事長や民進党参議院議員会長を歴任。丸川環境相はテレビ朝日元アナウンサー。山口公明党代表は弁護士、'90年に衆議院議員に初当選、'96年、'98年に自民党の平沢勝栄に敗れ、'01年に参議院議員へ転出し、当選。'09年に落選した太田昭宏の後任として党代表に就任。吉良は田村智子参議院議員の秘書をつとめた。山本自由党共同代表は元俳優。武見は東海大元教授、テレビ朝日元ニュースキャスター。'07 大河原雅子（民）、山口那津男（公）、鈴木寛（民）、丸川珠代（自）、川田龍平（無）。'10 蓮舫（民）、竹谷とし子（公）、中川雅治（自）、小川敏夫（民）、松田公太（みんな）。'13当 丸川珠代（自②）1,064,660、当 山口那津男（公③）797,811、当 吉良佳子（共①）703,901、当 山本太郎（無①）666,684、当 武見敬三（自④）612,388、次 鈴木　寛（民）552,714。'16当 蓮舫（民③）1,123,145、当 中川雅治（自③）884,823、当 竹谷とし子（公②）770,535、当 山添拓（共①）665,83、当 朝日健太郎（自①）644,799、当 小川敏夫（民④）508,131、次 田中康夫（維）469,314。

<東京ブロック 定数 17 >

◇自由民主党 181 万 6184 票 6 議席

越智隆雄（4）98.0、**山田美樹**（3）東京 1 区 96.8、**小田原潔**（3）東京 21 区 95.5、**松本文明**（4）東京 7 区 72.8、**安藤高夫**（1）重複なし、**高木啓**（1）重複なし、次**与謝野信**（重複なし、外資系会社員）、次**前川恵**（重複なし、料理研究家）。安藤は東京都渋谷出身。医師、医療法人永生会理事長。民主党政権時代に医師会をバックに民主党公認で参議院選出馬が内定していたが野党転落もあり辞退し自民党に鞍替え。高木は東京都北区出身。都議。都議会自民党幹事長をつとめたが'17 年の都議選で落選。

◇公明党 64 万 4634 票 2 議席

高木陽介（8）重複なし、**高木美智代**（6）重複なし、次**左近康昌**（重複なし、党総務委員長）。高木陽介は東京都大田区出身。毎日新聞社で社会部記者などをつとめる。'93 年、旧東京 11 区にて立候補し初当選。'96 には新進党から小選挙区出馬も落選。高木美智代は福岡県北九州市出身。聖教新聞記者をつとめ、03 年に比例東京ブロックで初当選。

◇希望の党 103 万 9647 票 3 議席

松原仁（7）東京 3 区 87.6、**柿沢未途**（4）東京 15 区 69.5、**伊藤俊輔**（1）東京 23 区 69.1、次**若狭勝**（63.5、弁護士）東京 10 区

◇立憲民主党 140 万 5836 票 4 議席

手塚仁雄（4）東京 5 区 97.8、**末松義規**（6）東京 19 区 94.0、**初鹿明博**（3）東京 16 区 84.5、**山花郁夫**（4）東京 22 区 82.4、次**松尾明弘**（80.3、弁護士）

◇日本共産党 61 万 8332 票 2 議席

笠井亮（5）重複なし、**宮本徹**（2）東京 20 区 53.6、次**池内沙織**（74.1,党准中央委員）東京 12 区。笠井は大阪府大阪市出身。赤旗新聞の記者、共産党幹部をつとめ、'95 年の参議院議員選挙に比例区で出馬し、初当選。'04 年に落選。'05 年の総選挙で比例東京ブロックで初当選

◇日本維新の会 19 万 8127 票 0 議席

◇社会民主党 5 万 6732 票 0 議席

◇日本のこころ 4 万 592 票 0 議席

◇幸福実現党 1 万 5872 票 0 議席

◇支持政党なし 12 万 5019 票 0 議席

第6章 北陸信越

新潟県(越後・佐渡) 列島改造は間違っていないが時を誤った

> 角栄と同じく眞紀子の批判精神も、大衆の心をつかむ弁舌も天才的だ。ただ、非論理性という弱点もあり、共通している。違いは何かというと、一つは、角栄は敵であろうが味方であろうが、相手の立場を考慮した。それが眞紀子には露ほどもない。もう一つは、角栄が自己流ながらも政策や法律を勉強し、新しい政策を提案するとともに、議員立法などでそれを実現した。眞紀子も本も読まない。

【県の概要】

　新潟県は越後国と佐渡国からなる。廃藩置県の後、始めは、新潟（北部）、柏崎（南部）、相川（佐渡島）の3県に分かれていた。それが明治6年（1873）に柏崎県が新潟県に入り、同9年には相川県も合流した。ただし、東蒲原郡は会津領だったこともあり、明治20年までは福島県だった。

　越後国全体が米どころになったのは、江戸時代になってからのことだ。上杉謙信の時代には、40万石弱という全国で10位の石高だったが、上杉氏の会津移転後になってやってきた濃尾出身の大名が、先進的な水利土木技術を持ち込んで信濃川や阿賀野川の下流低湿地の開発が進めたことから、幕末には115万石ほどになっていた。

　新潟市はもともと江戸初期の長岡藩主だった堀直寄という名君が開いた港町だが、江戸後期になって、重要港湾だとして幕府が天領にした。

　「潟」という字は、砂洲の内側にある湖沼で海とも通じているものを意味し、新潟周辺の地形から来ている。

　江戸時代以前から海路で西日本と結ばれていたし、戦後の食糧管理制度のもとでは、東北の米は東京で、北陸の米は関西に供給されていた。

　鉄道でも初めは、東京とは信越本線経由で結ばれていた。東京とのつながりが強くなったのは、昭和6年（1931）の上越線開通からで、以降、上越新幹線も高速道路もこのルートを通っている。

　田中角栄は現在の柏崎市生まれ。高等小学校を出て、15歳で東京へ働きに出た。兵隊に出たが、病気で除隊し朝鮮半島などで事業を展開していた。政商だったが、勧められて自分も代議士に当選した後、吉田首

相の下で頭角を現し、岸内閣では38歳の若さで郵政相、池田内閣では蔵相となった。

人の心をわしづかみにする特異な才能を持ち、型にはまった発想にとらわれずコロンブスの卵のようなアイディアを生み出し、それを強引に実現する政治力があった。多くの議員立法にも関わっている。

だが、直感に頼ったその発想と怖いもの知らずの大胆さは、大失敗と隣り合わせだった。

【歴代知事】

岡田正平（1947年）は、中条村の旧家出身。村長や県議、県農業会会長などを歴任した名士で、すでに70歳であったが、洒脱な人柄で県民に親しまれた。阿賀野川の利水が代表的な業績である。

民主党や社会党に推されて岡田の三選を阻止した北村一男（1955年）は、中央大学卒で、新潟窒業などにつとめた後、参議院議員。財政再建を徹底して県庁組織を簡素化し、2期目は社会党が対立候補を立てた。2期目途中で病気退任。

塚田十一郎（1961年）、東京商業大学出身で鹿島組などを経て代議士となり、郵政相を歴任。新産業都市への指定や新潟東港の整備を進め、国体を成功させたが新潟地震に見舞われた。再選時の選挙にまつわる事件で、雲隠れした後、辞任した。

亘四郎（1966年）は、ラトガーズ大学卒で代議士だった。田中角栄の全盛期であり、高速交通網や広域生活圏の整備など、列島改造のモデル地区の観を呈した。一方、減反に苦しんだ。

君健男（1974年）は新潟医科大学卒の医者で県衛生部長から副知事をつとめた。参議院議員を経て知事となった。上越新幹線、関越自動車道などが開通し観光客も増え、長岡でテクノポリスも建設された。田中角栄に引退を勧め対立した。

君の病気辞任を受けて副知事だった金子清（1989年）は、東京生まれで東京大学卒の自治官僚。「ハード面の整備は終わった」と、産業振興やリゾート・ブームの中での観光開発に独自色を見せたが、佐川急便からの裏献金事件で辞任に追い込まれた。

政治不信の中で浮かび上がったのが、地元出身で横浜国立大学から日

本銀行入りし新潟支店長も経験した平山征夫（1992年）だ。北東アジア（環日本海）経済圏の形成を目指し、複合コンベンション施設「朱鷺メッセ」が建設された。

　泉田裕彦（2004年）は加茂市出身で、京都大学卒、経済産業省出身で岐阜県新産業労働局長をつとめていた。前知事が金曜日にお別れをして、月曜日から始動するという「空白の土曜日」に中越地震が襲った。いきなり修羅場に立たされた泉田だが、鮮やかな手腕を見せた。自民党推薦での当選だったが、原発や北陸新幹線の事業費負担では県民の利益を積極的に図った。これに自民党の一部からは不満が出たので泉田は四選出馬をしなかった。米山隆一（2016年）。東京大学出身の医師で、ハーバード大学留学、弁護士だった。田中眞紀子への刺客として総選挙に自民党公認として出馬したのち、維新、民進からも総選挙に出馬し落選していた。SNSで論戦をふっかけ、極論で物議を起こし、新潟のトランプ的存在で話題になったが、女性問題で辞任した。後任には泉田知事時代の副知事である花角英世（2018年）が当選。国土交通官僚で海上保安庁次長。

【こんな政治家も】

　白川勝彦元自治相は十日町市出身。東京大学出身の弁護士だが草の根選挙で当選。リベラル派の旗手と期待されたが、政界の激変の中で漂流し、行き場を失った。村上藩の藩医を先祖とする稲葉修元法相は、ロッキード事件当時の法相として硬骨漢ぶりで喝采を浴びた。

【最近の衆参議員選挙の状況】

◇第1区：西村は大学非常勤講師を経て、県議。憲法改正を強いる希望の党との合流に反発した。石崎は財務官僚。'09 西村智奈美（立）。'12 石崎徹（自）。'14 石崎徹（自）。'17 ㊥ 西村智奈美（立⑤）128,045、比復 石崎徹（自③）113,045。

◇第2区：鷲尾は公認会計士で税理士、監査法人に勤務した。細田は経産官僚、齋藤健農水相の秘書をつとめた。'09 鷲尾英一郎（無）。'12 細田健一（自）。'14 細田健一（自）。'17 ㊥ 鷲尾英一郎（無⑤）97,808、比復 細田健一（自③）81,705。

◇第3区:黒岩は希望の党公認申請を取り下げ、無所属で出馬。参議院議員の母の秘書をつとめる。'02年の参議院補欠選挙に野党統一候補の無所属で出馬、初当選し、参議院議員を1期つとめた。齋藤は公正取引委員会元職員。'09黒岩宇洋（民）。'12斎藤洋明（自）。'14黒岩宇洋（民）。'17当 黒岩宇洋（無③）95,644、比復 斎藤洋明（自③）95,594。

◇第4区:菊田は無所属で出馬したため、共産党が支援に回った。中国の黒竜江大学に留学し、中国語会話教室を経営。加茂市議。'03年に民主党公認で初当選。金子の夫は不倫問題で議員辞職した宮崎謙介。'09菊田真紀子（民）。'12金子恵美（自）。'14金子恵美（自）。'17当菊田真紀子（無⑥）112,600、次金子恵美（自）87,524。

◇第5区:泉田は経産官僚で、県知事を3期つとめた。田中眞紀子が民主党に入党すると、角栄時代からの支持者が離れた。自民党が旧山古志村長の長島忠美を擁立し、2012年に田中は落選。田中は'14年の選挙には出馬せず、元参議院議員の森裕子が生活の党の公認として出馬したが落選。2017年に長島が死去、自民党は後継として泉田を擁立。'09田中真紀子（民）。'12長島忠美（自）。'14長島忠美（自）。'17当泉田裕彦（自①）91,855、次大平悦子（無）79,655。

◇第6区:高鳥は会社勤務後、代議士であった父の秘書をつとめた。'09筒井信隆（民）。'12高鳥修一（自）。'14高鳥修一（自）。'17当高鳥修一（自④）94,292、次梅谷守（無）92,080。

◇参議院（定数1）:2016年に定数2から1。森は県女性財団企画部長を経て、横越町議。塚田は旧さくら銀行に勤務後、麻生太郎の秘書をつとめた。父の塚田十一郎は元郵政相、元県知事。風間は三井物産に勤務後、県議。'17年に民主党を離党し、立憲民主党に入党。'07塚田一郎（自）、森裕子（民）。'10田中直紀（民）、中原八一（自）。'13当塚田一郎（自②）456,542、当風間直樹（民②）204,834、次森裕子（生活の党）165,308。'16当森裕子（無③）560,429、次中原八一（自）558,150。

富山県(越中)

正力松太郎など内務官僚を多数輩出

越中富山といえば薬売りだが、その伝統か厚生労働省やその前身の内務省に多くの人材を送り込んだ。読売新聞の事実上の創始者で読売のオーナーとして知られた正力松太郎も最初は内務官僚だった。

【県の概要】

万葉歌人大伴家持が国司として赴任した越中国府は、射水郡の高岡市にあった。室町時代には三管領家の一つである畠山氏が守護で、京都での内紛で将軍の座を追われた足利10代将軍義殖が射水市の放生津城に逃亡していたこともある。

織田信長によりこの地に封じられた佐々成政は、豊臣秀吉によって肥後に移されたのち失脚した。代わって加賀の前田氏の支配下になった。江戸時代には、富山とその周辺10万石だけが支藩の富山藩の領地となり、西部の高岡周辺や東部は加賀藩領だった。

富山の語源は藤居だとか鳥取だとか諸説あるが、よく分からない。明治4年(1871)には、魚津市を県庁にした新川県があり、射水郡だけは七尾県に含まれていた。翌年、いったん射水郡も新川県に入り、その翌年は県庁は富山に移り、明治9年には石川県に編入されていた。

同じく明治9年(1876)には、石川、富山に嶺北地方が加わって石川県となり全国一の人口を誇ったが、明治14年(1881)には福井県が成立。さらに、石川県の予算が金沢市内の公共施設建設にまわされ治水がおろそかになっていると不満を募らせ、分県運動が活発となり、明治16年(1883)に分離された。新しい富山県では、予算の過半を治水工事に投じるようになった。

富山の人はまじめだといわれる。華麗な九谷焼に象徴される派手好きな石川人のアンチテーゼともいえる。

正力松太郎は、警視庁警務部長のときに「虎ノ門事件」(摂政宮だったのちの昭和天皇襲撃事件)の責任を取らされ免官となり、読売新聞を買い取りオーナーとなった。

郵政民営化法案に衆議院議長もつとめた綿貫民輔が強硬な反対姿勢を

富山県

崩さなかったころ、「ほかの政治家の誰よりも綿貫さんとよくカラオケにも行った仲」と小泉純一郎が語ったが、綿貫は社交家として知られた。

【歴代知事】

戦後の知事は現在まで6人だが、そのうち4人が内務(自治)官僚だ。館哲二(1947年)は東京大学を経て内務官僚となり、東京府知事までつとめた大物だったが、公職追放の対象となり半年で辞任した。

副知事だった高辻武邦(1948年)は、東京大学卒のち内務官僚。大阪府の官選知事もつとめた。全国に先駆けて「富山県総合開発計画」を策定したほか、市町村合併を進め、新湊、氷見、黒部、滑川が市制へ移行した。また、立山ケーブルカーが開通し観光の目玉となっていく。北海道知事となった高橋はるみの母方の祖父である。

高辻が後継者として立てた副知事を破って当選したのが、吉田実(1956年)。東京大学卒で外地に渡り内蒙古の張家口などで活躍していた。戦後、故郷の大島村長などをつとめ、農協系の団体で、要職を歴任した。富山・高岡新産業都市の指定が行われ、富山新港が建設され、黒部第4ダムが完成したが、イタイイタイ病が全国的な衝撃を与えた。職業高校の異常な比率の高さが議論のたねとなった。4期目の途中に国政への鞍替えのために退任した。

中田幸吉(1969年)は東京大学農学部を卒業し農林省入りした林業のプロ。富山県農地林務部長だったが、激烈な知事選挙のあおりで一期目は副知事が置かれず、2期目には通産省から栗林隆一を迎えた。工業は順調に発展し、北陸自動車道も砺波まで延伸した。

中田が3期目の途中に急死したのち、中沖豊(1980年)が就任した。東京大学を卒業し自治省入りし、富山県課長、石川県部長、富山県総務部長、教育長、自治省消防大学校長などをつとめた。県議会のドンだった鹿熊安正、代議士の綿貫民輔とのトリオが盤石の安定感を誇った。北陸新幹線に目処を付け国際交流を進めた。「地方の時代」を代表する知事といわれたが、ハコモノの充実については賛否両論が出た。

石井隆一(2000年)は、東京大学卒の自治官僚で、総務省自治税務局長などをつとめた。財政のプロとして中沖時代の拡大志向を改め、堅実な県政を進め、北陸新幹線の開通に成功した。

【こんな政治家も】

松村謙三は報知新聞記者の後、帰郷し町議、県議を経て、第1回普通選挙で当選。東久邇内閣で厚相の後、公職追放されたが、復帰後はリベラル派の代表的政治家として活躍し、岸首相に対抗して自民党の総裁選挙に出馬した。晩年は日中友好に尽くしたことで知られる。

【最近の衆参議員選挙の状況】

◇第1区：田畑は会社勤務後、富山市議、県議をつとめた。'09 村井宗明（民）。'12 田畑裕明（自）。'14 田畑裕明（自）。'17 当 田畑裕明（自③）74,876、次 吉田豊史（維）38,219。

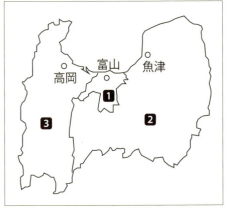

◇第2区：宮腰は会社経営を経て、県議。'09 宮腰光寛（自）。'12 宮腰光寛（自）。'14 宮腰光寛（自）。'17 当 宮腰光寛（自⑧）94,086、次 山崎彰（社）32,348。

◇第3区：橘は北海道開発庁に入庁、家業経営、高岡市長。父は代議士。'09 橘慶一郎（自）。'12 橘慶一郎（自）。'14 橘慶一郎（自）。'17 当 橘慶一郎（自④）140,803、次 柴田巧（希）62,066。

◇参議院（定数1）：野上は三井不動産に勤務後、家業経営、県議。父は野上徹元代議士。堂故は会社勤務を経て、綿貫民輔の秘書をつとめる。県議、氷見市長。'07 森田高（無）。'10 野上浩太郎（自）。'13 当 堂故茂（自①）328,638、次 高橋渡（共）51,569。'16 当 野上浩太郎（自③）339,055、次 道用悦子（無）134,212。

石川県 (能登、加賀)

31年という全国最長任期を誇った知事

地元の石川県では、森喜朗サイドは県政の主流派になったことがない。中選挙区時代の石川1区でライバルだった奥田敬和（郵政相）との「森奥戦争」は有名だが、常に知事は奥田のサイドだ。公選知事になってから70年を過ぎても、まだ4人目。中西陽一が31年間、現知事の谷本は7期目の当選を果たした。

【県の概要】

石川県は加賀、能登の2国からなるが、いずれも越前国から分かれたものである。早かったのは能登の方で奈良時代の養老2年（718）に置かれたが、加賀は遅れて平安時代の弘仁14年（823）である。いわゆる67州の中でいちばん遅く成立した国だ。

賤ヶ岳の戦いの後、加賀の大部分と能登はいずれも前田利家の支配下に入った。とくに、関ヶ原の戦いの後、小松や大聖寺も前田の領国となり、越中もあわせて前田百万石の支配地となった。

初め、加賀国が金沢県、能登国と越中国射水郡が七尾県だった。金沢県は県庁が美川に移ったので石川県となり、明治5年（1872）には加賀と能登で石川県になり県庁も金沢に戻った。ただし、金沢も美川も石川郡に所属する。同9年には新川県（越中）をあわせ、さらに、越前北部も取り込んで全国最大の県になった。だが、明治14年には福井県が、16年には富山県が分離して現在の石川県になった。

加賀の語源は明らかでないが、「輝く」とか「鏡」とか、開けた明るい土地だということに関係する説が多い。石川は石の多い川ということであろうか。金沢は砂金掘りと関係するようだ。

新政府に睨まれたのではないが、北陸ブロックの人口規模が小さかったことと、東京中心の国土構造の中では、交通も東京から放射線状に進められることになり、日本海側各県が分断されてしまった。

その中で文教の盛んな地域だったため、高等教育機関は多く設立されたが、帝国大学設置という悲願は、ついに達成されなかった。

坂本龍馬にいちばん似た現代の政治家は誰かと聞かれると、「それは森（喜朗）さんでしょう」と私は答えている。地方の金持ちの息子、巨

体を揺らす体育会系、気配りの名人、相手の懐に飛び込むのが上手、違う立場の人の仲介が得意、宴会での座持ちや子ども相手のあしらいに長けているなど共通点は多いのである。

外交でも、どこの国ともうまく付き合える稀有な人物だ。とくにロシアのプーチン大統領との友情は有名である。

【歴代知事】

柴野和喜夫（1947年）、地元出身で東京大学から農林省入りし、駐タイ国大使館参事官や食品局長をつとめた。北陸帝国大学の設置運動が続けられたが、制度そのものが廃止になってしまった。また、内灘射爆場の接収反対闘争があり、全国的な話題となった。

柴野の3選を阻止した田谷充実（1955年）は、京都大学卒。石川県農協中央会長などをつとめた。柔道6段だった。小松空港が開港し、北陸本線の電化にもめどがついたが、末期は病気で離任後すぐに病死した。

中西陽一（1963年）はすべての公選知事の中で、もっとも長く君臨した（1963～94年）。8期にわたって選出され、31年もの長い年月在任し、現職のまま大往生した。最後には、急速に衰えが進んで職員に両側から支えられながら公の場に現れたといったこともあったが、それでも職務を続け、最後は老衰で死んだ。あちこちの県が安易な開発や企業誘致など世の中の流れに身を任せていたころ、石川では一味違う展開があった。京都生まれで、その故郷をこよなく愛した中西は、「リスがすめる緑豊かな街が理想」と言い、煉瓦づくりの旧軍兵器庫を美しい県立博物館にした。オーケストラ・アンサンブル金沢も単なる「文化人対策」としてのいい加減なものでない大ヒットになった。産業面では、有能な人材を商工労働部に配置し中小企業政策の現場で鍛え、また、企業立地には迂遠な効果しか出ない施策を否定し、直接的な助成金を与えて成果を上げた。

中西の死を受けての選挙では、自民党は森喜朗を中心に元農水次官で参議院議員だった石川弘の擁立に動いた。これに新生党に移っていた奥田敬和も始めは同調の方向だったが、地元や党本部から主戦論が高まり、副知事だった谷本正憲（1994年）に白羽の矢が立った。兵庫県の西脇近郊で織物と新聞販売をする家庭に生まれた。京都大学から自治省

入りし、茨城県総務部長などをつとめた。性格は緻密でまじめと定評があり、自治省出身者からも安心して見てられる知事と評価された。2014年には念願の北陸新幹線延伸が実現した。また、県庁は620億円の経費をかけて金沢市内の海側に移された。地元の強い要望で開港された能登空港は、それなりに健闘している。

【こんな政治家も】

兄弟で政治家というのは少なくないが、同じ県で兄が自民党参議院議員で弟が社会党代議士という珍しいケースがあった。兄の嶋崎均は大蔵官僚で竹下登と夫人が兄弟。弟の嶋崎譲は九州大学教授で、社会主義教会で活躍。漁船で操業中に行方不明となり北朝鮮で発見された寺越武志さんと母親の再会を実現した。戦前の軍人宰相のうち林銑十郎と阿部信行は加賀藩士の家に生まれている。

【最近の衆参議員選挙の状況】

◇第1区:馳元文科相は国語の高校教諭を経て、プロレスラー。参議院議員を経て、'00年に初当選。'09 奥田建（民）。'12 馳浩（自）。'14 馳浩（自）。'17当 馳浩（自⑦）112,168、次 田中美絵子（希）61,541。

◇第2区:佐々木は会社経営者、日本青年会議所元役員、森喜朗元首相の後継候補となる。'09 森喜朗（自）。'12 佐々木紀（自）。'14 佐々木紀（自）。'17当 佐々木紀（自③）118,421、次 柴田未来（希）58,164。

◇第3区:西田は瓦力建設相の秘書を経て、七尾市議、県議。近藤は野村證券に勤務。'09 近藤和也（民）。'12 北村茂男（自）。'14 北村茂男（自）。'17当 西田昭二（自①）80,416、比復 近藤和也（希②）78,306。

◇参議院（定数1）:岡田は北国新聞社に勤務後、県議。山田は農水官僚、問題発言の続いた一川元防衛相を破り、初当選。'07 一川保夫（民）。'10 岡田直樹（自）。'13当 山田修路（自①）321,286、次 一川保夫（民）113,817。'16当 岡田直樹（自③）328,013、次 柴田未来（無）191,371。

福井県 (越前、若狭)

原発をテコに住みよい環境作りに成果

　ニクソンの電撃訪中の遠因となった日米関係の悪化は、沖縄返還の代償に繊維輸出の自粛という密約を誠実に実行しなかったことだ。福井県では、繊維産業が発展していたので、日米繊維交渉のときは、輸出規制反対の先頭に立った。田中角栄が廃業した繊維会社の機械を買い取る思い切った救済策を実現したが、間もなく繊維産業は国際競争力を失って輸入制限を求める皮肉なことになった。

【県の概要】

　「コシヒカリ」というと新潟県産がよく知られているが、誕生したのは福井県の前身である越前国である。越の国というのはもともと福井県の前身である越前国が中心で、徐々に北へ開発が進んだのである。

　「越」の語源については、敦賀の坂を越していくからだとか、アイヌ語で「渡る」といった意味があるとかいわれるが決め手はない。雪深い土地であるから、「越」という字が実感に合っていたのであろう。

　応神天皇5世の孫である継体天皇は近江出身だが、父の死後に母の実家である坂井市付近に移り、武烈天皇の死でその皇統が断絶したのを受けて即位した。

　戦国末期には朝倉氏、そののち柴田勝家が本拠とした。江戸幕府初期、家康次男の結城秀康68万石が与えられ、福井藩が成立したが、お家騒動もあって衰えた。それでも幕末政局で、松平慶永が活躍した。

　明治になると、敦賀県（若狭国、越前の敦賀郡、南条郡、今立郡）と福井県（上記以外の越前）とに分かれ、いったん合併して敦賀県となった。その後、分割されて若狭国と敦賀郡は滋賀県に、残りは石川県となった。しかし、地元の人々の熱意で明治14年（1881）に越前、若狭両国からなる福井県が誕生した。

　福井県で繊維産業が発展したのは、湿度が高く糸が切れないからだが、全国の長者番付にも福井の業者が名を連ねるほどだった。

　原子力では、高木孝一元敦賀市長が功労者として知られる。石川県羽咋郡志賀町で行った講演で語ったあからさまな内情は有名だ。「率直にいえば、1年1回ぐらいは、事故があればいい」「電源三法のカネのほかに裏金を寄こせ、協力金をよこせという」あまりの明け透けさに会場

は大爆笑。志賀町における原発立地がうまくいくきっかけになった。全国の反原発派からは非難囂々だったのはもちろんだ。その息子が、高木毅復興相。

【歴代知事】

公選開始以来の6人の知事のうち、5人が内務・自治・総務という同一系統の官僚である。小幡治和（1947年）は東京の出身で愛知県などの知事を歴任した内務官僚を父とし、大阪府の部長や近畿地方事務局次長を経て福井県の官選知事となった。小幡の在任中には福井地震があったが、中央とのパイプを生かし、福井市長の熊谷太三郎とともに復興に取り組んだ。

北栄造（1959年）は小幡の副知事だったが、再選時には対立候補として立候補したが敗れた。

しかし、小幡の参議院議員への転出に伴う知事選挙で、新しい副知事だった羽根盛一（1955年）と争い、羽根が勝利した。だが、羽根は後ろ盾だったはずの小幡の影響力排除を図ったので、小幡は北の支持に転じ、4年後には勝利した。羽根は三重県出身で京都大学を卒業後、立命館大学助教授を経て内務省入りし、官選の富山県知事をつとめた。北も内務官僚で石川県の出身。鉄道、道路など交通インフラの整備、原子力発電所の誘致などを進めて「黎明の時代」を標榜した。

若狭遠敷郡選出の県議をつとめ、農業団体を基盤とする中川平太夫（1967年）が勝利した。石川達三の小説『金環蝕』のモデルとなった九頭竜ダム建設をめぐる疑惑に県民の批判が集まり、中川が農業団体だけでなく労働組合の支援を受けた労農連携候補として担ぎ出された。3代にわたって他県出身の官僚知事が続いていたことも、「県人知事」への期待が強まった背景にあった。中川は中央政界との太いパイプの構築に成功し、インフラ整備を推進し成果を収めた。

栗田幸雄（1987年）は、鯖江市の生まれ。東京大学から自治省入りし、中川知事の下で10年間、副知事をつとめた。栗田はすぐれた調整能力で円滑に県政を展開し、県立大学の開校、県立音楽堂、恐竜博物館を開設した。

西川一誠（2003年）は、丹生郡越前町（旧朝日町）出身。京都大学

から自治省入りし、国土庁審議官などを経て福井県に副知事として戻った。脱官僚政治への取り組みに励み、米国デュポン社の日本法人社長経験者を副知事の一人として起用した。2008年の税制改正に盛り込まれた、いわゆる「ふるさと納税」制度の発案者である。北陸新幹線の延伸と京都ルートの採用のめどが立った。

【こんな政治家も】

衆議院議長もつとめた福田一は通産相時代に佐橋滋事務次官と対決した大臣として城山三郎の『官僚たちの夏』で悪役のモデルとして登場。戦前に皇国史観を代表する学者だった平泉澄の子である渉は外交官で鹿島建設の鹿島守之助の娘婿。頭が良すぎて政界では異端児だったが、語学力と見識の高さは戦後日本の政治家でもトップクラスだった。

【最近の衆参議員選挙の状況】

◇第1区:稲田元防衛相は弁護士で税理士、'05年に郵政民営化法案に反対した松宮勲への刺客として出馬し、初当選。'09稲田朋美（自）。'12稲田朋美（自）。'14稲田朋美（自）。'17 当稲田朋美（自⑤）116,969、次 鈴木宏治（希）64,086。

◇第2区:'12年を最後に旧第3区が廃止され、高木が3区から2区へ、山本が比例区へ回った。高木元復興相は会社経営者、父は元敦賀市長。下着窃盗の週刊誌報道で、自民党福井県連の会長山本拓は'16年に「逮捕事実が残っている」として、高木の公認に難色を示した。'09山本拓（自）。'12山本拓（自）。'14高木毅（自）。'17 当高木毅（自⑦）80,895、比復 斉木武志（希）55,537。

◇参議院（定数1）:山崎元参議院議長は大野市議、県議、県会議長をつとめた。滝波は財務官僚、米国公認会計士の資格を持ち、スタンフォード大で客員研究員をつとめた。'07松村龍二（自）。'10山崎正昭（自）。'13 当滝波宏文（自①）237,732、藤野利和（民）56,409。'16 当山崎正昭（自⑤）217,304、次横山龍寛（無）131,278。

長野県（信濃）　県庁移転 分県運動に悩む

平成の政界は世襲政治家全盛だが、そのシンボル的存在だったのが、上田市出身の羽田孜だった。父親が代議士だった首相は、芦田均、鳩山一郎についで3人目だったが、前二者はそれぞれ自分自身がしかるべき学歴と職歴をもっていた。そのため、小田急の社員から親の死で地盤を継いだだけというのは異質だったし、そうした経歴なりの存在感しか示せなかった。

【県の概要】

脱ダム宣言で華々しくデビューしたものの、6年目にして県民から脱田中宣言をされる羽目になった田中康夫知事は、長野県を「信州県」に変えたらという提案をしたことがある。その是非はともかくとして、このことには、長野市という町が持つ県庁所在地としての違和感が背景にある。

善光寺の門前町に過ぎなかった長野が県庁所在地になったのは、偶然の産物である。廃藩置県の前に、信濃の幕府領などは伊那県としてまとめられた。しかし、まもなく二分されて中野県が成立した。ところが、中野で一揆が起こり、県庁が長野に移って長野県が成立したのである。

そして、明治4年（1871）に信濃北部全域を管轄する県ができたとき、松代や上田でなく長野が県庁に選ばれたのである。このとき、県南は飛騨国とともに筑摩県をなしていたが、飛騨国を岐阜県に入れて、信州全体で一つの県とすることになった。県庁所在地は筑摩県庁のあった松本と長野の中間にあたる上田が候補とされたが、両県合同の前夜、筑摩県庁が放火で使用不能となり、その犯人が上田人とされたことから長野が漁夫の利を占めた。

しかし、地理的に見て長野市は県内各地から不便なため、県庁移転運動や分権運動が行われた。戦後になって、文化施設の設置や産業開発は県南中心にするということで、落ち着いている。

信濃国は古くは科野（しなの）国と書いた。語源は山国で急な級坂が多いとか、科の木、あるいは『記紀』に登場する風神名が由来するといった諸説がある。奈良時代の養老5年（721）から10年ほど諏訪国が分立されたことがある。

強力な守護大名や戦国大名はおらず、武田信玄が攻略をねらって、川中島の戦いなどを経てほぼ全国を掌握した。武田滅亡後は織田領となったが、本能寺の変の後の混乱の中で徳川家康が獲得した。

江戸時代には、松本、松代、上田、小諸、飯田、飯山などの藩と幕府領に細分化された。明治になってからは、生糸の産地となり、ついで精密機械工業も発展した。観光開発も進み、平成10年（1998）には長野冬季五輪も開催されている。

信州のみならず日本一の政治家名門といわれたのは、小坂家である。国会が開設されたときの第1回総選挙に小坂善之助が当選して以来、小坂家は4代続けて代議士を出した。しかも、信濃毎日新聞や信州放送を含む企業グループのオーナー一族だ。3代目の小坂善太郎は外務相をつとめ、その弟の徳三郎（運輸相）は財界活動ののちに政界入りして大物政治家として期待された。

4代目の憲次は日本航空社員を経て代議士となり、文部科学相もつとめたが、2009年の選挙では農水官僚出身の篠原孝に敗れて参議院にまわっている。

【歴代知事】

公選初代知事は、社会党の林虎雄（1947年）が官選知事を破って当選。物部薫郎らを11万票差で破り当選した。林は下諏訪町出身で旅館経営のかたわら町議、県議、助役をつとめ、戦後は代議士。保育園の充実が全国でも先進的と評価されたほか、リンゴの生産が伸びた。

副知事だった西沢権一郎（1959年）は上水内郡小川村生まれ。東京高等蚕糸学校を卒業した後、高等文官試験に合格した。副知事から保革の相乗りで当選。3期目からは社会党が対立候補を立てた。すでに紹介した県庁問題を解決したのは西沢の功績だ。

吉村午良（1980年）は、長野市出身で東京大学部卒業後すぐに長野県庁に勤務。自治省に転じたのち、総務部長として復帰し副知事に。冬季五輪を成功させたが、その誘致活動がのちにスキャンダルになった。

副知事による継承が続き、しかも3人とも長期政権であったために、知事と県庁を中心とする県政界の風のよどみの弊害も多々論じられたところに、またもや副知事が擁立されたので、市民グループや財界人は作

長野県

家の田中康夫（2000年）を推して当選させた。生まれは東京だが、父が信州大学教授となったために少年時代を松本で過ごしている。

長野県民ならではのインテリ好み、ある種のブランド好きに田中を受け入れる素地があったともいう。だが、田中もまた独断専行ぶりを批判されることになり、不信任案可決に伴う2002年の選挙では勝ったが、任期満了に伴う選挙では村井仁（2006年）が勝利した。木曽の人だが生まれは新潟県。東京大学から通商産業省。そして、代議士になった。田中は脱ダム宣言で知られるが、村井は公共事業の正常化に功績がある。

その村井が1期だけで勇退した後には、田中の副知事だった総務官僚の阿部守一が当選した。「田中なきマイルドな田中路線」は、それでほどよいものと県民の眼には映ったのである。東京生まれ、東京大学から自治省に入り、県副知事や横浜市副市長をつとめた。県民の支持率が85パーセントに達したと話題になった。

【こんな政治家も】

田中義一内閣の鉄道相だった小川平吉は宮沢喜一の外祖父にあたるなど華麗な閨閥で知られる。田中秀征は新党さきがけで活躍。井出一太郎は三木内閣の官房長官。いずれも信州人らしい政治家だ。

【最近の衆参議員選挙の状況】

◇第1区：篠原は農水官僚。'09年に小坂憲次元文科相を破った。小坂は翌年、参議院に転出。'09 篠原孝（民）。'12 篠原孝（民）。'14 篠原孝（民）。'17 当 篠原孝（無⑥）131,883、次 小松裕（自）85,460。

◇第2区：下条は富士銀行に勤務後、父の下条進一郎厚生相の秘書官をつとめる。務台は総務官僚。'09 下条みつ（民）。'12 務台俊介（自）。'14 務台俊介（自）。'17 当 下条みつ（希④）78,343、比復 務台俊介（自③）67,210。

◇第3区：井出はNHK元記者、寺島は第4区へ移行させられたため、井出は旧民主党の票も吸収。一方、寺島は落選した。'09 羽田孜（民）。'12 寺島義幸（民）。'14 井出庸生（維）。'17 当 井出庸生（希）127,542、次 木内均（自）74,722。

◇第4区：後藤は大蔵官僚。'96年に新進党から出馬したが落選、'00年に

民主党公認で初当選、'03年に自民党へ。'09 矢崎公二（民）。'12 後藤茂之（自）。'14 後藤茂之（自）。'17[当] 後藤茂之（自⑥）68,673、[次] 毛利栄子（共）40,898。

◇第5区：宮下は東大卒業後、住友銀行につとめ、父の宮下創平元厚生相の秘書官となる。'09 加藤学（民）。'12 宮下一郎（自）。'14 宮下一郎（自）。'17[当] 宮下一郎（自⑤）91,542、[次] 曽我逸郎（無）48,588。

◇参議院（定数1）:2016年に定数2から1。杉尾は元TBSテレビ報道記者、キャスター。北澤防衛相の後継候補となった。吉田自民党参議院幹事長は金丸信の秘書を経て、県議、県議会議長。羽田元国交相は公益法人に勤務した。羽田孜元首相の子。'07 羽田雄一郎（民）、吉田博美（自）、'10 若林健太（自）、北澤俊美（民）。'13[当] 吉田博美（自③）365,115、[当] 羽田雄一郎（民④）294,588、[次] 唐沢千晶（共）154,630。'16[当] 杉尾秀哉（民①）574,052、[次] 若林健太（自）499,974。

【コラム】政治家と地元後援会の実態

政治家にとって、地元有権者は怖い存在だが、いちばん怖いのは後援会のメンバー達である。後援会組織がしっかりしていればいるほど、彼らの顰蹙を買うと大変なことになる。後援会のメンバーが選挙の際には汗水を流して、動いてくれる。彼らがいなければ、選挙もできない。

後援会幹部のお偉方の言うことは絶対だ。中には、政治家同等に後援会幹部が力を持ち、地元の政治を動かすということもある。政治家が日頃、世話になっている後援会のメンバーに仕事を斡旋したり、その子弟の就職の世話をすることなどもあり、互いに持ちつ持たれつの関係にある。

（宇山卓栄）

<北陸信越ブロック 定数 11 >

◇自由民主党 132 万 8838 票 5 議席

山本拓(8) 重複なし、**斎藤洋明**(3) 新潟 3 区 99.9、**石崎徹**(3) 新潟 1 区 88.2、**務台俊介**(3) 長野 2 区 85.7、**細田健一**(3) 新潟 2 区 83.5、次 **金子恵**（77.7、元総務政務官）新潟 4 区、次 **小松裕**（64.7、党国対副委員長）長野 1 区。

　山本は福井県鯖江市出身。鯖江青年会議所理事長を経て、福井県議を 2 期つとめる。'90 年、福井県全県区から出馬し、初当選。'14 年、定数削減の福井県選挙区の見直しにより、比例北陸信越ブロックに転出。一時期、高市早苗元総務相と結婚していた。

◇公明党 31 万 8050 票 1 議席

太田昌孝 (1) 重複なし、次 **高橋秀明**（重複なし、党富山事務長）

太田は長野県長野市出身。長野市役所職員、長野市議、長野県議。

◇希望の党 68 万 8924 票 2 議席

近藤和也 (2) 石川 3 区 97.3、**斉木武志** (2) 福井 2 区 68.6、次 **寺島義幸**（59.5、元県議長）長野 4 区

◇立憲民主党 69 万 9426 票 2 議席

松平浩一 (1) 重複なし、**山本和嘉子** (1) 重複なし

松平は石川県金沢市出身。弁護士、渡辺秀央元、参議院議員秘書を務めた。山本は参議院議員の福山哲郎の公設秘書、京都信用金庫勤務。

◇日本共産党 26 万 7777 票 1 議席

藤野保史 (2) 重複なし、次 **西沢博**（重複なし、党役員）

藤野は福岡県福岡市出身。穀田恵二と吉井英勝の秘書を務め、中央委員会の政策委員。

◇日本維新の会 16 万 4714 票 0 議席

◇社会民主党 9 万 218 票 0 議席

◇幸福実現党 2 万 5064 票 0 議席

第7章 東海

岐阜県(美濃・飛騨) 裏金問題で県庁職員の半分以上が処分される

> 東海道新幹線に岐阜市を通過させるためには迂回が必要だったことから、羽島市の田園地帯に駅が建設された。この調整にあたったのが自民党副総裁だった大野伴睦である。岐阜市は、大野の地盤でなかったので「政治駅」だといわれたが、むしろ、国鉄側が東京・大阪間を短く結ぶのに都合の良い場所に建設することを大野に頼んで実現したというべきであろう。

【県の概要】

 岐阜という地名は、織田信長が沢彦という禅僧と相談し、古代中国の王朝である周の文王が岐山に興って天下を統べた故事に倣ったものといわれている。それ以前、城は稲葉山城、城下町は井之口と呼ばれることが多かったようだが、すでに岐阜陽、もしくは略した岐阜とか岐陽という名称も、使われていたらしく、陽は北の意で岐蘇(木曽)川の北側といった意味だったようだ。

 美濃は中世に栄えたが、江戸時代にはやや廃れて、大垣藩など小藩が群立した。江戸時代の岐阜市中心部は尾張藩の領地で、南郊の加納に永井氏3万石(加納藩)の城があった。岐阜県庁の母体になったのは、笠松にあった幕府の美濃郡代で、それがかつての信長の城下町に引っ越してきた形だ。

 最初、飛騨は松本を県庁とする筑摩県だったが、長野県の成立で飛騨は岐阜県に移された。飛騨は森林資源が豊富で、豊かな国だった。地理的には富山と一緒になってもおかしくないが、富山県は石川県の一部だったので、そうはならなかった。

 江戸時代には鈴鹿峠を越える東海道が東西を結ぶ幹線交通網となったが、明治以降、東海道本線や新幹線が岐阜県を通ることになり、また、名神高速道路も県内を通ったため、産業が発展した。

 最初に紹介した大野伴睦は明治大学を中退し、立憲政友会の院外団に属していた。院外団とは自警団を兼ねた武闘秘書グループのようなものだ。岸首相から後継とする念書を取ったにもかかわらず裏切られ副総裁にとどまったが、義理人情の厚さから伝説的な存在として高い評価を今

日でも得ている。「猿は木から落ちても猿だが、政治家はただの人」という名言で知られ、野党にもファンが多かった。

野田卯一（建設相）は元大蔵事務次官で、野田聖子の祖父。野田聖子は帝国ホテルに勤務した後、岐阜県会議員となり、衆議院選挙には二度目の挑戦だった平成6年（1993）の総選挙で当選。平成10年（1998）には小渕内閣で、当時閣僚史上最年少37歳10ヵ月で郵政相に就いた。郵政法案に反対して離党したが復帰して安倍内閣で総務相。

【歴代知事】

初代公選知事の武藤嘉門（1947年）は、外務大臣や通産大臣をつとめた武藤嘉文の祖父である。名前がよく似ているので紛らわしい。山県郡の出身で、各務郡鵜沼の酒造家の養子となった。東京法学院（現中央大学）を卒業して家業を継ぎ、県議、代議士。旧民主党系の支持を受け、77歳の高齢にもかかわらず出馬し、官選知事で自由党や社会党が推す桃井直美（のちに高知県知事）を破った。最初の公選知事の中で最高齢であり、退任したときは88歳。財政健全化のため企業経営的手法を取り入れ国の補助金をあえて積極的には求めず、議会への根回しもしないという手法を取ったが、1期目の終わりには方向転換した。

武藤の不出馬を受けた選挙では、後継者を破って大野伴睦ら自由党に推された松野幸泰（1958年）が当選。自民党議員の棚橋泰文の祖父である。穂積町に生まれ名古屋育英商業卒業後に村議、県議。新幹線の駅を岐阜市寄りに建設することを主張して大野と対立。県庁移転や道路建設に力を入れた。

松野を破ったのは自民党代議士だが社会党に支持された平野三郎（1966年）。平野は郡上郡八幡町（現郡上市）の出身、慶應高等部中退後、林業を経営し商工会議所会頭もつとめた。教育日本一を目指して予算を増額し、中央自動車道が開通。飛騨高山の観光地としての整備が進んだ。だが、平野は汚職事件で失職し、岐阜市長だった上松陽助（1977年）が当選。上松は東京大学を卒業後、日鉄鉱業を経て応召、戦後は岐阜市役所に入り、市長に就任した。上松の在任中は東海北陸自動車道が着工され、治水対策や生活基盤、文化施設の充実が図られた。

梶原拓（1989年）は、建設官僚で都市局長から後継者含みの副知事

となっていた。続々とスター知事が登場した1980年代に比し、90年代はバブル崩壊による経済不振もあって、一段落した感があり、スター知事不在の時代であったが、その中で、全国的にも話題になることが多い存在となり全国知事会会長もつとめた。とくに熱心だったのが、首都機能移転問題で東濃地域への誘致を図った。大垣などを中心にIT産業の振興を図り、美濃焼の伝統を生かした工芸、文化などの振興にも積極的に取り組んだ。

その後継者として選ばれた古田肇（2005年）は東京大学法学部から昭和46年（1971）に通産省入りし、ENA（フランス国立行政学院）留学、ジェトロニューヨーク事務所産業調査員を経て、川口外務大臣のもとでの省庁間交流で外務省経済協力局長に。高校生時代に岐阜国体の最終ランナーだった。村山首相の秘書官をつとめた。

ところが、古田の就任の後、間もなく県庁の裏金問題が噴出した。前知事時代に県庁内の総点検を実施したところ、大量の裏金が発見されたので、とりあえず職員組合が保管したままになり、しかも使い込みもあったことが明らかになり、その返還にOBが当たるとともに、知事部局と教育委員会も合わせた県庁の全職員の56・7％にあたる4379人が処分された。航空宇宙産業を成長分野として重点的に振興。さらに、「清流の国ぎふ」の魅力的な地域資源を、国内外のクリエイターや研究者といった多様な人材と共創しながら、世界へ向けて発信している。

【こんな政治家も】

武藤嘉文（外相・通産相）の祖父は初代知事の武藤嘉門。京都大学を卒業後、家業の造酒業を営みながら代議士となり、政策通として知られ、農水相、通産相、外相、総務庁長官を歴任した。

【最近の衆参議員選挙の状況】

◇**第1区**：野田総務相は帝国ホテルに勤務後、県議。'90年に無所属で出馬し、落選、'93年に自民党の公認を得て当選。37歳で郵政相に抜擢された。'05年、郵政民営化法案に反対したため、佐藤ゆかりを刺客に送り込まれたが、佐藤を破っている。翌年、自民党に復党。祖父は野田卯一元建設相。'09**柴橋正直**（民）。'12**野田聖子**（自）。'14**野田聖子**（自）。

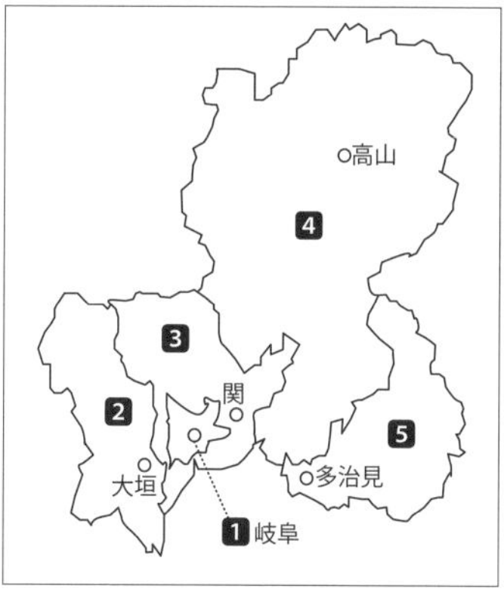

'17㊟ 野田聖子（自⑨）103,453、次 吉田里江（無）43,688。

◇第２区：棚橋内閣府特命担当大臣（科学技術政策ほか）は弁護士で通産官僚、'93年に無所属で出馬するも落選、'96年、自民党公認を得て初当選。'09 棚橋泰文（自）。'12 棚橋泰文（自）。'14 棚橋泰文（自）。'17㊟ 棚橋泰文（自⑧）117,278、次 森桜房義（共）38,270。

◇第３区：武藤は会社勤務・経営を経て、父の武藤嘉文元外相の秘書をつとめた。'09 園田康博（民）。'12 武藤容治（自）。'14 武藤容治（自）。'17㊟ 武藤容治（自④）127,308、次 阪口直人（希）68,404。

◇第４区：金子は父の金子一義国交相の秘書をつとめ、地盤を引き継いだ。祖父は金子一平元蔵相。'09 金子一義（自）。'12 金子一義（自）。'14 金子一義（自）。'17㊟ 金子俊平（自）107,473、比復 今井雅人（希）92,370。

◇第５区：古屋元国家公安委員長は母方の伯父古屋亨元自治相の養子になり、古屋姓を名乗る。保険会社に勤務後、養父の秘書。'09 阿知波吉信（民）。'12 古屋圭司（自）。'14 古屋圭司（自）。'17㊟ 古屋圭司（自⑩）92,113、次 阿知波吉信（希）57,982。

◇参議院（定数１）:2012年、定数２から１に。渡辺は松下政経塾に学び、県議。大野は全日本空輸に勤務後、父の大野明運輸相の秘書を経て、県議。

'07 藤井孝男（無）、平田健二（民）。'10 渡辺猛之（自）、小見山幸治（民）。'13㊟ 大野泰正（自①）500,580、次 吉田里江（民）218,074。'16㊟ 渡辺猛之（自②）531,412、次 小見山幸治（民）389,681。

静岡県（駿河・遠江・伊豆の大部分） 不人気に耐えて進めた地震対策

> よそ者にもチャンスを与える開放性が政治の世界でも顕著だ。石橋湛山元首相は、日蓮宗の高僧の子で東京で生まれ、身延山がある山梨県が本拠だったが、選挙に出るときにたまたま支援者がいた沼津市を基盤にした。同じく県東部を選挙区とする細野豪志や川勝知事は京都府出身だ。

【県の概要】

　静岡県は、駿河、遠江、伊豆の3国からなるが、歴史的にも関東地方と一体化してきた地域である。駿河は文字どおり早い川の流れが語源という説が多い。遠江は浜名湖にちなむ。琵琶湖がある近江に相対している。「出ず」というのが伊豆の語源で、半島が突き出ているとか、温泉の湯が出ることだとかいわれている。

　室町時代、足利一族の今川氏は駿河守護の地位にあったが、遠江については斯波氏と争っていた。

　江戸が無血開城された後、新政府は最後の将軍である慶喜に対して関東に移る前の徳川家の居城であり、天領で空き城だった駿府への謹慎を命じた。災難だったのは駿河・遠江の小大名たちで、それぞれ房総半島の寒村に移されてしまった。

　駿府というのは、駿河府中の略称で、地元では府中といっていたし、東海道五十三次も府中宿である。ところが同音異義にしても、府中では「不忠」に通じ、微妙な立場にある徳川家としては誤解を招きかねない。そこで、市街地北方にある賤機山にちなんで賤ヶ岳としようという案が出て、静岡という表記にした。遠江国が浜松県、駿河国が静岡県、伊豆国は相模国とともに足柄県だったのが、明治9年（1876）に伊豆が静岡県に入り、引き続き、浜松県も吸収された。

　「下駄が遠江では前から駿河では後ろからへる」といわれるが、県内でも浜松周辺の方が産業の集積があって、都市圏としての人口集積も静岡周辺に負けないので、遠江への配慮が県政にとって課題であり続ける。

　細野豪志は京都府生まれだが、滋賀県の彦根東高校、京都大学法学部を経て三和総研入りし、民主党の公募候補として三島市を中心とする旧

静岡7区に落下傘で登場。女性アナウンサーとの不倫スキャンダルで窮地に立ち、選挙区区割り変更もあったにもかかわらず、小選挙区で絶対的な強さを見せている。

【歴代知事】

小林武治（1947年）は長野県生まれ。旧制五高で池田勇人・佐藤栄作と机を並べ、東京大学卒業後は逓信省入りした。逓信院次長などを経て官選の静岡県知事となる。翌年の知事選当選後、三方原用水計画・南富士地帯開発計画・大井川用水促進計画の「開拓三大計画」を手掛けた。2期目には出馬せず、参議院議員に転じ、厚相や郵相をつとめた。

斎藤寿夫（1951年）は富士市の生まれ。京都大学から内務省入りし、静岡県民生部長をつとめ、小林武治を押しのけ、知事となった。佐久間ダム、伊豆スカイライン、田子の浦港の建設などをした。とくに、佐久間ダムは米国の技術や重機を活用した画期的なもので、巨大ダム開発の先駆となった。

竹山祐太郎（1967年）は現在の磐田市に生まれ、東京大学農学部を卒業。農商務省に技官として入り日本協同党から代議士となり、鳩山内閣では建設相。田子の浦港のヘドロ公害の解決に取り組み、浜松医科大学を誘致した。参議院議員だった山本敬三郎に禅譲するために、任期切れを待たずに退任。長男の竹山裕は小渕内閣の科技庁長官。

山本敬三郎（1974年）は伊豆半島賀茂郡の富豪で、東京大学で学び、三井物産などで勤務した後に県議、参議院議員。自身が資産家であることから利権には自由だったとされ、中庸を得た施策展開だった。「静岡は危険な地域だと公言するに等しい」という反対をものともせず、「大規模地震対策特別措置法」や「地震対策事業財政特別措置法」を制定させ、学校の耐震化、避難路整備、津波対策の海浜堤防強化策などにつとめるなど「地震他事」と呼ばれている。

斉藤滋与史（1986年）は大昭和製紙の創業者である斉藤知一郎の次男で、ワンマン経営者として知られた了英の弟として静岡県に生まれた。代議士の斗志二の叔父。夫人は豊田喜一郎の娘である。大昭和製紙副社長、富士市長を経て、代議士となり、鈴木善幸内閣の建設大臣となる。浜松テクノポリスの整備を図ったのをはじめ、静岡空港などさまざ

まなプロジェクトに手を染めたが、結実したのは後任者になってからのものが多い。病気のため任期途中で退任。

石川嘉延（1993年）は現在の掛川市の出身。東京大学から自治省入りし、静岡県総務部長、行政局公務員部長をつとめた。派手さはないが、組織のフラット化、職員数の削減などに取り組み「新公共経営」を全国に先駆けて導入した。健康増進や医療の充実にも熱心に取り組んだ。

静岡文化芸術大学の学長で歴史学者の川勝平太（2008年）は「富国有徳しずおかの挑戦」のキャッチコピーを提唱し、知事になった。京都出身で早稲田大学。民主党などに推され自公の候補者を破った。中国や韓国との交流を推進している。また、批判もあったが静岡空港への乗り入れ推進に努力。韓国の忠清南道との交流に熱心。

【こんな政治家も】

勝間田清一（社会党委員長）は今川氏と遠江の覇権を争った名族の出身で、1940年に出された「経済新体制確立要綱」に対して小林一三商工大臣らの財界人らが「赤化思想の産物」と攻撃し、平沼騏一郎内相が指揮して若手革新官僚を大量逮捕した「企画院事件」の主要人物の一人。熊谷弘は通産官僚で小沢一郎側近として細川政権の通産相、羽田政権の官房長官だったが、小沢と対立し、保守新党の党首となったが選挙違反に、連座し引退。ただし、野田首相が落選時に面倒をよく見ていたこともあり、政治のお師匠さんというべき存在の一人といわれる。

【最近の衆参議員選挙の状況】

◇第１区：上川法相は三和総研元研究員、米国上院議員の政策スタッフをつとめた。'00年、無所属で初当選。青山は弁護士。**'09 牧野聖修（民）。'12 上川陽子（自）。'14 上川陽子（自）。'17㊫上川陽子（自⑥）96,500、**[次]**小池政就（希）56,086、**[比復]**青山雅幸（立①）38,531。**

◇第２区：井林は国交官僚。**'09 津川祥吾（民）。'12 井林辰憲（自）。'14 井林辰憲（自）。'17㊫井林辰憲（自③）130,857、**[次]**松尾勉（希）75,771。**

◇第３区：宮沢は東大卒業後、派遣社員など、様々な職を経験後、磐田市議。**'09 小山展弘（民）。'12 宮沢博行（自）。'14 宮沢博行（自）。'17㊫**

静岡県

宮沢博行（自③）97,923、次小山展弘（無）81,568。

◇第4区：望月元環境相は清水市議、県議。'11年、比例区選出の大村秀章が県知事に出馬し、衆議院議員を辞職し、次点の望月が繰り上げ当選。'09田村謙治（民）。'12望月義夫（自）。'14望月義夫（自）。'17当望月義夫（自⑧）96,243、次田中健（希）57,581。

◇第5区：細野元環境相は三和総研元研究員。民主党幹事長、政調会長などをつとめた。'09細野豪志（民）。'12細野豪志（民）。'14細野豪志（民）。'17当細野豪志（希⑦）137,523、次吉川赳（自）92,467。

◇第6区：渡辺元民主党政調会長は読売新聞社に勤務し、県議。旧民主党結党に参加。父は元沼津市長、元衆議院議員。勝俣はスルガ銀行に勤務。'09渡辺周（民）。'12渡辺周（民）。'14渡辺周（民）。'17当渡辺周（希⑧）108,788、比復勝俣孝明（自③）108,157。

◇第7区：城内は外務官僚、'03無所属で出馬し、当選。郵政民営化法案に反対し、'05年、片山さつきを刺客に立てられ、落選。その後、柘植大学客員教授をつとめた。'09城内実（無）。'12城内実（自）。'14城内実（自）。'17当城内実（自）129,463、次福村隆（希）29,905、比復日吉雄太（立）26,383。

◇第8区：塩谷元文科相は財団法人の設立・運営に関わった。父は衆議院議員。源馬は日本紛争予防センターに勤務、県議。'09齋藤進（民）。'12塩谷立（自）。'14塩谷立（自）。'17当塩谷立（自⑨）101,858、比復源馬謙太郎（希）78,524。

◇参議院（定数2）：岩井は建設会社勤務後、参議院議員であった父の秘書をつとめた。平山はNHK静岡放送局元キャスター。牧野はテレビ静岡元記者、県議。榛葉民主党参議院国対委員長は菊川町議をつとめた。父は県議で菊川町長。

'07榛葉賀津也（民）、牧野京夫（自）。'09補欠 土田博和（民）。'10岩井茂樹（自）、藤本祐司（民）。'13当牧野京夫（自②）634,789、当榛葉賀津也（民）458,095、次鈴木唯記子（みんな）187,055。'16当岩井茂樹（自②）747,410、当平山佐知子（民①）691,687、次鈴木千佳（共）172,382

【コラム】シュンペーターはこういった

20世紀オーストリアの経済学者ヨーゼフ・シュンペーターによれば、民主主義は政治家を選挙で選ぶ制度であり、民衆が投票するのは、政策を自分たちで決めるためではないとされる。シュンペーターは著書『資本主義、社会主義、民主主義』で、以下のように述べている。

「民主主義という言葉の意味しうるところは、わずかに人民が彼らの支配者たらんとする人を承認するか拒否するかの機会を与えられているということのみである」。

確かに、現在の日本のような間接民主主義において、有権者は政治家の選出を行う際に、わずかに政治に関わるのみで、具体的な政治的決定権を持っているわけではない。シュンペーターは民主主義を民衆の政治とする一般的な通念を否定し、民主主義が民衆に政治参加の権利を認めていると捉えることは、民主主義の誇大解釈に過ぎないと指摘している。

そのうえで、シュンペーターはこういっている。「民衆には個々の政策決定に関わる能力はないが、そのような政策決定をなす能力を持つ指導者となり得る人材を、選挙で定期的に選ぶ能力ならば、充分に備えている」。

民主主義において、有権者の役割は政治的判断を下したり、政策を立案することではなく、選挙で「能力を持つ政治家」を選ぶことである。その役割を充全に果たすために、政治的リテラシー(知見)を磨くことはできる。シュンペーターは民主主義において、有権者の果たすべき役割を過大にも過小にも評価するのではなく、実態に即した実現可能な範囲で捉えた。

(宇山卓栄)

愛知県 （尾張・三河） 戦後の公選知事を代表する一人だった桑原幹根

河村たかしは尾張藩士の子孫で、一橋大学を卒業後、家業の古紙回収業に従事。日本新党の県議から代議士となり、新進、民主党に属した。平成21年に名古屋市長となり、減税を訴え、政治家の経済的待遇の切り下げを主張する。人気の秘密は名古屋弁を駆使するキャラクターにある。名古屋城天守閣の木造での復元に取り組んでいる。南京事件の真相を究明することを主張し、姉妹都市の南京市とは摩擦になった。

【県の概要】

「中京」というと名古屋とその周辺を指すことがある。大正12年に高校野球の強豪である中京商業が開校したのが「中京」が世に出た最初だといわれる。京都のことを西京と呼ぶこともあるなら中京があってもよかろうということだった。昭和5年（1930）までは、名古屋城の本丸御殿が離宮として使われていたことも「京」を名乗る理由付けとなった。

名古屋城がある地域は、中世に「那古野荘」という荘園があった。名古屋という表記は明治になってから統一されたものだ。織田時代から城はあったが、徳川家康が水害に弱い清洲から尾張藩62万石の居城としたことで尾張の中心となった。愛知県の名は、このあたりが愛知郡であることに基づく。

尾張国は古代の有力豪族である尾張連の勢力圏で、大和葛城地方出身ともいわれるこの氏族の名から来ているともいわれるが不明。熱田神宮には、三種の神器の一つである「草薙の剣」がある。

三河国は、男川、矢作川、豊川の三つの川に由来するとも、「御川」の意味だともいう。

江戸時代には、尾張と美濃の一部は御三家に支配され、三河は小大名の領地が錯綜していた。明治5年（1872）に愛知県（尾張の大部分）と額田県（三河国と尾張の知多半島）が一緒になって、現在の愛知県が成立した。

名古屋城の天守は、2世紀半にわたって日本最大であった。明暦の大火（1657年）で江戸城の寛永天守が焼けてから大阪城に鉄筋コンクリートの天守閣が再建された昭和6年（1931）までの間である。

愛知県庁はその城内にある。名古屋市役所と並んで立っているのだが、いずれも木目調タイル張りの鉄筋コンクリート造りに瓦屋根が乗る「帝冠様式」の傑作なので、お城と渾然一体となって見事である。

新政府下、名古屋は順調に発展し、昭和の初めからは「中京」という通称も定着していった。戦災で町は灰燼に帰したが、愛知県と名古屋市の戦災復興事業は全国でも優等生といわれた。

トヨタなど民間大企業が強いので、かつては、大阪府と並ぶ民社党の金城湯池だった。委員長だった春日一幸は、人情あふれる現実的な政治家で、「理屈は後から貨車で付いてくる」という明言を残している。

海部俊樹（首相）は尾張藩士の子孫で三木武夫首相の側近であり、早稲田大学雄弁会出身者の中でも最高の話し手だった。総理になったが、小沢一郎から「神輿は軽くてパーがいい」と揶揄され、精彩がないままで終わった。

【歴代知事】

桑原幹根（1951年）は、山梨県に生まれ、東京大学を経て内務省入りし、東京商工会議所理事や東北興業総裁を経て官選の愛知県知事となった。大物官僚として声望も高く、第1回の公選にも多くの支持を得て立候補しようとしたが、公職追放され、後任の官選知事だった青柳秀夫（1947～51）が身代わり立候補の形で出馬し当選した。官選知事が初代の公選知事になった例は多く、いったん辞職し、別の人物が最後の官選知事となって、改めて選挙後に復帰する。ただし、愛知県では以上のような事情により、最後の官選知事がそのまま初代の公選知事となった。青柳は群馬県の出身で、東京大学から銀行入りした後に内務省につとめ、愛知県部長として赴任した。新制大学の発足、第5回国体の開催などを行った。4年後の選挙では、追放解除された桑原のために身を引いた。

桑原幹根は、愛知県の名知事であるというだけでなく、さまざまな意味において、戦後生まれの公選知事の先駆的モデルとして広く手本とされた。木曽川の水を知多半島へ導く愛知用水を、公団を設立し世界銀行からの借款で実現したこと、伊勢湾台風後の復興を百年の計を念頭に置きながら前向きに進めたこと、名古屋港の整備や新日鐵東海工場の立地

愛知県

を大胆な優遇策を講じて進め、産業構造の転換に成功したこと、トヨタに対して徹底したバックアップを行い、県内の道路を整備し自動車王国を築いたこと、文化政策を重視し大都市圏にふさわしい基盤をつくったこと、高い教育水準を実現したこと、自治体外交にも熱心に取り組んだことなど、実に多くの実績を上げた。

後継者となったのは、教育長から副知事になった仲谷義明（1975年）。名古屋市内の商家に生まれ、東京大学から自治省入りしたが愛知県庁に移籍した。名古屋オリンピック誘致計画を発表し、県民の大方の支持も得て順調な招致活動が進められたが、政府への周到な根回しが不足し、国をあげてのバックアップを受けたソウルに逆転される結果となった。

鈴木礼治（1983年）が後任となった。生え抜きの副知事で三重県桑名市出身。仲谷は名古屋オリンピック開幕予定日だった1988年11月18日に自殺した。鈴木は万博誘致に乗り出し、在任期間の後半はほとんど誘致活動に精力をつぎ込んだ。

鈴木の後任には、中央大学出身の弁護士で一宮市長として優れた手腕を発揮していた神田真秋（1999年）が当選。弁護士としてさまざまな意見を聞き、思慮深い決定と行動で、反対派の抵抗にあいながらも、万博誘致に成功した。2005年には愛・地球博と中部空港の開港という二大プロジェクトを大成功に導いた。

大村秀章（2011年）は碧南市生まれで東京大学から農水省、自民党代議士。河村党として愛知県政界を席巻し、党派は違うが、テレビ番組出演の仲間だった河村たかしの支援を受けた。この知事選挙では、自民党が自治官僚の重徳和彦、民主党が同じく自治官僚の御園慎一郎、みんなの党が医師の薬師寺道代、共産党が土井敏彦を支持して大乱戦だった。当選後の大村は河村とはつかず離れずの距離感を保っている。「国家戦略特区（地方創生特区）」に指定された。道路（有料道路コンセッション）、教育（愛知総合工科高校専攻科の公設民営）などを実現し、外国人雇用特区（産業人材）、農業分野への外国人材の受入拡大、医療ツーリズム推進のための規制改革、水素スタンドにおけるセルフ充填の可能化などを提案している。

【こんな政治家も】

豊橋出身の村田敬二郎（通産相）は自治官僚で桑原幹根の愛弟子だった。首都移転論を一貫して唱え続け、「国会党移転に関する法律」を議員立法で実現した。作詞を趣味とする文学青年で「日本のアンドレ・マルロー（フランスの作家で文科相）」たらんとしていた。

【最近の衆参議員選挙の状況】

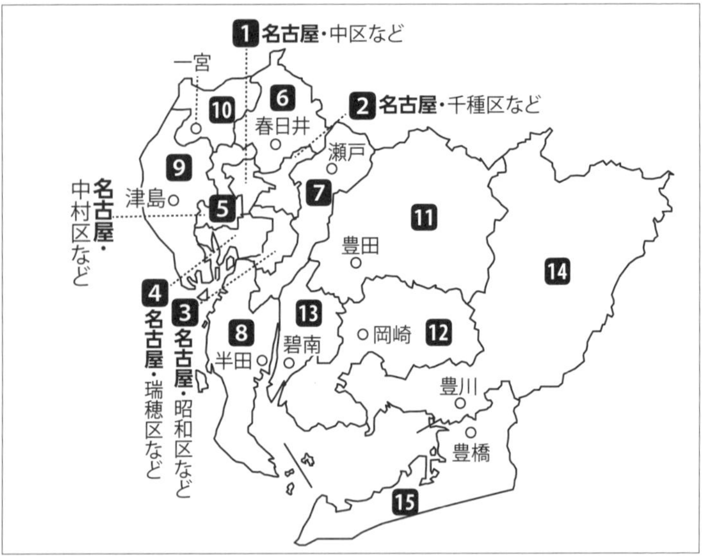

◇第１区：熊田は海部俊樹元首相の秘書を経て、県議、県議会議長。吉田は医師。'09 **佐藤夕子**（民）。'12 **熊田裕通**（自）。'14 **熊田裕通**（自）。'17 [当] **熊田裕通**（自③）74,298、[比復] **吉田統彦**（立②）57,780。

◇第２区：古川希望の党幹事長は財務官僚、旧民主党結党に参加。内閣府特命担当大臣（経済財政政策ほか）をつとめた。田畑は日本銀行に入行後、行政書士を開業。'09 **古川元久**（民）。'12 **古川元久**（民）。'14 **古川元久**（民）。'17 [当] **古川元久**（希⑧）99,520、[比復] **田畑毅**（自③）71,600。

◇第３区：近藤は中日新聞社に入社、父は名古屋市議。池田は会社経営者、日本青年会議所元会頭。'09 **近藤昭一**（民）。'12 **池田佳隆**（自）。'14

近藤昭一（民）。'17[当]近藤昭一（立⑧）98,595、[比復]池田佳隆（自③）76,220。

◇第4区：工藤は代議士秘書を経て、名古屋市議。牧は防衛庁広報紙記者をつとめ、鳩山邦夫の秘書なった。'09 牧義夫（民）。'12 工藤彰三（自）。'14 工藤彰三（自）。'17[当]工藤彰三（自③）76,446、[比復]牧義夫（希⑥）63,207。

◇第5区：赤松元農水相は日本通運に勤務後、県議。'90年に初当選し、社会党書記長をつとめた。'96年に社民党を離党し、旧民主党に参加。神田は税理士。'09 赤松広隆（民）。'12 神田憲次（自）。'14 赤松広隆（民）。'17[当]赤松広隆（立⑩）91,081、[比復]神田憲次（自③）72,651。

◇第6区：丹羽は高村正彦の秘書をつとめた。祖父は丹羽兵助元労働相。'09 石川芳弘（民）。'11[補欠]丹羽秀樹（自）'12 丹羽秀樹（自）。'14 丹羽秀樹（自）。'17[当]丹羽秀樹（自⑤）114,894、[次]森本和義（希）75,069。

◇第7区：山尾は検察官出身。不倫疑惑が週刊誌で報じられて、民進党幹事長の内定が取り消された。無所属で出馬し、共産党が支援にまわった。選挙後、立憲民主党に入党。鈴木は松下政経塾に学び、瀬戸市議をつとめた。'09 山尾志桜里（無）。'12 鈴木淳司（自）。'14 山尾志桜里（無）。'17[当]山尾志桜里（無③）128,163、[比復]鈴木淳司（自⑤）127,329。

◇第8区：伊藤は電通に勤務し、武村正義らの秘書を経て、県議。'09 伴野豊（民）。'12 伊藤忠彦（自）。'14 伊藤忠彦（自）。'17[当]伊藤忠彦（自④）108,477、[次]伴野豊（無）106,625。

◇第9区：長坂は海部俊樹の秘書を経て、県議。岡本は医師。'09 岡本充功（民）。'12 長坂康正（自）。'14 長坂康正（自）。'17[当]長坂康正（自③）104,419、[比復]岡本充功（希⑤）89,908。

◇第10区：江崎内閣府特命担当大臣（沖縄および北方対策ほか）は父の江崎真澄通産相の秘書を経て、学校法人の理事をつとめた。新進党、自由党、保守党などを経て、自民党へ。'09 杉本和巳（民）。'12 江崎鉄磨（自）。'14 江崎鉄磨（自）。'17[当]江崎鉄磨（自⑦）88,171、[次]安井美沙子（希）66,560、[比復]杉本和巳（維）44,258。

◇第11区：古本はトヨタ自動車に入社し、労働組合活動に従事、トヨタ労組の支援を受ける。八木は会社勤務後、豊田市議、市議会議長。'09 古本伸一郎（民）。'12 古本伸一郎（民）。'14 古本伸一郎（民）。'17[当]古本

伸一郎（希⑥）134,698、比復 八木哲也（自③）96,978。

◇第12区：重徳は総務官僚、'11年、県知事選に自民党の推薦を受け出馬したが、大村秀章に敗れた。'16年に民進党に入党。'09 中根康浩（民）。'12 青山周平（自）。'14 重徳和彦（維）。'17当 重徳和彦（無③）149,587、次 青山周平（自）104,811。

◇第13区：大西は参議院事務局に入局、馬淵澄夫の政策秘書、'09年に大村秀章を破り、初当選。大村は比例復活。大見は代議士秘書を経て、安城市議、県議。'09 大西健介（民）。'12 大見正（自）。'14 大西健介（民）。'17当 大西健介（希④）116,471、比復 大見正（自③）109,581。

◇第14区：今枝は医師、'12年に鈴木克昌を破り、初当選。'09 鈴木克昌（民）。'12 今枝宗一郎（自）。'14 今枝宗一郎（自）。'17当 今枝宗一郎（自③）96,303、次 田中克典（希①）60,955。

◇第15区：根本は株式会社リクルートに勤務し、国会議員秘書を経て、豊橋市議。関はNHK元記者。'09 森本和義（民）。'12 根本幸典（自）。'14 根本幸典（自）。'17当 根本幸典（自③）95,568、比復 関健一郎（希）77,224。

◇参議院（定数4）:'16年に定数3から4。藤川は扶桑町教育委員会勤務を経て、県議。齋藤は小学校教諭を経て、県教員組合執行委員長。里見は厚労省官僚。伊藤はリクルートなどの会社勤務を経て、大学非常勤講師。酒井は会社勤務を経て、刈谷市議、県議。大塚民進党代表は日本銀行出身。薬師寺は医師。'07 大塚耕平（民）、鈴木政二（自）、谷岡郁子（民）。'10 藤川政人（自）、斎藤嘉隆（民）、安井美沙子（民）。'13当 酒井庸行（自①）1,056,145、当 大塚耕平（民）③741,598、当 薬師寺道代（みんな①）347,411、次 本村伸子（共）271,278。'16当 藤川政人（自②）961,096、当 斎藤嘉隆（民②）575,119、当 里見隆治（公①）531,488、当 伊藤孝恵（民①）519,510、次 須山初美（共）302,489。

当 岩井茂樹（自②）747,410、当 平山佐知子（民①）691,687、次 鈴木千佳（共）172,382

三重県（伊勢・伊賀・志摩・紀伊の一部）

ジャスコの御曹司が総理候補になるまで

憲政の神様といわれた尾崎行雄は、神奈川県相模原市生まれだが、官吏だった父親が伊勢市を永住の地として選んだことから、ジャーナリストから政治家に転身するにあたってここを選挙区とした。1953年の「吉田茂首相のバカヤロー」解散による総選挙で落選するまで当選25回・議員勤続63年もつとめた。

【県の概要】

四日市市は人口や経済力でも県庁所在地の津市を上回るが、実は三重県という県名も四日市が属する三重郡から来ている。一時期、ここに県庁があったからである。明治4年（1871）に現在の三重県南部は山田（伊勢市）を県庁とする度会県と津にあった安濃津県になったが、翌年に津から四日市に県庁が移り三重県を名乗った。その翌年に県庁は、津に戻ったが、県名はそのままとされた。それが明治9年になって度会県と合併して現在の三重県となった。

四日市は天領の宿場町で近江甲賀郡信楽にある多羅尾代官所の支所が置かれていた。海軍燃料廠から工業都市として発展し、最近ではイオン・グループの岡田卓也と息子で民主党代表だった克也の出身地としても知られる。

三重県は、伊勢・伊賀・志摩の三国に紀伊国の一部が加わる。紀伊については和歌山県の項で詳しく書くが、紀伊半島南部の牟婁郡のうち北部が三重県に入った。尾鷲が中心都市で県内では南紀と呼ぶ。

伊勢国は磯であるとか、国神の伊勢津彦の名による、五十鈴川と関連があると諸説あるが、不明である。垂仁天皇のときに内宮が移ってきた。外宮はもともと丹後にあった。現在では内宮がメインになっているが、江戸時代の伊勢参りは外宮が主だった。宇治山田市と呼ばれていたが昭和29年（1954）、伊勢市に改称された。

津市は中世にあっては安濃津と呼ばれる良港だったが、室町後期の大地震で遠浅になって港としての機能を喪失した。藤堂氏の32万石（津藩）の城下町である。

東海道が通っていたが、軍事的には古代から関ヶ原を通る中山（東

山)道が重要だった。しかし、徳川幕府が東海道を重視したので、以降、街道近辺は賑わった。桑名と宮（熱田）の間は七里の渡しで結ばれた。

明治になって東海道本線が、戦後、新幹線や名神高速道路が関ヶ原を通り、メインルートから外れた。四日市は旧海軍の施設が戦後、コンビナートとなって発展したが、深刻な大気汚染が生じた。

伊勢神宮には毎年の正月に総理が参拝するが、これは佐藤栄作首相からのもので古い習慣ではない。

現在の三重県では、旧民主党系が全国より強力である。言うまでもなく、岡田克也の背後にあるイオン・グループの力ゆえであろう。中選挙区時代に、岡田は山本幸雄から地盤を譲られ立候補した。平成2年（1990）と平成5年（1993）の選挙では北川正恭とも同じ選挙区だった。

【歴代知事】

青木理（1947年）が官選知事らを押さえて当選した。東京大学を卒業後、実業界入りし、地元の井関製糸の専務をつとめた。津における大胆な道路開発、海軍工廠だった四日市の特定港湾指定などが行われ、発展への基礎が築かれた。

青木の3選を阻んだのは、四日市市出身で農林省技官出身の田中覚（1955年）。東京大学農学部を卒業後、農林省入りし、三重県に出向した。本省に復帰したが、その2年後の知事選挙に出馬。1959年の伊勢湾台風の復旧は困難をきわめたが、これを機会に標準軌と狭軌が混在していた近畿日本鉄道線路の幅の統一に踏み切り、名阪直通運転を実現した。観光などの発展に貢献するなど、交通インフラの整備が進んだ。大気汚染に伴う四日市ぜんそくの発生という大問題も生じた。

国政進出のために5期目の途中で辞任した田中の後任は、自民党の推す四日市市長を破った元副知事の田川亮三（1972年）。神奈川県生まれで京都大学から農林省。田中が農林省からスカウトして県庁職員とし副知事にまで登用したが、後継狙いと受け取れる失言で失脚し、民社党から総選挙に出るつもりだった。強力な支持母体となったのは、県教組や漁連関係者などでこうした団体の力はたいへん大きなものになった。2期目からは自民も支持し無風で過ごし、福祉、環境、ハイテク企業誘

致、リゾート構想の推進、箱物施設の整備などに取り組んだ。

　田川の任期途中辞任に伴う選挙では、副知事として評価が高かった尾崎彪夫が出馬したが、行政改革が課題になっている時代の風に乗って、新進党代議士を辞職した北川正恭（1995年）が当選した。県北の北川に対する県南の尾崎という色分けも鮮明だった。早稲田大学卒業後、短期間のサラリーマン生活ののち、27歳で県会議員に当選している。中選挙区でジャスコ・グループの巨大な力と戦う中で得た草の根感覚が役に立った。情報公開や政策評価システムの採用で、全国的にも改革派知事として注目された。

　北川は3期目には出馬せず、元代議士の野呂恭一の子で、慶応大学工学部出身で元代議士で松阪市長の野呂昭彦（2003年）が当選した。財務省から出向して総務部長をつとめたことがある村尾信尚（現テレビキャスター）らを押さえて圧勝した。北川路線を継承しつつも、実質的に成果を上げることに重点を置くべきだとしたのが野呂である。松阪市長として、しかるべき実践を伴っていたのも、有権者を説得しやすかった。グルメ素材に恵まれている地域の特性を生かし、「美し国三重」をキャッチコピーにして観光をアピールした。だが、息子の覚醒剤事件のために3期目の立候補はしなかった。

　鈴木英敬（2011年）は、祖父の出身地は鈴鹿市だが、兵庫県出身。東京大学から通産省に入省、総選挙に三重2区から自民党公認で立候補するが落選。知事選では自公などが推して、民主が推す松田正久津市長を破って当選。夫人は妻は元シンクロ五輪メダリストの武田美保。イクメンとして話題になった。2016年には伊勢志摩サミットが開催された。「三重で学び働く」「三重で育む」「三重を強く豊かに」「三重で生きる」「三重で躍動する」「三重が選ばれる」をスローガンにしている。

【こんな政治家も】

　松阪市を地盤としていた田村元の父である田村鈴も代議士だったが、元は慶應大学を卒業し30歳の若さで当選し、衆議院議長となった。弟が経営する日本土建は三重県下の公共事業の取りまとめに力を発揮し、県政にも強い影響力を誇った。現在は甥の田村憲久が継ぎ、第二次安倍内閣で厚生労働相をつとめた。

【最近の衆参議員選挙の状況】

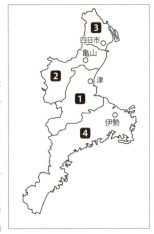

◇第1区：小選挙区区割り変更に伴い、川崎は1区から2区へ移行。田村は4区から1区へ移行。田村元厚労相は会社勤務後、伯父で元衆議院議長であった田村元の秘書を経て、地盤を引き継いだ。'09 中井洽（民）。'12 川崎二郎（民）。'14 川崎二郎（民）。'17 当 田村憲久（自⑧）109,584、次 松田直久（無）94,045。

◇第2区：中川元文科相は県議。'96年に新進党から出馬し初当選、翌年に旧民主党に入党。川崎元厚労相は松下電器産業に勤務、父は川崎秀二元厚生相。'09 中川正春（民）。'12 中川正春（民）。'14 中川正春（民）。'17 当 中川正春（無⑧）122,518、比復 川崎二郎（自⑫）104,780。

◇第3区：岡田元外相は通産官僚。イオンの創業者で父の岡田卓也の仲介で、'90年に自民党公認で初当選。'93年に羽田孜らとともに自民党を集団離党。新生党、新進党などを経て、'98年に民主党へ。'09 岡田克也（民）。'12 岡田克也（民）。'14 岡田克也（民）。'17 当 岡田克也（無⑩）147,255、次 島田佳和（自）63,406。

◇第4区：三ツ矢は国交官僚、'03年に藤波孝生元官房長官の地盤を引き継ぎ、初当選。'17年の小選挙区区割り変更に伴い、三ツ矢が5区から4区へ移行。'09 森本哲生（民）。'12 田村憲久（自）。'14 田村憲久（自）。'17 当 三ツ矢憲生（自⑥）99,596、次 藤田大助（希）68,978。

◇旧第5区：'17年の改正公職選挙法成立に伴い、廃止。'09 三ツ矢憲生（自）。'12 三ツ矢憲生（自）。'14 三ツ矢憲生（自）。

◇参議院（定数1）：芝は証券会社勤務後、神社に婿入りし神職に就き、その後、県議。吉川は会社勤務、三井住友銀行に勤務。'07 高橋千秋（民）。'10 芝博一（民）。'13 当 吉川有美（自①）373,035、次 高橋千秋（民）317,261。'16 当 芝博一（民③）440,776、次 山本佐知子（自）420,929。

<東海ブロック 定数21＞

◇自由民主党 223万7838票 8議席

勝俣孝明（3） 静岡6区 99.4、**鈴木淳司**（5） 愛知7区 99.3、**大見正**（3） 愛知13区 94.0、**川崎二郎**（12） 三重2区 85.5、**神田憲次**（3） 愛知5区 79.7、**池田佳隆**（3） 愛知3区 77.3、**八木哲也**（3） 愛知11区 71.9、**田畑毅**（3） 愛知2区 71.9、次 **青山周平**（70.0、党副部会長）愛知12区、次 **吉川赴**（67.2、元会社員）静岡5区。21議席目は、本来であれば立憲民主党に議席が割り当てられるはずであったが、すでに名簿登載者6名全員の当選が確定しており、当該議席は次点の自由民主党に割り振られ、田畑毅が当選。

◇公明党 78万1228票 2議席

大口善徳（8） 重複なし、**伊藤渉**（4） 重複なし、次 **中川康洋**（重複なし、党三重代表）。大口は大阪府大阪市出身。弁護士。'93年旧静岡1区から初当選。'96年には新進党から静岡1区で当選。'00年落選。'03年以降、比例東海ブロックで出馬。伊藤は愛知県名古屋市出身。JR東海に勤務。'05年に愛知4区から出馬予定だったが料理研究家の藤野真紀子が自民党から立候補したため、比例東海ブロックで初当選。

◇希望の党 144万5549票 5議席

岡本充功（5） 岐阜9区 86.1、**今井雅人**（4） 岐阜4区 85.9、**牧義夫**（6） 愛知4区 82.6、**関健一郎**（1） 愛知15区 80.8、**源馬謙太郎**（1） 静岡8区 77.0、次 **安井美沙子**（75.4、元参議院議員）愛知10区、次 **藤田大助**（69.2、法人代表理事）三重4区。

◇日本維新の会 29万7759票 1議席

杉本和巳（3） 愛知10区 50.1、次 **喜多義典**（重複なし、党職員）

◇立憲民主党 141万8633票 4議席

吉田統彦（2） 愛知1区 77.7、**青山雅幸**（1） 静岡1区 39.9、**日吉雄太**（1） 静岡7区 20.3、**松田功**（1） 重複なし。
松田は愛知県名古屋市。赤松広隆の秘書をつとめ、西春町議、北名古屋市議。

◇日本共産党 45万4970票 1議席

本村伸子（1） 重複なし、次 **島津幸広**（重複なし、党准中央委員）。本村は愛知県豊田市出身。父は長崎出身で被爆者。八田広子参議院議員の公設秘書をつとめた。

◇社会民主党 6万7445票 0議席
◇幸福実現党 3万8580票 0議席

三重 129

第8章 近畿

滋賀県(近江)

40年も続く武村正義とその後継者の王国

細川連立政権の官房長官や村山内閣の蔵相をつとめた武村正義は、1974年に労組連合の支持を背景に全国最年少知事として当選した。それ以来、県政では一貫して、その後継者たちが主導権を握っている。しかし、現在では衆参両院のすべての議席は自民党が占めており、構造変化が起きている。宇野宗佑は、守山市の造り酒屋の主人だったが、県議から首相にまで上り詰めた。

【県の概要】

近江の意味は都の近くにある湖である。県名の滋賀県は、対する語が遠江となる。県庁所在地である大津が滋賀郡に属することによる。

琵琶湖は滋賀県の面積の6分の1を占め、県民の琵琶湖に対する愛着は強く、その開発と環境保全が県政においても最大の課題である。

古代から天智天皇の大津京が置かれたり、比叡山延暦寺が創建されるなど栄え、織田信長は安土城を築き、太閤検地では陸奥国に次ぐ全国第二の大国であった。

ところが、江戸時代には、井伊氏の彦根35万石が県土の40%程度を占めたが、「商いに長けた」残りは小領主の領地に分かれた。また、開発余地はほとんどなかったので、商いに長けた「近江商人」が全国に進出し、人口流出が始まった。

明治になると海がないことから工業開発が低調で、昭和30年代まで衰退が続いた。しかし、昭和38年(1963)に名神高速道路が開通したのを機に、内陸型の工業開発が進み、大学の移転や住宅開発が進み、現在では一人あたりの所得や、人口の伸び率が東京と肩を並べている。「売り手に良し、買い手に良し、世間に良し」の「三方良し」をモットーとする近江商人に代表されるように、堅実で働き者のリアリストが多く、中流意識が強い。弾圧に負けない本願寺中興の祖、蓮如上人が逃れた近江には門徒が多く、農民自治が強固で「公権力何するものぞ」という風潮が古くからある。

このために政治家の世襲は少なく、知事など首長も新人に敗れることが多い。

滋賀県

【歴代知事】

公選初代の知事は、造酒家で戦前に代議士をつとめたこともある服部岩三（1947年）であったが、三選に失敗し、元農林大臣の森幸太郎（1954年）が取って代わった。しかし、側近政治が行き過ぎて一期で終わり、農協出身で社会党の支持を得た谷口久次郎（1958年）が就任した。

内務官僚から県職員に転じ副知事だった野崎欽一郎（1966年）は、琵琶湖総合開発などを積極的に進め人口も流入傾向に転じたが、オイルショックで開発事業が赤字化して批判が高まった。

そこで、労組主導の全野党協力で自治官僚から八日市市長に転じていた武村正義（1974年）が勝利を収めた。武村の政治哲学には後藤田正晴などと共通する内務省的な護民思想に基づく社会政策重視、ドイツ的な社民主義が基底にある。

すでに補助金のついている公共事業の執行取りやめと補助金の返上、職員給与のカットで危機を乗り切り、環境問題への取り組み、市民運動との連携など「地方の時代」を代表する知事とはやされたが、手堅い政治手腕の裏付けがあった。

2選目と3選目は自民党に軸足を移しつつも無投票当選を勝ち取り、3期目の途中で自民党から総選挙に出馬することを前提に辞職した。

その後は、県職員出身で副知事だった稲葉稔（1986年）、同じく県職出身の國松善次（1988年）が続き、ついで、環境学者の嘉田由紀子（2006年）、JR労組と松下政経塾出身の民主党代議士だった三日月大造（2014年）が続いているが、いずれも武村の流れにある。既得権益との戦いを看板にしているが、滋賀県では40年以上も彼らが既得権益なのである。

【こんな政治家も】

堤康次郎は西武コンツェルンの創業者で衆議院議長にもなった。山下元利（防衛庁長官）は大蔵官僚で田中角栄の側近として注目されたが、竹下登との戦いに敗れて要職に就けなかった。

【最近の衆参議員選挙の状況】

◇第1区：大岡はスズキ自動車から静岡県議を経て、故郷の滋賀県に戻り、東レ労組出身の川端元衆議院副議長の地盤に参入し、2連勝。'17嘉田前知事を下す。'09 川端達夫（民）。'12 大岡敏孝（自）。'14 大岡敏孝（自）。'17当 大岡敏孝（自③）84,944、次 嘉田由紀子（無）79,724。

◇第2区：上野は自治省官僚。滋賀第1区から1期つとめた後、2区に転じ、3連勝。'09 田島一成（民）。'12 上野賢一郎（自）。'14 上野賢一郎（自）。'17当 上野賢一郎（自④）73,694、次 田島一成（希）58,718。

◇第3区：武村は衆議院議員政策秘書を経て、公認会計士。'09 三日月大造（民）。'12 武村展英（自）。'14 武村展英（自）。'17当 武村展英（自③）78,724、次 小川泰江（希）48,018。

◇第4区：武藤は新規公開株をめぐる金銭トラブル報道で、自民党を離党。代わって、滋賀県議の小寺が自民党公認となる。'09 奥村展三（民）。'12 武藤貴也（自）。'14 武藤貴也（自）。'17当 小寺裕雄（自①）80,114、次 徳永久志（希）64,617。

◇参議院（定数1）：民主党の強い地盤であったが、'13年以降、自民党候補が連続当選。二之湯は松下政経塾出身、父は京都府選出の参議院議員。小鑓は経産省技官、内閣参事官として、アベノミクス政策立案に関わった。林は世耕経産大臣の夫人。'07 徳永久志（民）。'10 林久美子（民）。'13当 二之湯武史（自①）305,872、次 徳永久志（民）167,399。'16当 小鑓隆史（自①）332,248、次 林久美子（民）291,290。

京都府 (山城、丹波の一部、丹後)

蜷川革新王国　野中土着権力　松下政経塾

戦後の京都では、京都大学教授だった蜷川虎三が府知事となり、7期にわたって革新府政を維持した。とくに後期は共産党単独与党であり、いまも、全国でいちばん共産党が強い。その後は、財界主導で官僚知事が続き、彼らに支援された松下政経塾出身者が活躍する一方で、野中広務を象徴的存在とする土着権力も強力だ。

【府の概要】

古くは平安京といわれ、中世からは「京」と呼ばれることが多かったが、近代になって京都が都市名として確立し、府の名前にもなった。かつては、「洛」と呼ばれることもあった。

山城はもともと山背と記し、大和から見て山の後ろにあたるからともいわれる。丹波の語源は分からないが、田が拓けている、あるいは谷間だという説がある。丹後は丹波から分かれた。

丹波・丹後は弥生時代から栄え、奈良時代、山城南部には平城京から遷都された恭仁京も営まれた。戦国末期には明智光秀や細川幽斎が統治したが、江戸時代には大きな藩はなかった。

京都が近世都市として生き残ったのは、豊臣秀吉による大改造のおかげである。短冊形の街区と鰻の寝床と呼ばれる町家は太閤秀吉の遺産だ。また、伏見は秀吉晩年から慶長12年（1607）に家康が駿府に移転するまでの間、政務の中心となった。

東京遷都の後しばらく衰退したが、近代的な産業振興が図られ徐々に復興した。また、戦災にあわなかったことで、さらに地位が上がった。

国政レベルでの政党では、旧民主党系と共産党の強さが目立つ。蜷川府政を支えた共産党は、戦災にあわず全国的にいい状態だった昭和30年代あたりの京都をそのまま守るというような人々の心情を利用し、それが老舗や伝統産業に従事する人に好感を持って受け入れられているところがある。

旧民主党系が強いのは、経済界が共産府政に対抗するために積極的にかつての民社党などの取り込みを図った名残だ。伝統宗教が強いので公明党は大阪ほど強くない。

【歴代知事】

公選後の最初の知事は、最後の官選知事であった木村惇（1947年）だったが、3年後に行われた京都市長選挙の選挙違反に問われ辞任してしまった。

そこで、革新系は中小企業庁長官を辞めたばかりの蜷川虎三（1950年）の擁立を決めた。蜷川は京都大学の教授だったが芦田内閣のもとで官界に入っていたのである。たまたま、市長選挙で保守が分裂し、社会党の推す高山義三が当選したばかりで、そのブームに乗ったのである。

その後、蜷川は6回にわたって当選を重ねる。第3回には、自民党まで一方的に蜷川を推薦し、共産党が独自候補を立てたこともある。しかし、5期目には自民党と民社党が組んで善戦。6期目の選挙では自治省事務次官を擁立し、全国的な応援部隊を組織し、京都経済界もフル稼働する空前の体制を組んだが、かえって、京都人の反東京感情を煽ることとなり、蜷川候補が圧勝した。7期目には、社会党参議院議員だった大橋和孝を立て、蜷川を共産党単独推薦に追い込んだのだが、それでも倒せなかった。

この強さの背景には、豪放な人柄や大学教授らしい語り口、そして、巧みな反中央的な毒舌が京都人に好まれたことである。それとともに、府内で知事批判をすればただちに知事に知られるといわれた徹底した情報網、各種団体への補助金によるきめ細かい補助、勲章の推薦権など府の持っている権限の巧みな使用で、医師会や宗教団体、それに伝統工芸品産業界を牛耳っていたのである。

しかし、共産党単独府政になると、さすがに府民の多くも方向転換をすべき時が来たという思いを強くしたのか、蜷川は勇退し、農林官僚で自民党参議院議員だった林田悠紀夫（1978年）が当選した。

林田は、副知事に荒巻禎一（1986年）と野中広務の2人を起用した。自治官僚で蜷川時代に総務部長も経験した荒巻に行政実務を継続的に担当させ、府議会で蜷川批判の急先鋒だった野中に蜷川体勢の大掃除をさせたのである。

林田は2期つとめたあと参議院議員に復帰し、荒巻が後継者となって4期をつとめた。この2人の時代に京都は「正常化」し、遅れていた道路などの整備が加速され、関西学研都市が建設され、1980年代前半に

展開された京都サミット誘致運動を機に、京都国際会館周辺の機能整備が進み、そのことがCOP3（国連気候変動枠組み条約第三回締約国会合）の開催に結びつき、京都御苑内には和風の京都迎賓館も建設された。また、教育問題の「正常化」も進んだ。

総務（自治）省出身で副知事として出向してきていた山田啓二（2002年）が与党会派の統一候補として浮上し圧勝した。山田がユニークだったのは、「知事は会長兼社長だが、私は社長としての仕事の方に興味がある」としたことである。派手ではないが、飾り気なく自然な人柄が京都人に好感を持たれ、確かな行政手腕と柔軟な発想が経済人にも評価を高めた。

その延長として、全国知事会の会長をつとめることになったのは、派手なパフォーマンスより地道な手腕が重視される時代の反映だった。

その山田は５選目は立候補せず、代わって、国交官僚で復興庁の事務次官をつとめた西脇隆俊（2018年）が後継者に指名され、当選した。父親は京都市議。「現場主義を徹底し、前例にとらわれず、多くの皆様と連携して、山積する課題を一つ一つ解決して参る所存です。雲外に蒼天あり、困難なことも努力して乗り越えれば、快い青空が望めると思っております」と就任あいさつで述べている。

【こんな政治家も】

戦後の芦田均首相は福知山出身の外交官。その地盤は谷垣専一（文相）から谷垣禎一に引き継がれた。前尾繁三郎（衆議院議長）は宮津出身で池田勇人（首相）の派閥を継いだ。

【最近の衆参議員選挙の状況】

◇第１区：伊吹元衆議院議長は安定した戦いだが、共産党の穀田国対委員長も善戦し比例名簿上位に置かれて連続当選。伊吹は大蔵官僚。穀田は元京都市議。伊吹が強い選挙地盤を持っているが、共産党の穀田も毎回、善戦している。**'09平智之（民）。'12伊吹文明（自）。'14伊吹文明（自）。'17[当]伊吹文明（自⑫）88,106、[比復]穀田恵二（共⑨）61,938。**

◇第２区：前原元外相は小池都知事とともに希望の党を創設。自身は無所属で出馬、自民の繁本に追い込まれたものの勝利。松下政経塾から府議

を経て、日本新党から初当選。繁本は国交官僚。'09 前原誠治（民）。'12 前原誠治（民）。'14 前原誠治（民）。'17 当 前原誠治（無⑨）65,480、比復 繁本護（自①）40,336。

◇第3区：'96に共産党候補が勝利したなど革新系が強い。不倫スキャンダルで宮崎が議員辞職したのち、'16年に補欠選挙が行われ、比例復活していた泉がいったん辞職して立候補し当選。福山哲郎の元秘書。木村は東京都選出代議士だった父の秘書。森は太極拳指導員。得票数4位だったが、比例名簿1位だったので比例当選。'09 泉健太（民）。'12 宮崎謙介（自）。'14 宮崎謙介（自）。'16年（補欠）泉健太（民）。'17 当 泉健太（希⑦）63,013、比復 木村弥生（自②）56,534、次 金森享（共）26,420、比復 森夏枝（維①）16,511。

◇第4区：故野中広務元自民幹事長の選挙区。田中は大学職員から京都市議。北神は財務官僚で、比例でも2度当選。'09 北神圭朗（民）。'12 田中英之（自）。'14 田中英之（自）。'17 当 田中英之（自③）83,286、次 北神圭朗（希）71,068。

◇第5区：自転車事故で引退の谷垣元自民党総裁が本田に地盤を譲った。証券会社勤務を経て、京都府議、弁護士資格を持つ。井上は4位だったが、比例名簿2位だったため、比例当選。防衛官僚、小池都知事と親しい。'09 谷垣禎一（自）。'12 谷垣禎一（自）。'14 谷垣禎一（自）。'17 当 本田太郎（自①）60,277、次 中山泰（無）30,655、比復 井上一徳（希①）19,586。

◇第6区：安藤は相模鉄道勤務から税理士。京都市のベッドタウンで労組

票も多く、山ノ井元民主党国対委員長が連続当選するも、6期ぶりの勝利。山ノ井は松下政経塾出身。山ノ井は松下政経塾出身。'09 山ノ井和則（民）。'12 山ノ井和則（民）。'14 山ノ井和則（民）。'17 ㊤ 安藤裕（自③）101,977、比復 山ノ井和則（希⑦）100,388。

◇参議院（定数2）：定数2を自民党と民主系で分けることが多かったが、13年には共産党の倉林が当選。西田は府議出身で税理士。父は元参議院議員。元京都市議の二之湯は野中と親しかった。福山立憲民主党幹事長は松下政経塾出身で東日本大震災のときの内閣官房副長官。倉林は福島県出身の元看護師で、府議・市議も経験。'07 松井孝治（民）、西田昌司（自）。'10 福山哲郎（民）、二之湯智（自）。'13 ㊤ 西田昌司（自②）390,577、㊤ 倉林明子（共①）219,273、次 北神圭朗（民）201,297。'16 ㊤ 二之湯智（自③）422,416、㊤ 福山哲郎（民④）389,707、次 大河原寿貴（共）211,663。

【コラム】都道府県も議院内閣制にしたら

　現在の知事は強力な権限を持ち、あたかも現代の封建領主のようですらある。しかし、そうであるがゆえに、強大な永田町や霞ヶ関に対抗できているというのも事実である。また、議会がどちらかというと守旧派であることが多く、改革の旗手の役割を知事に期待せざるを得ない現実もある。

　だが、戦後に確立された都道府県単位での地方自治も60年の歴史を積み重ねたのであるから、そろそろ、「名君」とか「良心的な独裁者」に期待するのから卒業して、議会なども含めて根本的な改革することが期待されるべき時期に来ているのでないか。

　国は議院内閣制で、大臣の過半数は国会議員から選ばれるが、都道府県会議員においては、そういうチャンスはない。ときとして、議員を辞職して副知事になるというケースがあるだけだ。

　もちろん、一議員として、あるいは議長や委員会の委員長として県政に対するチェック機能は果たすのだが、国会議員が大臣になるのとはまったく違う立場だ。

　現在の制度を根本的に変えないでできるとすれば、副知事を増員して、そのうち何人かを議員から選ぶことだろう。その場合には、議員は辞めなくてはならないことになるが、たとえば、選挙時に最初から、副知事に就任した場合や、ほかの選挙に出た場合、死亡や病気の場合などに限って代行して議員となる者を指名しておく制度もあり得るのではないか。

　あるいは、議員のまま、副知事を兼任できるようにしてもよい。さらに、私は憲法を改正するなら完全な議院内閣制がいいと思う。現在の総選挙が各党が首相候補を明示して戦いであるように知事候補を示しての選挙にすればいいのである。

（八幡和郎）

大阪府 (摂津・河内・和泉)

橋下維新が大阪都構想を提唱し自民と対決

もともと大阪府では知事と市長が一人だったが、分離後、初代市長が誕生。会津藩士出身で内務官僚の池上四郎。秋篠宮妃殿下紀子さまの曾祖父だ。その後の大阪市長は、橋下徹の前々任者の關淳一まで10人が助役経験者で残りの1人も理事経験者という状況だった。

【府の概要】

大阪という名は、蓮如上人のころには大坂と表記していたようだが、明治になって大阪となった。「土に返る」のが縁起が悪いともいわれる。定着したのは明治10年（1877）ごろのことといわれる。

摂津の東半分が大阪府で、河内・和泉・大和で堺県だったこともあるが、それがいったん合併して大阪府となり、さらに大和が分離して奈良県となって現在の形になった。

南から延びる上町台地の先端にある大坂城の北側には、旧淀川や旧大和川など多くの河川が流れ込み湿地帯になっていたが、仁徳天皇が大坂城の場所にあった難波高津宮にいたころ、「堀江」を開削したのが旧淀川となる大川である。

現在の本流はかつて中津川と呼ばれたものを明治期に拡張したものである。また、大和川は江戸時代に堺市街地の北側に流れ込むように流路が変更された。それまでは、河内中部も湿地帯だった。

この地には、大化の改新の後や奈良時代にも都が置かれたことがある。平安時代になると京都が都になったことから、淀川の反対側になる難波は外港としても機能せず、いったん衰えた。

戦国時代に至り、蓮如上人がかつての難波宮跡に御坊を開き、やがてここに本願寺が引っ越した。さらに、これが豊臣秀吉の大坂城となり、大坂夏の陣の後、徳川秀忠・家光が城を再建して西日本の拠点、そして、日本経済の中心にした。

大阪を民の都という人がいるが、江戸時代には徳川幕府は経済の大阪一極政策を徹底して推進しており、史実は違う。明治になって首都を置くという案もあったが、東日本の治安維持のためには、東京の方が都合

良いというので東京遷都となり、外港としての役割も神戸港が開港して大阪の地位は危うくなった。このときに、大阪経済再建の指揮をとったのが、薩摩出身の五代友厚である。

近代における大阪の頂点は、関東大震災の直後で、東京市の人口を上回った。その後は衰退の一路をたどっている。

戦前の統制経済のもとで東京一極集中が始まり、戦後は大阪万博が巻き返しのきっかけとなるかと思われたが、革新府政・市政の誕生で頓挫した。

もう一つの原因は、「民の都」という幻想である。大阪の栄光の歴史は国によって拠点都市として位置づけられたことによるものであって、民間の力によるものではないのに、勘違いをしている。

かつて、関西財界は地方分権と規制緩和によって関西復権が実現すると推進したが、現実には、そのふたつとも大阪の地盤沈下を促進した。

橋下徹が知事になってからの大阪維新の最大の功績は、地方自治体における労組や圧力団体とのなれ合いで築かれたぬるま湯の打破である。また、政府との微妙な距離感の中で、プロジェクトの誘致にもそれなりに成功している。

また、アジアの経済発展とLCC(格安航空会社)の出現に裏付けられた外国人観光客増は、大阪経済の活性化に奇跡的な効果をもたらしている。

ただ、相変わらず、本社機能の東京集中は止まらず、維新の府政・市政も有効な手を打てずにいるのは、事実である。関西の中での大阪の地位向上は計れても、東京に対しての地位回復は実現していないことにおいて、過去の府政・市政と代わるところはない。

政治的には、旧民社党と公明党がとくに強かった。民社は企業労組が支えた。民社党初代委員長の西尾末広も大阪が選挙区だった。公明党は創価学会の３代目会長である池田大作が責任者として成功を収めたのが関西であることが原点。現代人の願うところに応える宗教として確立されたのは、本音の町大阪での洞察と組織化の妙であった。

大阪人は「民の都」であることを誇りにする。だが、関西復権といい続けながらいつになっても結果が出ない一因は、自治体行政の弱さであり、その責任の第一は府民自身の政治に対する不真面目さにある。とく

大阪府

に、芸人であった横山ノックを大阪府知事に選んだのは、諦念からであろう。府民が「どうせ誰がなっても同じだ」と、名知事や名市長など期待せずに愉快犯的なおふざけでお茶を濁した結果であった。せっかくの政治参加の機会を活かすこともしないで、低レベルの行政の被害者のようにだけふるまうのは、お門違いだなどといえば厳しすぎるだろうか。

【歴代知事】

初代公選知事の赤間文三（1947年）は、福岡県出身で東京大学で学んだ後、内務省入りしたが、商工省に転じ近畿地方商工局長として統制経済の総元締めだった。戦後の混乱期にあって安定した府政を展開し大物官僚らしい貫禄もあった。のちに参議院議員、法相。大防波堤や千里ニュータウンの建設者でもある。

左藤義詮（1959年）は、京都大学を卒業し参議院議員や代議士をつとめ防衛庁長官も経験した。東本願寺派の重鎮であり、大谷学園の理事長などをつとめたが、宗教家らしい物腰も好感を持たれた。泉北臨海工業地帯、泉北のニュータウンなど巨大開発を進め、良くも悪くも時代の流れに乗りながら徐々に安定感を示した。2選目と同時に行われた大阪市長選挙は革新の支持を得た中馬馨の勝利だった。この左藤と中馬コンビは大阪万博を前に好バランスと市民の評価を受けて、1967年の選挙ではともに本格的な対立候補もなく無風選挙となった。

万博の翌年に行われた知事選挙では、社共共闘で立った地味な憲法学者の黒田了一（1971年）が番狂わせの勝利を収めた。大阪万博は大成功に終わったが、東京オリンピック後の知事選挙で革新都政が誕生したのと同じように、大阪府民にもお祭りや経済拡大路線の疲れが目立ってきた。また、革新自治体が進める手厚い福祉施策や環境対策は羨望の的となっていたのである。

2期目には、極端な革新色を強める黒田知事を社会党なども支持せず、自民党、中道の三つどもえとなったが、判官贔屓にも助けられた黒田が圧勝した。しかし、共産党単独では議会運営に無理があって、実績が上がらなかった。また、この時代に議会対策が公費をもって行われたといわれ、汚点を残した。

岸昌（1979年）は黒田府政の初期に自治省官房長から転じて黒田のも

とで副知事をつとめたが、衝突して辞めた。いわゆる相乗り候補として立候補し、黒田に大差を付けて勝利した。

岸が強力になりすぎたと見られて交替ムードが醸成され、中川和雄（1991年）が継承した。厚生省から大阪府に移籍した官僚だが、京都出身で父が府会議員、母が市会議員という政治家一家。政治資金問題での府庁出身側近らの不手際もあって、十分に力を発揮できないまま1期で退任に追い込まれた。岸知事の功績としては、関西空港の開発が第一に挙げられる。

横山ノック（1995年）は、本名・山田勇。神戸で生まれ、米軍通訳を経て、芸能界入りした。議会での弱い地盤に悩みつつも、圧倒的な庶民人気を背景に、財政再建問題に取り組み、2期目には、与党連合も対抗馬を出すことができず楽勝した。ところが、選挙運動中のセクハラ事件で任期途中辞職に追い込まれることになる。

太田房江（2000年）は、広島県生まれ愛知県育ち。東京大学経済学部を全優で卒業して通商産業省に入省、岡山県副知事や消費者行政担当の官房審議官をつとめた。横山知事の退任の経緯だけでなく、男女共同参画への関心の高まり、中央政界の対立で普通の候補では相乗りしにくいという事情もあり、女性候補がよいのではないかというバランス感覚がこの時にはあった。そこに、近畿通産局総務部長時代の実績から経済界にもファンが多く、しかも、庶民的なおおらかさが大阪で力を持つ連合や公明党からも好ましいと評価された。太田は行政改革を積極的に進め、また、これまで疎かになっていた政府への働きかけをきちんとこなした。男女共同参画の観点からは、太田が知事になったこと自体がすでに大きな波及効果を発揮した。犯罪を減らすための対策も成功した。

橋下徹（2008年）は東京生まれだが、大阪の北野高校を卒業。早稲田大学を出て弁護士、テレビで活躍していた。その橋下が大阪都構想実現のために大阪市長に転身した後、府会議員の松井一郎（2011年）が後任に。父が大阪府議会議長で電気工事業を経営。日本維新の会の幹事長、維新の党幹事長だったが、大阪都構想に専念のために辞任。大阪都構想の住民投票には敗れたが、おおさか維新の会および大阪維新の会の代表に就任（現在は共同代表）。大阪万博やIRの誘致を目指す。

大阪府

【こんな政治家も】

幣原喜重郎は門真市の豪農の家に生まれ、外交官として活躍したのち、戦前は外務大臣としてハト派外交を展開した。戦後になって引退していたところ、親米英派の重鎮として総理に担ぎ出され、平和憲法の制定に力を尽くした。白木義一郎は、阪急ブレーブスの投手として活躍した後、創価学会の支持で参議院議員となり公明党の結成にあたって中心的な役割を果たした。池田大作・3代目会長の妻の従兄弟にあたる。

【最近の衆参議員選挙の状況】

◇第1区：大西が井上を僅差で破った。大西は市会議員の父の秘書を経て、地盤を引き継ぎ、市会議員となる。井上も市会議員出身、'10年に大阪維新の会結党に参加。'09 熊田篤嗣（民）。'12 井上英孝（維）。'14 井上英孝（維）。'17 ㊤ 大西宏幸（自 ②）67,748、比復 井上英孝（維 ③）66,506。

◇第2区：左藤義詮元府知事の子の恵の地盤で、娘婿の章が継承。尾辻は元府会議員、元参議院議員。希望の党の公認申請をしていたが、希望が維新との競合を避け、候補者を立てなかったため、立憲民主党で出馬。

'09 荻原仁（民）。'12 左藤章（自）。'14 左藤章（自）。'17[当]左藤章（自⑤）91,439、[次]椎木保（維）68,849、[比復]尾辻かな子（立①）48,018。
◇第 3 区 : 佐藤は日本 IBM 勤務を経て、'93 年に初当選。第 2 次安倍内閣で厚生労働副大臣。'09 中島正純（民）。'12 佐藤茂樹（公）。'14 佐藤茂樹（公）。'17[当]佐藤茂樹（公⑨）83,907、[次]渡部結（共）54,958。
◇第 4 区 : かつて連続当選者はなかったが、中山が連続当選。父は元建設相の正暉、伯父は元外務相の太郎、祖母は元厚生相のマサ。中山は電通勤務を経て、'96 年に出馬するも落選。小池百合子の政策秘書を経て、'03 年に比例復活で初当選。'14 比例復活した吉村洋文は大阪市長に。'09 吉田治（民）。'12 村上政俊（維）。'14 中山泰秀（自）。'17[当]中山泰秀（自⑤）80,083、[次]美延映夫（維）72,446。
◇第 5 区 : 國重は創価大学出身で弁護士。長尾は大阪市議出身。'09 稲見哲夫（民）。'12 國重徹（公）。'14 國重徹（公）。'17[当] 國重徹（公③）91,514、[比復]長尾秀樹（立①）45,313。
◇第 6 区 : 伊佐は文科省官僚。村上は衆議院議員秘書を経て、大阪市議。'09 村上史好（民）。'12 伊佐進一（公）。'14 伊佐進一（公）。'17[当] 伊佐進一（公③）104,052、[比復]村上史好（立③）66,536。
◇第 7 区 : 渡嘉敷は資生堂勤務を経て、東京都杉並区議をつとめた。'15 年に維新の党を除名された上西小百合は不出馬。'09 藤村修（民）。'12 渡嘉敷奈緒美（自）。'14 渡嘉敷奈緒美（自）。'17[当] 渡嘉敷奈緒美（自④）82,337、[次]奥下剛光（維）66,780。
◇第 8 区 : 大塚は谷川秀善元参議院議員の秘書をつとめた。'09 中野寛成（民）。'12 木下智彦（維）。'14 大塚高史（自）。'17[当] 大塚高史（自④）67,054、[次]木下智彦（維）57,187。
◇第 9 区 : 原田は父の原田憲元運輸相の秘書を経て、府議会議員。足立は経産省官僚、'12 年、日本維新の会結党に参加。'09 大谷信盛（民）。'12 足立康史（維）。'14 原田憲治（自）。'17[当]原田憲治（自④）93,475、[比復]足立康史（維③）91,438。
◇第 10 区 : 無党派層が多く、辻元が 2 連勝。辻元立憲民主党政調会長は NGO を設立するなど、市民活動を経て、'96 年に社民党から比例近畿ブロックで初当選。大隈は医師出身。'09 辻元清美（社）。'12 松浪健太（維）。'14 辻元清美（民）。'17[当]辻元清美（立⑦）75,788、[比復]大隈和英（自②）

56,483、次 松浪健太（維）44,938。

◇第11区：パナソニック関連の労働者票が多い。平野元内閣官房長官はパナソニック勤務を経て、衆議院議員秘書。無所属で立候補したため、共産党が候補者を取り下げ、支援に回った。佐藤は外資系証券会社勤務を経て、'05年に、郵政民営化に反対した野田聖子の刺客として出馬、野田に破れるも比例復活し、初当選。'09 平野博文（民）。'12 伊東信久（維）。'14 佐藤ゆかり（自）。'17 当 平野博文（無⑦）76,144、比復 佐藤ゆかり（自③）69,366、次 伊東信久（維）61,859。

◇第12区：北川は元環境庁長官の石松の秘書を経て、地盤を引き継いだ。樽床元総務相は民進党結党時に離党し、その後、希望の党へ、比例区へまわった。'09 樽床伸二（民）。'12 北川知克（自）。'14 北川知克（自）。'17 当 北川知克（自⑥）71,614、次 藤田文武（維）64,530。

◇第13区：宗清は塩川正十郎元財務相の秘書を経て、府議会議員。西野は維新と袂を分かち、次世代の党へ、'14年に宗清に破れる。'09 西野陽（自）。'12 西野弘一（維）。'14 宗清皇一（自）。'17 当 宗清皇一（自②）74,662、次 青野剛暁（維）52,033。

◇第14区：長尾は保険会社勤務を経て、民主党地区支部長、'11年、民主党に離党届けを出し、'12年、安倍の助力で自民党公認となるも落選。'14年、比例復活した。谷畑は社会党衆議院議員秘書を経て、社会党公認で'89年に参議院議員に初当選。'96年、社会党を離党し、自民党へ。'12年、日本維新の会に入党。'09 長尾敬（民）。'12 谷畑孝（維）。'14 谷畑孝（維）。'17 当 長尾敬（自③）79,352、比復 谷畑孝（維⑧）77,696。

◇第15区：竹本は建設省官僚。浦野は府議会議員の父の地盤を引き継ぎ、府議会議員に、その後、自民党を離党し、大阪維新の会に参加。'09 大谷啓（民）。'12 浦野靖人（維）。'14 竹本直一（自）。'17 当 竹本直一（自⑧）81,968、比復 浦野靖人（維③）74,368。

◇第16区：北側元国交相は創価大学出身で弁護士、党政調会長や幹事長を歴任。民主党選挙区支部長であった森山は立憲民主党に移籍し、共産党は候補者を取り下げ、森山を支援。森山は堺市議会議員、府議会議員をつとめた。'09 森山浩行（民）。'12 北側一雄（公）。'14 北側一雄（公）。'17 当 北側一雄（公⑨）77,355、比復 森山浩行（立②）65,780。

◇第17区：馬場維新の党幹事長は中山太郎の秘書を経て、堺市議会議員

をつとめた。'10年に自民党を離党し、大阪維新の会結党に参加。岡下は衆議院議員の母信子の秘書を経て、府議会議員。'09 辻恵（民）。'12 馬場伸幸（維）。'14 馬場伸幸（維）。'17[当] 馬場伸幸（維③）65,472、[比復] 岡下昌平（自②）58,534。

◇第18区：遠藤は青年会議所理事長をつとめ、自民党地区支部長となるも、'12年に自民党を離党し、大阪維新に入党、党支部長。神谷は泉大津市議会議員、府議会議員、泉大津市長をつとめた。'09 中川治（民）。'12 遠藤敬（維）。'14 遠藤敬（維）。'17[当] 遠藤敬（維③）87,070、[比復] 神谷昇（自②）80,198。

◇第19区：丸山は経産官僚。'09年に退官し、松下政経塾に入塾、卒塾後、日本維新の会に入党。谷川は父の谷川秀善元参議院自民党幹事長の秘書をつとめた。'09 長安豊（民）。'12 丸山穂高（維）。'14 丸山穂高（維）。'17[当] 丸山穂高（維③）66,712、[比復] 谷川とむ（自②）57,833。

◇参議院（定数４）：'13年に大阪維新の会の東が100万票超えしたため、'16年、維新は浅田、高木の２人を擁立、２人とも当選。東と浅田は府議会議員出身、高木は自民党の堺市議会議員であったが自民党を離党。松川は外務官僚、柳本は中曽根元総理大臣の秘書を経て、大阪市会議員。衆議院議員を６期つとめた。石川は創価大学卒で外務官僚、杉は創価大出身で公認会計士。共産の辰巳は元ラジオパーソナリティー。'07 梅村聡（民）、白浜一良（公）、谷川秀善（自）。'10 石川博崇（公）、北川イッセイ（自）、尾立源幸（民）。'13[当] 東徹（維①）1,056,815、[当] 柳本卓治（自①）817,943、[当] 杉久武（公①）697,219、[当] 辰巳孝太郎（共①）468,904、[次] 梅村聡（民）337,378。'16[当] 松川るい（自①）761,424、[当] 浅田均（維①）767,495、[当] 石川博崇（公②）679,378、[当] 高木佳保里（維①）669,719、[次] 渡部結（共）454,502。

兵庫県(丹波・播磨・但馬・淡路・摂津一部)
朝日新聞を生んだ進歩的なブルジョワたち

学歴があって高い所得層を主力にした読者を持ちながら、リベラルないしは左派的な論調を展開するという朝日新聞は、阪神地域が生んだ文化の反映である。そこには、特権階級でありながら権力中枢でもない複雑な心理がある。こうした地域の雰囲気の中から生まれた政治家が、土井たか子、小池百合子などであろう。

【県の概要】

兵庫の語源は武庫川の武庫と同じで、武庫川の河口から阪神間一帯を指していたのが、いつしか、今の神戸市の兵庫区あたりをいうようになった。平清盛は港を大輪田の泊として整備して日宋貿易を行い、港の改修とともに六甲山に近い福原に遷都した。

その後も神戸は港町として栄え、幕末に至って開港されたが、そのときに外国人との紛争を避けるために、旧来の港の中心より東の生田神社の周辺で神社の支配する地域であることを意味する神戸が開発され、明治12年(1879)に神戸区が誕生した。

県の構成としては、明治4年(1871)には、摂津の西半分は兵庫県、播磨は飾磨県、但馬国・丹後国に加え丹波西半分を豊岡県としていた。明治9年(1876)に飾磨県、豊岡県のうち但馬地方、それに徳島藩内のと紛争の末、淡路国が兵庫県に組み入れられた。

本来なら、播磨・但馬で一つの県になっておかしくないが、神戸を県庁とする県にその格にふさわしい人口を持たせたいということで、姫路が犠牲にされた感がある。それを反映してか、旧制の一中にあたるのは姫路西高校だ。神戸高校も一中だが、兵庫県立の神戸一中だった。

姫路城は播磨の主になった羽柴秀吉に黒田官兵衛が献上し関ヶ原戦後に池田輝政が現在のような姿にした。幕末には酒井氏15万石が城主だった。

明治になって北部の但馬・丹波の経済は不振だったが、瀬戸内側では工業開発が進んだ。神戸製鋼所の主力工場は加古川市にあるが、若いころの安倍晋三首相が勤務している。

関東大震災後に、後藤新平内務大臣が帝都復興院総裁を兼ねてダイナ

ミックな復興計画が立てられた。震災を千載一遇のチャンスとしたといってもよいほどの野心的なプランであり、事業としても採算が取れ、また、封建時代の城下町の水準に留まっていた東京を近代都市としてよみがえらせた。

一方、阪神・淡路大震災では、「阪神・淡路復興対策本部」が設けられ、小里貞利が担当大臣となったが、後藤新平による復興計画のような野心的なアイディアは出てこなかった。兵庫県庁は自分たち主体での復興を希望し、結局の地方自治体の仕事を政府が助けるという域を出ないものとなった。

また、後藤田正晴が示した「震災前までの復旧は国が責任を持つがそれ以上は富裕地域である地元が頑張って欲しい」という「後藤田ドクトリン」の結果、神戸港は時代遅れの施設のままで再建され、ハブ港として釜山港に敗れ去ることとなった。東日本大震災の復興にあたっては、少なくとも制度的には、この愚を繰り返さないことことが心がけられている。

土井たか子は社会党党首として臨んだ平成元年（1989）の参議院選挙では、消費税反対を看板に空前の勝利を収め、細川政権の誕生にも結びついていった。マルクス主義的経済論を軸とした党の方向を、女性、環境、消費者、平和といった主張を軸としたものに軌道修正できたのは、間違いなく土井の功績であり、フランス社会党におけるミッテランの役割に比すべきものだったが、その次にリベラルな政治勢力の結集にもっていくべきだったのに、純潔性を重視して躊躇する間に、民主党に社会党の政治家と支持母体のほとんどを吸収されてしまった。関西広域連合の初代連合長。「兵庫県 150 年迎え 新しいふるさとづくり 持続目指さん」とするなど発展より持続性を重視する姿勢が強い。

【歴代知事】

戦後の難しい時期にあって、日本最大の貿易港だった神戸をお膝元とする兵庫県の復興にあたった岸田幸雄（1947 年）は京都府生まれで、京都大学卒。大阪商船など実業界で国際派として活躍し、戦後、官選の兵庫県知事となり、そこから初代の公選知事に選ばれた。公立の朝鮮学校を GHQ の意向に沿って閉鎖しようとして監禁される事件があった。

兵庫県

　3選を狙ったが、保守分裂で革新陣営の阪本勝（1954年）が勝利した。東京大学から教師、記者、文筆業の傍ら労農党の県議をつとめ、戦時中には代議士、戦後は尼崎市長となった。「県民と燕は自由に来たれ」と知事室を解放したり、進歩的な政策を進めた。財政再建のために優れた実務能力も見せ、たいへんな人気を誇った。「水が澱めばボウフラがわく。行政の良識と妙諦はつねに清く、激しい流れの中に身を置くことである」「種子をまいて去る人もある、花の咲きにおう宴を楽しむ人もある、またその結実を祝う果報者もいる。みな、それぞれのめぐり合わせだ。自分のまいた種子を実るのを見たいのが人情だが」という名言を残して3選に出馬せず、東京都知事に立候補したが落選した。

　金井元彦（1962年）は姫路生まれ。東京大学から内務省入りし、青森県の官選知事などをつとめ、阪本の副知事として迎えられ支えた。革新系の候補も出たが坂本は中立を守った。阪神間の臨海部での工業立地を抑制し、内陸や播磨地域での工業開発を促進した。山崎豊子の小説『華麗なる一族』はこの時代の神戸を舞台にしている。

　坂井時忠（1970年）は、佐賀県の生まれで東京大学から内務省入り。兵庫県警察本部長などを経て副知事となった。県内を6ブロックに分けて県民局を置き、地域対策を強化した。在任中に神戸沖への空港建設に宮崎辰雄市長が反対の立場を取って選出され、これで神戸は国際都市としての性格を失った。

　貝原俊民（1986年）は、佐賀県武雄市の生まれ。東京大学から自治省に入り、兵庫県に地方課長として出向してそのまま残り副知事。地方分権推進の論客として知られた。また、西播磨テクノポリス開発構想なども推進し評価は高かった。ただ、阪神淡路大震災にあっては、知事公舎にあって事態の深刻さの認識が遅れ、初動体制が低調で、その後も地方自治にこだわりすぎて国家的なプロジェクトとして復興を進めるチャンスを逃したことは残念だった。

　井戸敏三（2001年）は、新宮町出身で東京大学を経て自治省から副知事に就任。自民、公明、民主、社民推薦で知事となる。手堅い手腕を発揮するとともに、道州制などをめぐって橋下徹と対立した。

【こんな政治家も】

河本敏夫は相生市出身で、三光汽船のオーナーとして海運界の風雲児といわれた。三木派の金庫番として知られたが、通商産業大臣となるや実力を発揮し、首相候補といわれるようになった。派閥に属する海部俊樹の首相就任でその芽を絶たれた。反軍演説で知られる斉藤隆夫は但馬が地元だった。

【最近の衆参議員選挙の状況】

◇第1区：盛山は国交省官僚。元神戸市議会議員の井坂は無党派層の支持を得ていたが落選。'09 井戸正枝（民）。'12 盛山正仁（自）。'14 井坂信彦（維）。'17 当 盛山正仁（自④）71,861、次 井坂信彦（希）59,191。

◇第2区：赤羽は三井物産元社員。'09 向山好一（民）。'12 赤羽一嘉（公）。'14 赤羽一嘉（公）。'17 当 赤羽一嘉（公⑧）89,349、次 舩川治郎（無）41,238。

◇第3区：関は住友銀行元行員。'09 土肥隆一（民）。'12 関芳弘（自）。'14 関芳弘（自）。'17 当 関芳弘（自④）72,838、次 横畑和幸（希）28,852。

◇第4区：藤井は総務官僚。希望の党は藤井の政策秘書の野口を候補に立てたため、騒動になった。野口は小池百合子の元秘書。'09 高橋昭一（民）。'12 藤井比早之（自）。'14 藤井比早之（自）。'17 当 藤井比早之（自③）120,189、次 野口威光（希）37,334。

◇第5区：谷は兵庫県庁元

職員、衆議院議員であった父の地盤を引き継いだ。'09 梶原康弘（民）。'12 谷公一（自）。'14 谷公一（自）。'17 ㊥ 谷公一（自⑥）123,360、次 梶原康弘（希）69,369。

◇第6区：大串は松下政経塾を経て、大学教員。'14年に次世代の党から出馬し、落選した杉田水脈は自民党公認で比例中国ブロックから出馬し、当選。桜井は弁護士で元伊丹市議会議員。'09 市村浩一郎（民）。'12 大串正樹（自）。'14 大串正樹（自）。'17 ㊥ 大串正樹（自③）93,662、比復 桜井周（立①）69,878、次 市村浩一郎（維）。

◇第7区：山田は住友銀行元行員。'09 石井登志郎（民）。'12 山田賢司（自）。'14 山田賢司（自）。'17 ㊥ 山田賢司（自③）95,558、次 三木圭恵（維）41,331。

◇第8区：中野は国交官僚、冬柴鉄三元国交相の後継者。'09 田中康夫（新党日本）。'12 中野洋昌（公）。'14 中野洋昌（公）。'17 ㊥ 中野洋昌（公③）94,116、次 堀内照文（共）53,964。

◇第9区：西村は通産省を退官後、原健三郎元衆議院議長の秘書を経て、'00年、無所属で出馬するも落選。'03年、再び無所属で出馬し、初当選。その後、自民党に入党。'09 西村康稔（自）。'12 西村康稔（自）。'14 西村康稔（自）。'17 ㊥ 西村康稔（自⑥）122,026、次 川戸康嗣（希）30,937。

◇第10区：渡海元文科相は安倍晋太郎の秘書を経て、父の渡海元三郎元建設相の地盤を引き継いだ。'09 岡田康裕（民）。'12 渡海紀三朗（自）。'14 渡海紀三朗（自）。'17 ㊥ 渡海紀三朗（自⑨）94,205、次 柘植厚人（希）38,072。

◇第11区：松本元外務相は東大卒業後、日本興業銀行勤務を経て、父の松本十郎元防衛庁長官の秘書官となる。'96年に無所属で出馬するも落選。'00年に民主党公認で出馬、初当選。'15年に民主党を離党し、'16年に自民党に入党。'09 松本剛明（民）。'12 松本剛明（民）。'14 松本剛明（民）。'17 ㊥ 松本剛明（自⑦）109,381、次 長安豊（希）37,783。

◇第12区：山口は外務官僚。'13年に民主党に離党届けを提出、自民党二階派に入会、'14年に民主党は山口を除名、'15年に正式に自民党入党が認められた。'09 山口壮（民）。'12 山口壮（民）。'14 山口壮（無）。'17 ㊥ 山口壮（自⑥）98,116、次 池畑浩太郎（希）38,388。

◇参議院（定数3）：'16年より、定数3。末松は全日本空輸に勤務後、県

議。伊藤は弁護士出身。片山はNHK元局員、父は片山虎之助元総務相。虎之助は維新公認で参議院比例区で当選。鴻池元防災担当相は衆議院議員を２期つとめ、参議院議員に転じた。大伯父は鴻池組の創業者の鴻池忠治郎、父は県議。維新の清水は朝日放送の元アナウンサー。'07 辻泰弘（民)、鴻池祥肇（自)。'10 末松信介（自)、水岡俊一（民)。'13[当] 鴻池祥肇（自④）868,069、[当] 清水貴之（維①）598,630、[次] 辻泰弘（民）343,551。'16[当] 末松信介（自③）641,910、[当] 伊藤孝江（公①）542,090、[当]片山大介（維①）531,165、[次]水岡俊一（民）420,068。

【コラム】「クリーン」であるとは何か

政治家、とくに、首長について「クリーン」か否かは大事なことだ。首長は公共事業の発注にかなり直接的に関わるので、汚職に問われやすく逮捕者や、そこに至らないまでも辞任に追い込まれる人も多い。

ただし、本人が直接関わっていないことと、その周辺が汚ないかどうか、首長が談合などを見て見ぬふりをしていたかはどうか別問題だ。知事自身が「知らない」、「利益を受けていない」から「クリーン」というべきでもあるまい。

巨額の政治資金を自分の財産から支出して知事になればクリーンだと評価するべきでもあるまい。「退職金辞退」「給与削減」「知事公舎に住まない」といった公約で当選するのは、知事というポストをオークションにかけるようなもので感心しない。公約とすることには、なんらかの制限が必要だ。

村井仁長野県知事は、当選後に初めてそれを発表したし、かつて、京都の名市長といわれた高山義三は、４期の在職を経て市役所を去るときに退職金全額の寄付を発表したが、こういうのは爽やかだ。

知事に限らず、政治家も生活の心配をせずに、あるいは、ほかの仕事に就くのと比復して極端な遜色がないように、安心して仕事ができる程度の経済的待遇を確保することは民主主義が健全であるためのコストと割り切るべきだ。

そうでないと、人材を限られた範囲でしか確保できないし、無理をして汚職に走る、辞めてからかつての関係性を利用して悪事を働く、といったことに結局はつながる。

公舎や公用車を利用しないことに代表される非給与面の待遇切り下げも、度が過ぎると、仕事の効率を落とすことになりがちだ。

（八幡和郎）

奈良県 (大和)

県3役が20年間も同じ顔ぶれだった戦後奈良県庁

「神武創業」の地だけあって独特の保守主義者が多い。その中で、高市早苗は神戸大学から松下政経塾に進み、アメリカ議会でも研修し、その経験をテレビでも生かした。当選したときは無所属で、新進党をはじめ、各政党を渡り歩いたが、自民党に落ち着き、総務相などをつとめている。保守派の女性政治家を代表する存在として活躍する。

【県の概要】

大和は古くは大倭だったし、大養徳とも表記されるが、いずれにしても、読み方はヤマトである。孝謙天皇の代に大和が定着した。意味は「山に留まる」であるとか、「山の処」であるとかもいう。

弥生時代にこの地がまず発展したのは、ゆるい傾斜を持つ扇状地で、水を簡単な技術でコントロールしやすく、米作りにもっとも適していたからだ。3世紀後半になって大和盆地南西の小さなクニの王が大和を統一し、さらに吉備や出雲付近まで勢力下に置いた。それが崇神天皇である。神武天皇はその数代前の皇祖で、九州から東征し初めて大和といわれる。

そののち、8世紀の終わりまで宮都は大和に置かれることが多かったが、有力豪族が兼業農家として割拠していたし、水運が余り良くないのがよろしくなった。そこで、都は山城国に移ったが、大和は寺社や貴族たちの利害が複雑に絡むややこしい土地であり続け、江戸時代にも柳沢氏の郡山藩以外は小領主が乱立した。

明治になると、大阪府や堺県に組み込まれようやく独立できたのは明治20年（1887）のことだった。

太平洋戦争が侵略戦争であることを否定して国土庁長官を辞めさせられたのが奥野誠亮だ。自民党総務会で、野中広務が「創氏改名は朝鮮人が望んだ」と発言した麻生太郎を糾弾したのに対して、「野中君、君は若いから知らないかもしれないが、朝鮮名のままだと商売がやりにくかった。そういう訴えが多かったので、創氏改名に踏み切った。私が判子をついた」と論破している。

【歴代知事】

野村萬作（1947年）は狂言師と同じ名前だが、もちろん、なんの関係もない。社共推薦の弁護士で官選知事として最後から3人目だった小野正一が一位となったが、当時の法定得票の8分の3に達せず、決選投票となった。小野が再選挙を前にして公職追放となり、2位だった野村が初代公選知事に就任した。岐阜県出身で東京大学から内務省入り。官選知事として奈良に赴任した。だが、吉野川の利水問題で和歌山県ともめ再選されなかった。

奥田良三（1951年）は、筒井順慶の故郷である生駒郡筒井町（現大和郡山市）に生まれ東京大学から内務省に進み、官選の群馬県知事、福岡県で革新系の公選知事である杉本勝次のもとでの副知事をつとめた。抜群の行政能力、中央への工作の巧みさで、吉野川分水問題を片付け、同和問題行政の充実を図った。いまでこそ、行き過ぎを批判されることも多い同和行政だが、問題が少しでも良い方向に向かったのは多くの人の努力の結果である。国による立法や遺跡や文化財保護の充実も奈良を先行例として進められていった。また、インフラでは下水道の整備に奥田は力点を置いた。知事就任時に三高・東京大学の同級生であった下位真一郎を副知事に、出納長に県警出身の西上菊雄を起用し、それぞれ20年以上も在任させた。

奥田が8期目の途中で辞任すると、副知事の上田繁潔（1980年）が立候補して当選した。奈良市生まれ。旧制金鐘中学（現東大学寺学園高校）から関西大学を経て奈良県庁に入り、副知事となっていた。上田はシルクロード博覧会を成功させるなどした。

柿本善也（1991年）は、大和高田市出身。東京大学から自治省に入省し、自治大学校校長から奈良県副知事に就任。「平城建都1300年」である2010年に向けて大極殿の復元工事が進んだ。経費節減や県議選などと同時に行うのが筋ということで任期満了を前倒して退任した。

荒井正吾（2007年）は大和郡山市出身で、東京大学から運輸省入り。豪快なキャラクターで知られ、海上保安庁長官から参議院議員となった。運輸省観光部長の経験も生かし観光開発を重点施策にし成果を上げている。また、かつて大阪府から苦労して独立した経緯に鑑み、道

奈良県

州制に強く反対し、関西広域協議会にも参加してこなかったが、2015年に部分参加した。

【こんな政治家も】

木村篤太郎は現在の五條市で生まれ、東京帝国大学を経て弁護士となり、幣原内閣の検事総長、第1次吉田内閣の司法大臣となった。東京弁護士会会長。法務相、防衛庁長官を歴任し、剣道の復活に力を尽くした破壊活動防止法案を成立させ、全国の博徒、的屋、愚連隊を結集した反共抜刀隊計画などを構想したこともある。機動隊が整備される前には、警察の実力行動に限界があったことから生まれた発想だった。

【最近の衆参議員選挙の状況】

◇第1区：小林は会社社長で元県議。馬淵元国交相は小林に惜敗し、比例復活できず。'09 馬淵澄夫（民）。'12 馬淵澄夫（民）。'14 馬淵澄夫（民）。'17 当 小林茂樹（自②）90,558、次 馬淵澄夫（希）88,082。

◇第2区：高市元総務相は松下政経塾から米国議会スタッフ。'93年に無所属で出馬し、初当選。その後、新進党に所属するも'96年に離党、自民党に入党した。'09 滝実（民）。'12 高市早苗（自）。'14 高市早苗（自）。'17 当 高市早苗（自⑧）124,508、次 松本昌之（希）52,384。

◇第3区：'17年の改正公職選挙法成立に伴い、第4区は第3区に統廃合された。第3区を奥野が地盤にしていたが田野瀬に譲り、奥野は比例区へ移行。田野瀬は元自民党総務会長だった田野瀬良太郎の子息で父の秘書をつとめた。'09 吉川政重（民）。'12 奥野信亮（自）。'14 奥野信亮（自）。'17 当 田野瀬太道（自②）122,341、次 前川清成（希）55,721。

◇旧第4区：'09 田野瀬良太郎（自）。'12 田野瀬良太郎（自）。'14 田野瀬太道（自）。

◇参議院（定数１）：'10年以前には民主党が3連勝するなど保守優位ではない。堀井は総務官僚。佐藤も総務官僚。'07 中村哲治（民）。'10 前川

清成（民)。'13[当]堀井巌（自①）354,658、[次]大西孝典（民）139,680。'16[当]佐藤啓（自①）292,440、[次]前川清成（民）216,361。

【コラム】歴代総理の語学力

グローバル時代というのに、昔に比べても最近の総理や候補者たちの国際経験や語学力は貧弱だ。小泉純一郎はイギリス、安倍晋三はアメリカに留学したといっているが、「遊学」に近い。ただ、安倍の英語での演説は日本語と同様に堂々としていてなかなかのものだ。

まっとうな留学だったらしいのは、戦後では鳩山由紀夫、麻生太郎あたりか。福田康夫は民間会社の海外駐在員としての経験がある。

過去の総理を見ると、文明開化の意気に燃えていたころの人はかなり本格的な留学をしている。西園寺公望や東久邇宮稔彦は在仏期間も長くネイティブ並みにフランス語を話したし、若槻礼次郎はフランス法の大家で英仏に短期間だが勤務している。寺内正毅もフランス留学組だし、原敬もフランス語の専門家で駐仏大使館で勤務もした。伊藤博文の留学は四国艦隊の下関砲撃を聞いて帰国したので短期で終わったが、その後も積極的に外国語に親しんだ。桂太郎や田中義一のドイツやロシアでの仕事も内容の濃いものだった。

幣原喜重郎、加藤高明、広田弘毅、吉田茂、芦田均は本職の外交官だし、海軍出身の首相たちはそれなりの語学力、国際経験を持っていた。また、旧制高校出身者は読み書きなら相当な水準で、福田赳夫は旧制一高のフランス語の大秀才で英仏に勤務しているし、宮沢喜一の英語力には定評があった。東条英機と小磯国昭はドイツ語圏での武官経験あり。

（八幡和郎）

和歌山県（紀伊の大部分）

紀州では公職選挙法は施行されていない?

二階俊博・自民党幹事長は、練達の保守政治家として盤石の地位を築いている。代議士秘書から県会議員を経て代議士となり、政治資金問題や利益誘導を非難されることもあるが、共産党にまで信頼されるという国会対策のプロであり、中国と太いパイプを持ち、ハト派として知られる。そういう意味も含めて野中広務の後継者的立場として貴重な存在だ。

【県の概要】

　紀伊は「木の国」であるといわれている。紀伊半島の外延部を囲むように志摩半島の近くまでが国域となり、江戸時代の紀伊藩は松阪までをその版図に加えていた。また、紀伊国南部にあった旧牟婁郡は広大だったが、南北の牟婁郡は三重県に、東西は和歌山県に入った。熊野川で両県の境は分けたのである。

　和歌山市は、豊臣秀吉が紀ノ川河口の若山、岡山、伏虎山といった名で呼ばれる丘に城を築き、弟の秀長に与えたことに始まる。江戸時代にはむしろ若山が一般的な名称で、和歌山が定着したのは明治になってからのようだ。

　徳川御三家と呼ばれた尾張、紀伊、水戸のうち、尾張や水戸は将軍何するものぞと独立心旺盛だったが、紀州の場合は、8代将軍に藩祖頼宣の孫である吉宗がなったことから、将軍家の身内のようなものだった。幕末には御三家でただ一つ佐幕派だったが、紀州藩士はいささか軟弱だった。大和南部での天誅組の変では怯えて戦えず、征長戦争では農民の竹槍に追い回された。その反動で、維新後の藩政改革は目指ましいものだったが、すぐに廃藩置県になってしまった。

　だらしない武士たちに対して、紀州の土着民たちは戦国時代以前の元気さを取り戻していった。何しろ、紀州は鉄砲隊で知られた雑賀衆、根来の僧兵、熊野の水軍が跋扈した自主独立の地である。

　高野山や熊野は紀伊の霊場として世界遺産に指定されて話題となった。温泉所として有名な白浜温泉には飛行場もあるし、パンダが何匹もいる動物園「アドベンチャーワールド」もある。海に囲まれた県域から釣り天国でクエという大型の魚はとくに人気。

産業は旧住友金属の和歌山工場などあったが、高速道路の整備が遅れた。松下幸之助を輩出した地でありがながら、産業発展につなげられなかった。

　明るく野心的に人生に挑む気質は、現代の紀州人にも脈々と受け継がれているので、民権政治の時代になると、激しい政争が繰り広げられることになった。総務省の官僚が「和歌山では公職選挙法や地方公務員法は施行されていないのですよ」と冗談めかして嘆くほどだ。

　そんな中でもさらにユニークな存在は、暴れん坊ぶりを発揮した和歌山市長の旅田卓宗。愛人が若女将をしていた老舗旅館を市の迎賓館として20年借りる契約を結んだことによって背任罪に問われ服役した。

【歴代知事】

　小野真次（1947年）は、串本町の出身で京都高等蚕糸学校に学び、村議、郡議、県議、村長などを経て代議士。当選確実といわれた官選知事を破った。その後、5回にわたって当選したが、第1回公選で選ばれた知事で最長不倒を誇ったのは、この小野知事と神奈川県の内山岩太郎知事。1959年には明治以来の悲願だった紀勢本線が全通し、住友金属の高炉建設やコンビナートの誘致にも成功した。また、阪和合併を提唱する先進性もあった。しかし、道路整備の遅れや公害の発生などがあり、鋭い眼光とちょび髭の厳しい威厳を持つワンマン知事だっただけに反発も徐々に強まった。

　大橋正雄（1967年）は、副知事をつとめ、早くから小野の後継者と見なされていた。対抗馬といわれた和歌山市長の高垣善一が公判中に急死したこともあって、保守系は大橋にまとまった。空前の中傷合戦が繰り広げられ、大橋が京城（ソウル）生まれであることから「第三国人」という噂が流布された。もともと、東京大学出身の内務官僚だったが、戦争直後に和歌山県庁に移籍した。「黒潮国体」（1971年）における競技施設より道路など一般インフラに重点を置いた政策は、新発想といわれた。しかし、2期目の途中で動脈瘤破裂によって急死。

　県出納長の仮谷志良（1975年）は、京都大学を卒業後に県庁に入り、大橋との年齢差が4歳で前知事が健在ならチャンスはなかった。小野、大橋といった個性的な知事の後任ゆえ、堅実な手腕が期待された。

和歌山県

大学誘致、「和歌山コスモパーク加太」の開発、関西空港への協力、「和歌山マリーナシティ」などリゾート構想への取り組みなど事業を広く行い、無風選挙で5選を重ねた。大柄で相撲や柔道をよくし、豪放な印象を与えた。

西口勇（1995年）は田辺商業学校を卒業し、青年団活動などで頭角を現し、村の助役をつとめていたのを小野知事が見出して県庁に移籍させた。「南紀熊野体験博」を開催し、熊野地方にようやく陽を当てた。また、県内2時間交通ネットワーク構想のもとで、高速道路の整備も進んだが、2期目の途中で健康上の理由から無念の降板となった。

木村良樹（2000年）は大阪生まれ、京都大学から自治省、和歌山県総務部長、大阪府副知事で一時は大阪府知事候補ともいわれた。木村は、改革派知事の一人として全国の知事たちと連携し全国的な評価も高かった。山の中にまで立派な道はいらないという「一・五車線道路」の提唱などは霞が関的発想への挑戦として高く評価された。だが、2選目出馬をめぐるトラブルと、政治指南を受けていた人物とのゼネコンに天下っていた元出納長が南海電車に飛び込み自殺した。その結果この事件は立件されなかったが、その捜査に検察側のやや強引な印象もあった。

辞職を受けての後継選考では、これまでの県政としがらみのない人物をということで、経済産業省OBの仁坂吉伸（2006年）を自民党が担ぎ出した。仁坂は和歌山市内のニット製造企業経営者の家に生まれ、桐蔭高校で竹中平蔵と同期生。東京大学から通産省入りした。ミラノ駐在や通商政策局次長の後、外務省に出向して駐ブルネイ大使をつとめた国際派である。

すべての公共調達で指名競争入札を廃止し一般競争入札を実施するなどした。また、スローガン先行で実質的な意味のない、あるいは実行上の問題が多いような施策や決定を厳しく批判している。

【こんな政治家も】

坂本龍馬の海援隊に参加していた陸奥宗光は、日清戦争時に名外相として名をはせた。その従兄弟の岡崎邦輔は原敬を支え、政界の寝業師と呼ばれた。孫が外交官にして評論家の岡崎久彦で政治的な後継者が衆議院議長になった山口喜久一郎。喜久一郎の姪と結婚したのが秘書であった中西啓介である。

【最近の衆参議員選挙の状況】

◇第1区：市中心部をはじめ、無党派層が広がり、旧民主の岸本が'09年に当選して以来、連続当選。岸本は自民の門に大差をつけ、勝利。岸本は財務官僚。門は元ホテル運営会社社長。**'09 岸本周平（民）。'12 岸本周平（民）。'14 岸本周平（民）。'17[当]岸本周平（希④）82,517、[比復]門博文（自③）57,111。**

◇第2区：石田は県議を経て、海南市長に。**'09 阪口直人（民）。'12 石田真敏（自）。'14 石田真敏（自）。'17[当]石田真敏（自⑦）75,772、[次]坂田隆徳（希）21,395。**

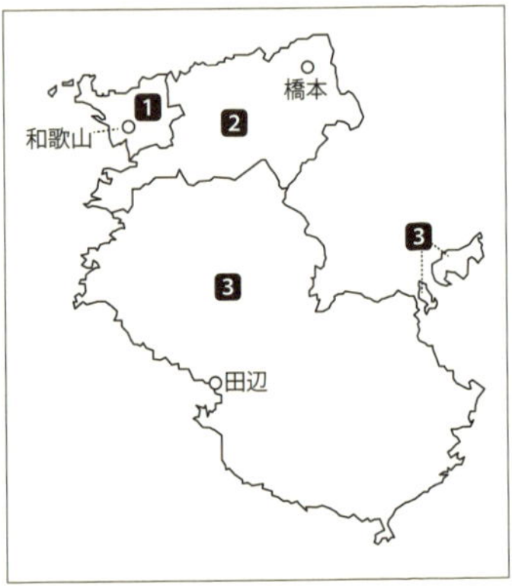

◇第3区：二階自民幹事長は衆議院議員秘書を経て、県議。小沢一郎側近として新生党、新進党結成に参画。保守党を経て、'03年に自民党に復党。**'09 二階俊博（自）。'12 二階俊博（自）。'14 二階俊博（自）。'17[当]二階俊博（自⑫）109,488、[次]楠本文郎（共）40,608。**

◇参議院（定数1）：世耕経産相はNTT社員を経て、伯父の世耕政隆の死去に伴い行われた参議院補欠選挙で初当選。祖父は元経済企画庁長官で近畿大学初代総長の世耕弘一。鶴保は東大法学部を卒業後、小沢一郎の秘書となる。その後、二階の指導で自由党から出馬、当時最年少の31歳で初当選。**'07 世耕弘成（自）。'10 鶴保庸介（自）。'13[当]世耕弘成（自④）337,477、[次]原矢寸久（共）83,172。'16[当]鶴保庸介（自④）306,361、[次]由良登信（無）115,397。**

＜近畿ブロック　定数 28 ＞
◇自由民主党 258 万 6424 票 9 議席
奥野信亮(5) 重複なし、**神谷昇**(2) 大阪 18 区 92.1、**佐藤ゆかり**(3) 大阪 11 区 91.0、**木村弥生**(2) 京都 3 区 89.7、**岡下昌平**(2) 大阪 17 区 89.4、**谷川とむ**(2) 大阪 19 区 86.6、**門博文**(3) 和歌山 1 区 78.7、**大隈和英**(2) 大阪 10 区 74.5、**繁本護**(1) 京都 2 区 61.6、次 湯峯理之（重複なし、党職員）

　奥野は東京都新宿区出身、奈良育ち。17 年の区割変更に伴い、奈良県選挙区の定数削減に基づき、奈良 3 区から比例区単独に転身。日産に勤務後、父の奥野誠亮元法相の地盤を継いだ。

◇公明党 116 万 4995 票 4 議席
竹内譲(5) 重複なし、**浮島智子**(3) 重複なし、**浜村進**(3) 重複なし、**鰐淵洋子**(1) 重複なし、次 田丸義高（重複なし、公明新聞役員）
竹内は京都府京都市出身。三和銀行に勤務後、'93 年に旧京都 1 区から出馬し、初当選。'99 年、京都市議会議員を 2 期つとめ、'05 年に比例近畿ブロックで当選し、衆議院議員に返り咲く。浮島は東京都新宿区出身。元バレリーナ、'04 年に比例区で参議院議員に初当選、1 期つとめ、'10 年に落選。'12 年に比例近畿ブロックで衆議院議員に初当選。浜村は岡山県倉敷市出身。野村総研に勤務後、公明党青年局次長を務めた。鰐淵は福岡県福岡市出身。党職員を経て、'04 年に比例区で参議院議員に初当選、1 期つとめ、'10 年に落選。'17 年に比例近畿ブロックで衆議院議員に初当選。

◇日本維新の会 154 万 4821 票 5 議席
森夏枝(1) 京都 3 区 26.2、**井上英孝**（3）大阪 1 区 98.1、**谷畑孝**（8）大阪 14 区 97.9、**足立康史**（3）大阪 9 区 97.8、**浦野靖人**（3）大阪 15 区 90.7、次 美延映夫（90.4、元大阪市議長）大阪 4 区、次 藤田文武（90.1、会社役員）大阪 12 区。

◇立憲民主党 133 万 5360 票 5 議席
森山浩行（2）大阪 16 区 85.0、**桜井周**（1）兵庫 6 区 74.6、**村上史好**（3）大阪 6 区 63.9、**尾辻かな子**（1）大阪 2 区 52.5、**長尾秀樹**（1）大阪 5 区 49.5、次 松井博史（46.5、秘書）大阪 8 区、次 村上賀厚（38.5、会社社長）大阪 1 区

◇希望の党 91 万 3860 票 3 議席

樽床伸二（6）重複なし、井上一徳(1)京都5区 32.4、山井和則（7）京都6区 98.3、次 **馬淵澄夫**（97.2、国交相）奈良1区。
樽床元総務相は島根県雲南市出身。希望の党の公認を得て、比例近畿ブロックの単独1位候補として出馬。松下政経塾に学び衛藤征士郎の秘書を経て、'93年に旧大阪7区から日本新党で初当選。新進党から民主党入り。'14年に落選。'16年に民進党を離党。旧知の小池百合子の勧めで希望の党と維新の調整で、地盤にしていた大阪12区からの出馬を見送り、比例単独で出馬。

◇日本共産党 78万6108票 2議席

穀田恵二（9）京都1区 70.2、**宮本岳志**（2）重複なし 次 清水忠史（45.9 タレント）大阪4区
宮本は和歌山県和歌山市出身。党役員を経て、'98年に大阪府選挙区で参議院議員に初当選。'04年と'07年、落選。'09年に比例近畿ブロック単独で出馬し、初当選。共産党のホープの一人。

◇社会民主党 7万8702票 0議席
◇幸福実現党 3万6774票 0議席

第9章 中国

鳥取県（因幡・伯耆）

石破茂の父がつくった大山観光道路

　石破茂元防衛相の父は建設官僚で鳥取県知事をつとめた。茂の公式プロフィールには鳥取県八頭町出身とあるが、出生地は東京といわれる。父親の知事就任で鳥取に移り、鳥取大学教育学部附属中学から慶應普通部、慶應大学、三井銀行を経て父の死を受けて28歳で代議士になった。安倍内閣では地方創生相を担当したが、ほかの有力政治家同様、30年以上も代議士をしてきた地元が不振なのだから根本的な発想の転換が欲しかった。

【県の概要】

　明治4年（1871）には因幡国と伯耆国を包括した形で発足したが、9年には島根県に吸収されてしまい、その5年後になって、やっと分離独立したのである。

　幕末期、鳥取藩は約33万石で、島根の松江藩はおよそ19万石である。しかも、鳥取藩は勤王寄りで、松江藩は佐幕だった。

　にもかかわらず、因幡・伯耆2国は、松江を県庁とする島根県の下風に立たされたのだ。因幡と伯耆だけでは小さいというなら但馬でも鳥取の県域に入れてもおかしくない。鳥取では場所が偏りすぎているというなら、石見を山口県に入れて、米子でも県庁にしてもいいのだから、合併させられた鳥取は著しくプライドを傷つけられた。その後、激しい分離運動の結果、ようやく松江の支配から脱したというわけだ。

　因幡は稲場、稲庭など稲と関連する言葉から転じたという説が多く、早くから米の作付けに向いた土地だったことを窺わせる。江戸時代には池田氏の領国となった。岡山藩が本家だが鳥取藩の藩祖の母が徳川家康の娘だったお陰で、家格も石高もわずかながら鳥取が上位とされた。鳥取という地名は全国各地にあり、水鳥が多くいたことによる。

　伯耆の語源は諸説あるが、ホオノキ（朴の木）というモクレンに近い樹木でないかというのも一つの可能性だ。

　相沢英之（経済企画庁長官）はもともと横浜が地元で、生まれたのは、父親の勤務地だった大分県宇佐市。大蔵事務次官だったが、都市部の横浜では出馬がなかなか難しく、妻で女優の司葉子が鳥取県境港市出身であることから、その故郷から出馬した。

ところが、当選後は田中がロッキード事件の渦中にあったので派閥入りを避けて田中の怒りを買った。

【歴代知事】

西尾愛治(1947年)は、県庁の水産課長をつとめ、農民総同盟を中心とする革新勢力が支持した。予想を覆しての当選に課長から知事への「三段跳び知事」と話題になった。西尾は南米への大量移住を唱え、議会の反対を押し切って5ヵ月にもわたる外遊を強行したが、これをきっかけにリコール運動も起き2期目の任期途中で辞任した。

遠藤茂(1954年)は、農学博士で和歌山県農林部長をつとめた。かなり大胆に緊縮財政に取り組み財政再建を果たしたが、県議会で多数を占める保守勢力との対立から重要議案がストップすることもしばしばで、とくに、美保基地問題では厳しい闘いが続いた。

石破二朗(1958年)は八頭郡郡家町(現八頭町)出身で、東京大学法学部から内務省入りし、戦後の鳥取大火復興事業にも建設省都市計画局長として貢献し、事務次官をつとめた。東部で圧倒的な強さを見せ、現職を破った。大山有料道路、境港港整備、奥日野ダム建設、皆生海岸の護岸、国道9号線の整備、新産業都市の指定、中海干拓などに辣腕を振るい、県内のインフラは急速に改善された。ただ、工場誘致などは結果が出ず、その意味では不満を残すこととなった。石破は4期目の最後の1年を残して辞任し、参議院選挙に出馬した。平林鴻三(1974年)は岩美郡にルーツがあるが、兵庫県で生まれ東京大学法学部から自治省へ。県の総務部長だった。福祉優先を唱え、高齢者福祉などについては全国でも先進的といわれた。3期目の途中で県政百周年事業を機に辞任し、のちに衆議院に転出し建設相などをつとめた。

これを継いだのは、副知事だった西尾邑次(1983年)。西伯郡出身だが東部の西尾家の養子となった。東京高等農林学校から県庁入り。

山陽本線上郡と鳥取を結ぶ智頭急行の整備を第三セクターで進め、大阪まで4時間以上かかった移動時間を2時間半に短縮した。

片山善博(1999年)は、岡山県出身だが、平林知事末期から西尾知事誕生の時期に課長として鳥取県庁に在勤している。西尾知事には請われての総務部長職だった。鳥取環境大学の開学延期など、前知事の政策

も大胆に修正するとともに、鳥取県西部地震では個人の住宅再建への援助の実施、根回しなしの議会運営など大胆な施策で改革派知事として全国的な名声を得て、2003年に無投票で再選された。あるいはホテル税で石原都知事と対決して以来、地方の時代の明日を担う存在となった。

片山は3期目の出馬をしないという声明を出し、後任には副知事から自治体国際化協会のニューヨーク事務所長に転じていた平井伸治（2007年）がなった。東京出身で、東京大学法学部から自治省入り。鳥取県には総務部長として出向し、そのまま39歳で副知事になっていた。「従来の改革は情報公開の徹底や公共事業の抑制などがテーマだったが、改革の果実を還元し、経済成長や県民生活の豊かさにつなげる地域発展型の改革へと脱皮させていきたい」と語っている。

【こんな政治家も】

社会党の野坂浩賢は日本通運労組出身。亀井静香や野中広務との太いパイプで知られ、自社さ政権誕生の立役者の一人である。村山内閣では建設相や官房長官をつとめた。ただ、1996年の総選挙には、ほかの大臣や政務次官経験者と同じく出馬せず、社民党の衰退の原因となった。

【最近の衆参議員選挙の状況】

◇第1区：石破は三井銀行元行員。'86年、初当選。'94年、新進党の結党に参加するも、翌年、離党。'97年に自民党に復党。父は県知事、参議院議員、自治相を歴任した石破二朗。'09 石破茂（自）。'12 石破茂（自）。'14 石破茂（自）。'17当 石破茂（自⑪）106,425、次 塚田成幸（共）20,829。

◇第2区：赤沢は母の実家の赤沢家の養子となる。国交省官僚。祖父は赤沢正道元自治大臣。'09 赤沢亮正（自）。'12 赤沢亮正（自）。'14 赤沢亮正（自）。'17当 赤沢亮正（自⑤）72,827、次 湯原俊二（希）53,312。

鳥取県

◇参議院（定数1 →廃止）：公職選挙法改正によって、'16年から島根県選挙区と合同選挙区となった（鳥取県・島根県選挙区）。舞立は総務官僚。 '07 川上義博（民）。'10 浜田和幸（自）。'13 当 舞立昇治（自①）160,783、次 川上義博（民）82,717。

【コラム】政治家の個別宅訪問は全面禁止されるべきか？

「ピンポーン」と呼び鈴がなり、誰かと思って玄関を出てみると、政治家が挨拶に来ていたということがあるだろう。

しかし、日本の公職選挙法では、政治家の個別宅訪問は禁止されている。個別宅訪問とは「選挙運動のために個々の住宅を訪問して回り、特定の候補への投票を頼むこと」と規定されている。そのため、あなたの家にやって来る政治家は「御挨拶にうかがいました」と言い、名刺を差し出すのみで、投票依頼はしない。挨拶だけならば、個別宅訪問にはならないという解釈が一般的になされている。

日本では、戸別宅訪問が買収などの選挙違反行為を誘発する可能性があるという理由で禁止されているが、アメリカやイギリスでは、政治家と有権者を繋げ、有権者の政治参加を促す機会になるとして、禁止されていない。アメリカやイギリスで、個別宅訪問は「Canvassing(キャンバシング、依頼するの意)」と呼ばれ、「Leafleting(リーフレッティング、ビラ配りの意味)」とともに、頻繁に行われている。

新人で無名の政治家が有権者に、自分の名前と顔を覚えてもらうためには、個別宅訪問しか方法がない。朝、駅前に立って演説したとしても、よほど政治に関心のある人以外は、気にも留めないし、ほぼ無視であろう。SNSで発信したとしても、無名の政治家の情報発信にいちいち反応する人など、ほとんどいない。

結局、一軒一軒、個別宅訪問で有権者を訪ねて回り、一人一人握手をして、深々とお辞儀をして、自分の存在を示す以外にない。

田中角栄は個別宅訪問を徹底してやったという。「ドブ板選挙」という言葉があるが、ドブ板をまたいで、一軒一軒訪ねるということに由来している。どんなに時代が進化しても、田中角栄の時代以来の「ドブ板選挙」は変わらない。

（宇山卓栄）

島根県(出雲・石見・隠岐)

竹下登を育てた大山林地主が知事に

　出雲の人は信心深く村の行事などに積極的に参加するし、選挙の投票率は全国最高クラスだ。従順ともいえるし、静かでおだやかに見えるが意外に頑固だし、政争も激しい。こういう土地の人は政治家に向いている。竹下登も同じ選挙区に父が蔵相や商工相を歴任し兄が中国電力会長だった桜内義雄（通商産業相）、鉄道官僚の細田吉蔵（運輸相）、内務官僚で浜口雄幸元首相の娘婿だった大橋武夫（運輸相）などがおり、彼らとの厳しい戦いの連続だった。

【県の概要】

　神代からの悠久の歴史を感じさせる国。大国主命を祭る出雲大社が有名だが、その名前で呼ばれるようになったのは明治5年（1871）のことで、それまでは「杵築大社」と呼ばれていた。

　島根県は出雲、石見、隠岐の3国からなる。明治4年には、石見と隠岐が浜田県、出雲が島根県だったが、9年にはこの2県に鳥取県を加えた島根県となった。だが、14年に鳥取県が分離し現在のようになった。

　出雲の語源は「古事記」に素戔嗚尊の歌としてある「八雲立つ出雲八重垣妻ごみに」と関連づけて語られることもあるが、よく分からない。略するときは雲州である。

　石見は石群（いわむし）だとか石海（いわうみ）とか海岸などに石が多いことによる。隠岐国は「奥」ないし「沖」から来ているようだ。

　島根県の名は県庁所在地である松江が旧島根郡だったことによる。明治になって旧秋鹿郡、旧意宇郡と3郡が合併して八束郡になった。松江城は関ヶ原の戦いの後に入国した堀尾吉晴・忠晴によって築城され、越前松平氏分家が領有する松江藩となった。

　その中に竹下登の生家は、出雲の山間部の掛合町（現雲南市）の酒造家で、早稲田大学第一商学部を卒業。戦後、青年団活動から県議会議員となり、大地主であった田部家の後ろ盾で代議士に当選した。

　竹下の台頭を喜ばなかった田中角栄は、そのころ総理候補といわれた安倍晋太郎、宮沢喜一、竹下をそれぞれ揶揄して「一度当選したのち落選した者、参議院議員からの鞍替え、県会議員経験者は総理になったためしがない」と揶揄したが、竹下はそのジンクスを破った。

島根県

　県会議員の経験が悪いことはないが、竹下については、やはり県会議員の延長でしか天下国家を見ることができなかった。

　島根県は全国でも一人あたりの公共事業費が最大といわれたが、松江は高速道路にもっとも遅くつながった県庁所在地の一つだ。新幹線建設はいまも見通しがない。自分の市町村内や、県庁所在地である松江までが便利になることしか頭になく島根県全体の浮揚すら考えが及ばなかったのだろう。

【歴代知事】

　戦後第1回の知事選挙は5人の候補によって争われたが、原夫次郎（1947年）はフランス留学経験もあり検事や首相秘書官をつとめた後、代議士となっていた。島根大学の開学などに取り組み、自由党に支持され再選を目指したが、75歳の高齢も問題にされ、民主党と社会党に推された現大田市出身で元慶應大学教授の恒松安夫（1951年）に敗れた。松江と玉造温泉を宍道湖湖畔を通って結ぶ有料道路（現在は国道9号線に編入）が建設された。

　恒松は3選を目指す構えも見せたが、反対も多いのを見て躊躇したので、自民党は田部長右衛門を推した。島根には桁外れの山林地主が多いが、その一人だった。

　田部長右衛門（1959年）は、全国有数の山林地主で、京都大学で学んで家業を継ぎ代議士。新産業都市の指定をもぎ取り、全国の知事を糾合して過疎対策法の制定にこぎつけるなど、中央とのパイプも生かしながら格差解消につとめたが人口流出は止まらなかった。田部は作陶も手がける茶人だったが、そのセンスを県庁周辺地域の整備にいかんなく発揮した。建築家の菊竹清訓を主に起用して行われたこの事業は目指ましい成功を見せ、近くの松江城と新旧がよく調和した景観は日本一の官庁街といわれる。竹下登や青木幹雄を育てたのも田部だ。

　テレビ各局はライバルより早く当選確実を出した方が視聴率が上がると思っている。最近では、出口調査で開票が始まる前に当確が打たれて当事者をシラけさせることも多い。また、総選挙などでは、毎回のように「幻の当確宣言と万歳三唱」がある。それが知事選挙で起きたのが、1971年の島根県であった。

日本一の大山林地主といわれた田部が3期つとめて引退したとき、伊達慎一郎（1971年）は、東京大学卒で満州国政府で働き、帰郷して県庁につとめ副知事となっていた。田部や竹下が担いだが、桜内、細田、大橋の3代議士は、県出身の自治官僚で沖縄開発庁長官だった山野幸吉をかついだ。NHKの当選確実を受けた山野陣営による「万歳三唱」後に、174票差で伊達陣営が勝利を収めた。広島と結ぶ国道54号線の開通や島根原発の運転開始などがあったが、いずれも副知事時代からの継続案件であり、田部時代後期と伊達県政は一体として見るべきものであろう。

　伊達は再選に立候補せず、再び3代議士が推す山野と、竹下が社会党と組んで推す元知事恒松安夫の親族で学者の恒松制治（1975年）が争い、学者知事ブームにのって恒松が勝利した。「地方分権」を超えた「地方主権」を主張し、「地方の時代」のイデオローグとして活躍した。しかし、現実には、竹下登の全盛期でその意向に沿った公共事業が進んだ印象が強く、恒松県政そのものの特色はもう一つ、明確ではない。荒神谷遺跡から銅剣や銅鐸が大量に見つかるといった出来事が明るい話題だった。恒松は4選目には出馬せず、獨協大学学長に就任した。

　澄田信義（1987年）は国鉄出身。澄田の就任後、ようやく、高速道路が広島から浜田へ、米子から松江にとつながり、石見空港も開港したが、中海干拓の中止という問題も生じた。国鉄出身の澄田らしい成果は、JR山陰本線の地道な改良ですぐれた公共事業として話題になった。また、松江の県立美術館は日本一といわれる夕陽の美しさを取り込み、県立博物館は廃止して人気がある古代史をテーマにした島根県立古代出雲歴史博物館を出雲市にオープンした。市町村合併は市町村が59から21になる大きな成果を上げた。また、澄田在任中の初期には、岩國哲人が出雲市長として話題になるなど、県内で地域づくりへのさまざまな動きが見られた。

　また、民間の足立美術館は横山大観の絵やそれを具現化した庭園で国際的な評価をを勝ち得ているし、石見銀山跡の世界遺産登録も有望である。

　5期つとめた澄田は、2007年の統一選には立候補しなかった。溝口善兵衛（2007年）は益田市出身。東京大学から大蔵省に入り、元財務省

島根県

財務官。東京への一極集中に厳しく警鐘を鳴らす。石見銀山の世界遺産登録、松江市の猛烈な運動によって実現した松江城天守の国宝指定などが明るい話題。また、竹島問題にも熱心に取り組む。

【こんな政治家も】

若槻礼次郎は東京大学法学部を史上最高の成績で卒業し大蔵官僚になった。知的で良心的な政治家だったが強引さに欠け首相として満州事変を止められなかった。東条英機の退陣にあたって、長老たちが退陣の説得をした際に、東条を完膚なきまでに論破して貢献した。国民新党にいた亀井久興・亜紀子父子は津和野藩主の末裔。岩倉具視の子孫でもある。

【最近の衆参議員選挙の状況】

◇第1区：細田元内閣官房長官は通産官僚。父の細田吉蔵元運輸相の秘書を経て、'90年に初当選。亀井は父の亀井久興元国土庁長官の秘書をつとめた。'09 細田博之（自）。'12 細田博之（自）。'14 細田博之（自）。'17㊥ 細田博之（自⑩）95,513、比復 亀井亜紀子（立①）65,285。

◇第2区：竹下元復興大臣は竹下登元総理大臣の異母弟。NHKに勤務後、竹下登の秘書を経て、'00年、引退を表明した登の後を継いで、出馬し、初当選。'09 竹下亘（自）。'12 竹下亘（自）。'14 竹下亘（自）。'17㊥ 竹下亘（自⑦）123,332、次 福原宗男（社民）35,576。

◇参議院（定数1 →廃止）：公職選挙法改正によって、'16年から島根県選挙区と合同選挙区となった（鳥取県・島根県選挙区）。島田は竹下登の秘書をつとめ、県議会議員。青木の父は青木幹雄元内閣官房長官、元自民党参議院幹事長。放送会社勤務を経て、父の秘書をつとめる。'07 亀井亜紀子（国民新党）。'10 青木一彦（自）。'13㊥ 島田三郎（自②）202,181、次 亀井亜紀子（みどりの風）115,043。

◇鳥取県・島根県選挙区

'16[当]青木一彦（自）387,787、[次]福嶋浩彦（無）214,917。

【コラム】アウトソーシングは正義でない

土光臨調以来の行政改革では、公務員の数を減らし、給与を削減し、仕事を減らしたかを競っている。仕事をアウトソーシングすることも大流行である。財政が厳しければ、職員をとことん働かせる方が先決だが、人材派遣業などに関連した業界の人々が審議会に入って影響力を行使し、判で押したような政策が推進されがちだ。

もちろん専門的にまかせた方が、コストが安くなることが多いから、アウトソーシングを全面的に否定するつもりはない。しかし、その場合でも、行政内部に専門家を抱えておくべきだ。公共事業では、自分でスペック（仕様書）を書ける専門家がいないと良い公共工事は担保できないし、情報系でもＳＥ（サービス技術者）がつとまる技術者が行政側にもいなければＩＴ企業のいいなりになる。

公務員のやる気を高め、能力再開発を行い、いい仕事をさせるべきだ。最初から人員整理や給与削減ありきでは士気が上がるはずがない。公務員がやる方がいいのか、公の仕事として残すが実行業務はアウトソーシングするのか、そもそも公は関与しないかということに最初から答えはない。

かつては、「企業や経済の論理、入るべからず」という看板でもかかっているとでもいいたいのかという場面に頻繁に出会ったが、逆の極端に走って、「小さい政府こそ無条件で正義」と勘違いしている人が多い。だが、民間企業の経営者なら、アウトソーシングに出す、系列企業の切り離し、従業員のリストラなどについて、やればやるほど正しいとは考えない。公務員が頑張れば増員や給与引き揚げもあるということではじめて意欲も出る。

ましてや、地方の場合、地元雇用の確保も大事なことだから、東京の企業にアウトソーシングすることには、別の問題も生じる。

（八幡和郎）

岡山県(美作・備前・備中)

医師出身の三木知事は戦後日本屈指の名知事

岡山県出身の首相というと、備中庭瀬藩(現岡山市)郷士家出身の犬養毅と総社市の橋本龍太郎をあげるのが普通である。ただし、橋本は東京生まれだ。ルーツが岡山県ということになると、一郎と由紀夫の二人の総理を出した鳩山家は美作国勝山藩士の出自(現真庭市)であり、菅直人の父親は美作国久米郡福渡町(現岡山市)の出身である。

【県の概要】

神武天皇は大和入りする前には、吉備国にて力を蓄えたと『日本書紀』は記している。神話としてでなく歴史書だと思って読めば、日向を出たときにはさほど家来もいなかったが、吉備で基盤を固めて、畿内へ攻め上ったことを意味しているようにも読める。どれほどの史実かは不明だが、古代にあって吉備がもっとも発展した地方のひとつであり、皇室とも縁故関係があったことは確かである。

吉備国はあまりにも広大だったために、7世紀の後半に備前、備中、備後に3分割され、8世紀には備前から美作が分けられた。こうした歴史を反映して、それぞれの一宮は、備中が岡山市西部の吉備中山という小山の麓にある吉備津神社で、備前が吉備中山の反対側にある吉備津彦神社、備後が広島県福山市内にある吉備津神社、美作は津山市にあって備前・備中の一宮がある地名に由来する中山神社である。中でも、備中の吉備津神社は本家本元だけあって立派で、足利3代将軍義満によって寄進された本殿は国宝である。

吉備の語源は、作物の「黍」であろうといわれ、名物がキビ団子であることもあってか納得してしまう。

江戸時代前期を代表する名君として、比復的によく知られているのは、徳川光圀、保科正之、そして岡山藩の池田光政だろう。池田光政は外様大名でありながら藩政の各方面で高い水準の成果を上げた。児島湾の干拓による新田開発など、その最たる功績である。

明治4年(1871)には、備前が岡山県、美作が北条県、備中に備後・福山周辺を加えて深津(のちに小田)県となったが、明治9年(1877)に現在の県域になった。岡山の名は、城地を柴津岡山と呼んでいたこと

によるようだ。

　倉敷を中心とした選挙区では、橋本龍太郎と加藤六月の激しい対立が繰り広げられた。橋本龍太郎の父である龍伍は大蔵官僚出身で厚生大臣をつとめたが56歳で死去した。呉羽紡績でサラリーマンをしていた龍太郎は26歳で代議士になり、厚生行政についてのエキスパートとして評価され、最強の族議員といわれた。

　橋本政権では、おおむね妥当な政策運営を評価されたが、財政再建を急ぎすぎて人気を落とし短命政権に終わった。その後の年金など社会保障制度の混迷ぶりを見れば、橋本のようなプロがいないことが誠に残念に思える。

【歴代知事】

　西岡広吉（1947年）は山口県出身の内務官僚。官選知事だったが、福岡県知事に転出していた。有能な官吏だったが、やや官僚的に過ぎるといわれ再選を狙ったが敗れた。

　三木行治（1951年）は岡山市出身で、岡山医科大学を卒業後に九州大学の法文学部で卒業後に厚生省入りし厚生省公衆衛生局長までつとめた。「行政の科学化」を標榜し、「産業と教育と衛生の岡山県」をスローガンに掲げた。癌実態調査、アイバンクの設立、精神障害児施設の開設など医療福祉面では最先進県との評価を得た。水島にコンビナートを造成し、新産業都市の模範といわれた。岡山国体では、「国体までに」を合い言葉に競技会場の整備や都市計画が推進され、「明るい県民運動」や「花いっぱい運動」も大いに盛り上がった。各競技の振興はもとより、ブラスバンドから合唱団まで飛躍的なレベルアップが実現したという。

　三木が4期目の途中で急逝したあとは、笠岡市出身で中央大学法学部卒業後に内務省入りし、岡山県商工課長を最後に退官し、1950年の参議院議員選挙で全国最年少で当選していた加藤武徳（1964年）が就任した。山陽新幹線が岡山まで延伸されたほか、中国縦貫道の起工などが行われた。加藤の3選目の知事選で、元自治省事務次官の長野士郎（1972年）が社会党や橋本龍太郎を受けて支持で勝利した。

　長野は総社市の出身。東京大学から内務省入りし、自治省事務次官をつとめた。地方自治法の最高権威といわれ、全国知事会会長もつとめ

岡山県

た。本四架橋については紆余曲折はあったものを、3ルートの中で優先着工にこぎ着け、山陽自動車道も実現し、全国でも珍しい南北結ぶ列島横断型の岡山自動車道も実現した。吉備高原都市、岡山空港なども長野の強いリーダーシップのもとで実現し、井原鉄道、チボリ公園などの大規模プロジェクトも進めたが、未来志向の効果があったかどうか疑わしいものもある。良くも悪くも現代の封建領主といわれた20世紀後半の知事像を代表する人物だ。

長野引退を受けた選挙では、現在の岡山市西大寺の生まれで建設大臣官房審議官だった石井正弘（1996年）が江田五月を破った。第1期目に副知事をつとめたのが、大阪府知事となった太田房江である。長野の無謀なインフラを引き継いだので、普通なら公共事業推進の立場にあるはずの建設官僚である石井知事が、「有効利用」「ハードからソフトへ」といったスローガンを掲げて県政を進めて行くことになる不思議な因縁だった。石井は、全国知事会でも行政改革についてのスポークスマン的存在として重きを成した。

伊原木隆太（2012年）は、地元百貨店の天満屋の創業家に生まれ、東京大学工学部を卒業。スタンフォードでMBAを取得。天満屋社長をつとめたあと、知事選に立候補を表明し、石井は立候補を断念し、参議院にまわった。県産品の売り込みや岡山空港の活性化などに取り組んでいる。

【こんな政治家も】

津山出身の平沼騏一郎は検事・司法官僚で右翼の支持を得て首相となった。その曾孫にあたるのが平沼赳夫だ。江田三郎は社会党右派の指導者として国民的人気はあったが社会党内で主流となることはできなかった。子息が江田五月（参議院議長）。鳩山家はもともと美作勝山藩士。禄高は70石だが小藩なのでこれでも幹部クラスだった。菅直人の父親も岡山市北部の出身だ。

【最近の衆参議員選挙の状況】

◇第1区：逢沢元自民党国対委員長は松下政経塾出身。祖父・父ともに元衆議院議員。'09 逢沢一郎（自）。'12 逢沢一郎（自）。'14 逢沢一郎（自）。

'17⑱ 逢沢一郎（自⑪）87,272、比復 高井崇志（立③）56,757。

◇第2区：山下は元検事、東京地検特捜部に勤務。津村は東大卒業後、日本銀行に入行、'02年に民主党から出馬、比例復活。'09 津村啓介（民）。'12 山下貴司（自）。'14 山下貴司（自）。'17⑱ 山下貴司（自③）73,150、比復 津村啓介（希⑥）54,591。

◇第3区：阿部は日本看護協会元副会長。郵政民営化法案で造反した平沼赳夫元経産相の刺客として出馬、比例復活。平沼は'15年、次世代の党を離党し、自民党に復党。次男の平沼正二郎が自民党の公認を申請したが、自民党は阿部と平沼いずれも公認せず、両候補を無所属出馬させ、阿部を党推薦候補とした。阿部が当選し、追加公認。'09 平沼赳夫（無）。'12 平沼赳夫（維）。'14 平沼赳夫（次世代）。'17⑱ 阿部俊子（無⑤）59,488、次 平沼正二郎（無）55,947。

◇第4区：橋本は橋本龍太郎元総理の次男。三菱総研に勤務した。柚木は出版社勤務後、民主党の公募に応じ、'03年に出馬するも橋本元総理に敗れる。'05年、橋本岳に勝利し、初当選。'09 柚木道義（民）。'12 橋本岳（自）。'14 橋本岳（自）。'17⑱ 橋本岳（自④）93,172、比復 柚木道義（希⑤）72,280。

◇第5区：加藤厚労大臣は加藤六月元農水大臣の娘婿となり、加藤姓に改名。加藤六月の秘書をつとめ、'03に比例区で当選。'09 加藤勝信（自）。'12 加藤勝信（自）。'14 加藤勝信（自）。'17⑱ 加藤勝信（自⑥）100,708、次 樽井良和（希）26,901。

◇参議院（定数1）：小野田の父はアメリカ人。会社勤務の後、東京区議会議員（北区）を2期つとめた。石井は建設省官僚、県知事を4期つとめた。'07 姫井由美子（民）。'10 江田五月（民）。'13⑱ 石井正弘（自①）490,727、次 高井崇志（無）180,864。'16⑱ 小野田紀美（自）437,347、次 黒岩健太郎（民）329,501。

広島県 (備後・安芸)

原爆からの復興と宏池会の金城湯池

全国の県議会にはで実力者といわれる政治家がいるが、広島県議会にも檜山俊宏議長という大物がいた。1991年から2003年まで議長をつとめ、とくに1993年には参議院議員になったばかりだった若い藤田雄山を知事に担ぎ出した。このときに対立候補だったのが、亀井静香代議士の兄で県議だった郁夫だったが、これを破って県政を牛耳った。

【県の概要】

安芸は平清盛が国司だったこともあって厳島神社を宮島に造った。戦国時代には毛利氏が安芸と備後を支配した。広島は毛利輝元が山間部の吉田から居城を移して安芸の中心になった。輝元が関ヶ原の敗戦によって防長に移り、初めは両国とも福島正則が領したが、やがて、浅野氏に代わり、福山周辺は譜代大名の水野氏に与えられた。正則は尾張出身らしく経済センスにすぐれて藩政を確立したが、家康に疎まれて改易された。

明治4年（1871）には、広島県の範囲はほぼ広島藩の領域が尊重され、安芸国に備後国から深津県となった福山周辺以外が加わった形で成立した。だが明治9年には備後全域が広島県になった。

安芸の語源は、魚に関するものをはじめさまざまな説があるが、あまり説得力がなく不明である。

広島県政を語るうえでしばしば深刻に語られるのは、教育現場における平和教育と同和問題だ。

同和問題は日本のまさに恥部であるし、その改善について功績があったのが部落解放同盟であり、日本教職員組合の貢献も大きかった。しかし、局地的にせよ行き過ぎることがあったし、そうした場合には、たとえ理不尽な標的になってもマスコミも警察も守ってくれない傾向があった。日教組については、一般的にはごく良心的な組織だが、やや過激に地域もあり、そのひとつが広島県だ。平和教育について熱心なのは被爆地として当然だが、広島の子は「君が代」は歌えないが、原爆の歌・3部作（「原爆許すまじ」「青い空は」「夾竹桃のうた」）は、児童・生徒みたが歌わされるというのは明らかに行き過ぎだ。

【歴代知事】

広島に原爆が落とされたときの知事は高野源進だったが、ちょうど福山に出張中で命拾いをした。その高野が警視総監として帰京後、児玉源太郎の7男の児玉九一、さらに楠瀬常猪（1947年）が知事に就任した。楠瀬は高知県生まれ。東京商大から農商務省入りし、商工省燃料局長官、中国地方行政事務局長官（州知事のようなもの）を経て官選知事となる。任期中に天皇陛下の行幸、広島平和都市建設法が立法された。

大原博夫（1951年）は、慈恵大学出身の医師で、県会議員から戦後は代議士になった。民主党と社会党に推された。「生産県構想」を展開し、経済の復興に成果を上げ、広島市の復興も目指ましく、1951年には国体を開催、県庁舎、広島市民球場なども完成した。また、世界最大級の日本鋼管福山製鉄所の誘致成功が功績として残る。3期目に「大判小判事件」という不祥事で失脚。

永野嚴雄（1962年）は東京大学卒業後、検事・弁護士となり、44歳の若さで知事になった。新産業都市からはもれた備後地区が議員立法によって工業整備特別地域となり、ほぼ同様の支援措置を獲得できた。原爆ドームの保存決定、広島大学の統合移転決定、中国縦貫道の起工などが行われた。「島根県との合併を図る時期が来た」と提唱したが進展しなかった。

宮澤弘（1973年）は福山市に生まれ、東京大学卒業ののち、内務省に入り千葉県副知事となって東京湾大規模埋め立てなどを進めた。自治省事務次官を経て、広島県知事となった。のちに参議院議員となり、村山内閣の法相となった。「地方の時代」のイデオローグとして知られた。社会党との関係も良好だった。広島東洋カープが初優勝し、新幹線が開通し、広島大学を東広島市に移転させ、「賀茂学園都市」の建設を推進したが、東京と同じように郊外へ重要施設を移転するという施策が正しかったかは断定できない。「定住構想」に基づく地域づくり、住民参加、環境重視など新しい時代の考え方に沿った行政を展開していったが、地方自治のエースと期待されたほどの成果が上がったかは疑問だ。生活環境さえ整備すれば仕事もついてきて地方に人口も戻るという思想が高度経済成長時代のもので、高度成長が終わったからには、経済に優先的に取り組むことが必要なはずであった。広島に限ったことではない

広島県

が、この脳天気な思想に騙されて実践した結果、地方では各種の箱物施設ばかりたくさんできたが、仕事がなくて住む人がいなくなっていったのである。

宮沢が任期途中で辞任して参議院選挙に出馬したため、副知事だった竹下虎之助（1976年）が出馬した。京都大学を卒業し、高等文官試験にも合格したが、島根県庁に就職した。だが、自治省に移り、永野県政の末期から副知事になっていた。アジア大会が開催され、広島新空港建設にめどがついた。

当時の広島県議会では、檜山俊宏議長が県議会と自民党県連のドンとして君臨していた。それに対抗したのが、亀井静香代議士とその兄で県議だった郁夫（のちに参議院議員）だった。この対立から、檜山が参議院議員の藤田雄山（1993年）を擁立し、亀井郁夫が対抗馬となったが、藤田が勝った。藤田の父は参議院議長だった藤田正明。母方の祖父は元知事の大原博夫。フジタ・グループの創業者である藤田一郎は叔父。慶應大学を卒業し三井物産勤務後に2世国会議員となった。藤田は4選され、檜山を県会議長から追放することにも成功したが、巨額の資金の流れが明らかになり、県議会が知事の辞職勧告を受けたりもした。教育部門では、公立高校は難関大学への進学に配慮した体制を取るのが遅れた。

湯﨑英彦（2009年）は、広島市佐伯区出身で東京大学から通産省。民間に転じ、（株）アッカ・ネットワークスを設立しJASDAQに上場させた。県議会の自民党最大会派や民主党会派の支援を受けて当選。都道府県知事として初めて「育児休暇」を取った。県の管理職には年俸制を適用している。

【こんな政治家も】

加藤友三郎は海軍軍人で高橋是清の政友会内閣が倒れて組閣。軍縮にも積極的に取り組んだが、在任中に病死。「所得倍増計画」の池田勇人（首相）は竹原市出身の大蔵官僚。吉田茂首相の下で大蔵大臣として業績を上げてその派閥の大部分を引きついだ。

【最近の衆参議員選挙の状況】

◇第１区：岸田元外相は長銀に勤務後、衆議院議員の父の秘書を経て、'93年に初当選。現在、党政調会長。'09岸田文雄（自）。'12岸田文雄（自）。'14岸田文雄（自）。'17 当岸田文雄（自⑨）113,239、次大西理（共）32,011。

◇第２区：平口は国交省官僚。'03年、無所属で出馬するも落選。'05年、自民党から出馬し、初当選。'09松本大輔（民）。'12平口洋（自）。'14平口洋（自）。'17 当平口洋（自④）96,718、次松本大輔（希）68,309。

◇第３区：河井は松下政経塾出身で、元県議会議員。塩村は元タレント、元都議会議員、善戦した。'09橋本博明（民）。'12河井克行（自）。'14河井克行（自）。'17 当河井克行（自）82,998、次塩村文夏（無）61,976。

◇第４区：新谷は医師、比例区で２回当選、中川の後任となる。週刊誌が中川の不倫、重婚スキャンダルを掲載。中川は自民党を離党、出馬しなかった。'09空本誠喜（民）。'12中川俊直（自）。'14中川俊直（自）。'17 当新谷正義（自③）64,911、次空本誠喜（維）28,562。

◇第５区：寺田は財務省出身。'09三谷光男（民）。'12寺田稔（自）。'14寺田稔（自）。'17 当寺田稔（自⑤）86,193、次橋本琴絵（希）27,912。

◇第６区：佐藤の父は元農水相の守良。電通に勤務後、父の秘書。かつての対抗馬の亀井が不出馬で、佐藤を支持。参議院を１期つとめた。小島は宮澤喜一らの秘書を経て、県議会議員を７期つとめた。'09亀井静香（国民新党）。'12亀井静香（日本未来の党）。'14亀井静香（無）。'17 当佐藤公治（希③）85,616、比復小島敏文（自③）69,209。

◇第７区：小林はNTTドコモ元社員。祖父は元参議院の小林政夫で日東製網の創業者。'09和田隆志（民）。'12小林史明（自）。'14小林史明（自）。'17 当小林史明（自③）110,547、次佐藤広典（希）54,898。

◇参議院（定数２）：宮澤元経産相は大蔵官僚。伯父は宮澤喜一元総理大臣。父は宮澤弘元県知事、元参議院議員。総理大臣首席秘書官などを経

広島県

て、'00年、衆議院議員選挙に出馬し、初当選。3期つとめた。'09年に落選し、参議院に転じた。柳田元法務大臣は神戸製鋼所元社員、基幹労連組合員、衆議院議員を2期つとめた。溝手元国家公安委員長は東大卒業後、新日鉄勤務、会社経営を経て、三原市長。森本は元広島市議会議員。
'07 佐藤公治（民）、溝手顕正（自）。'10 宮澤洋一（自）、柳田稔（民）。
'13 ㊥溝手顕正（自⑤）521,794、㊥森本真治（民①）194,358、次 灰岡香奈（維）173,266。'16 ㊥宮澤洋一（自②）568,252、㊥柳田稔（民④）264,358、次 灰岡香奈（維）157,858。

【コラム】不可思議な地方選挙制度

現在の都道府県議会議員を選ぶ選挙制度は、まことに奇妙な存在である。まず、選挙区制度がおかしい。一般的には、市か郡、政令都市の特別区が選挙区になっており、その結果、県庁所在地では定数が10人以上であることも多いのに、定数1のところも多々ある。

そうなると、社民、公明、共産といった小政党は、県庁所在地などだけでしか当選可能性がない。そして、候補者もそれ以外では立てないから支持者たちは政治参加の権利を奪われている。

かつての衆議院の小選挙区でも、定数は3から5だった。このくらいの幅での違いは容認されるだろうが、1から10までというのは、いかんせん、法の下の平等に反する。とくに、定数1の選挙区は農村部が多いこともあって自民党系の指定席に、定数2だと自民党と旧民進党系で仲良く分け合って無投票当選も多いのである。

いろいろな考え方はあろうが、定数3から5のような中選挙区制か、小選挙区と比例代表の併用のようなシステム、あるいは比例だけが現実的な制度ではないか。

次に、知事選挙の対立候補が選挙後も野党議員として議会に立場を確保できるようにしたらどうか。法定得票数を取ったら議員になれるようにすればよい。

現在の制度では、次点候補ですら選挙後は一切の政治的な立場を確保できない。国政における野党第一党党首にあたるはずなのに、おかしなことである。それが議員として残ることになるのだから、都道府県政の活性化が期待できよう。

（八幡和郎）

山口県 (周防、長門) 首相をもっとも多く出している県

> 長州は初代の伊藤博文から始まって山県有朋、桂太郎、寺内正毅、田中義一、岸信介、佐藤栄作、安倍晋三、菅直人と9人もの首相を出している。菅直人は岡山県出身の父親の仕事の関係で高校生の途中までいた。

【県の概要】

　長州出身の首相を並べると、一般人に広く好かれている人は少ない。長州人は日本人離れした理屈屋にしてリアリストなので好まれないのだ。だが、国家の命運を託するに足る安定した判断は長州人ならでは。

　防長というように、山口県は周防と長門二国からなる。

　長門は狭い関門海峡を「穴戸」と呼んだことにちなむらしい。下関市はかつて赤間関市といった。最初に市制を敷いた全国31市の一つだ。「ワカメ」に由来するらしいが、「赤馬関」と書かれることもあり、略して「馬関」という呼び方もあった。日清戦争の講和条約が当地の旅館「春帆楼」で調印された頃は、赤間関市時代だったので、条約も馬関条約と呼ばれた。余談だが、上関と下関のほかに中関が防府付近にあった。

　周防の語源は「州がめぐる」「すわ（といって逃げた）」「鯖」などの説がある。佐波郡の防府市はその国府があったことから名付けられた。明治になってから毛利家の屋敷はここに移り、現在は毛利博物館になり、雪舟の国宝「四季山水図」が所蔵されている。

　その周防国府の官吏からのし上がったのが、大内氏である。祖先は百済王家とされ、室町時代には朝鮮国王に父祖の地の割譲を願ったこともある。大内氏の本拠地となった吉敷郡の山口市は「西の京」といわれた。

　江戸時代には毛利氏の城下町は山陰の萩だった。徳川幕府によって僻地に押し込められたという都市伝説があるが、実は防府の三田尻に築城しようとしたが、地質が悪く諦めた。改めて、岩国、長府、山口で役割分担をしようと決めたが、一国一城令が出たため、萩に機能を集中せざるをえなくなったいうことである。ただし、幕末に山口へ政庁を移しており、廃藩置県で廃止になったのは山口藩である。

山口県

　戦前の軍国主義につき、陸軍が長州閥だったので、その責任を問う人も多いが、山県など長州閥が排除されたから、軍国主義へ暴走したという考え方もあり、そうした評価は不当だ。山県がもう少し生きていたら、日米戦争はなかったかもしれないだろう。

　『賊軍の昭和史』という半藤一利と保阪正康の共著があり「官軍が始めた昭和の戦争を〝賊軍〟が終わらせた！」というひどいサブタイトルが付いているが、「官軍が保った平和を賊軍に占められた昭和の陸海軍が壊した」という方が正しい。

　明治・大正・昭和の歴代天皇にも苦言を呈することができたのも山県くらいだ。本真の忠臣というも存在は上司がいうことを鵜呑みにする部下であるはずがない。

　桂太郎も対外強硬論者、超然主義者という位置づけをされ、悪くいわれるが、陸軍や官僚機構を政党政治の中で、現実的な中庸路線へ導く構想を持っていた。

　だが、彼らに一般の日本人にその真意を分からせる努力に欠けるきらいがないわけではない。安保改定のために警職法を改正しようとしたり、デモを押さえるために自衛隊を出動させようとした岸信介の判断、あるいは沖縄返還を実現するために「密約」を厭わなかった佐藤栄作もその系譜に属する。

　安倍晋三首相も第一次内閣のときには、東京で生まれ育ったひ弱さが感じられたが、再登板以降は、さすが岸信介の孫だというしたたかさと凄みが出ている。

【歴代知事】

　田中龍夫（1947年）の父は戦前の首相だった田中義一。龍夫は東京大学から南満州鉄道入りし、企画院、軍需省勤務や大臣秘書官を経て貴族院議員となった。山口大学の設置、占領軍の抵抗を押しての県遺族連盟の設立などを行った。2期目の途中で国政に転身しのちに通産相。

　小澤太郎（1953年）は山口市の出身で、東京大学卒業の後、台湾総督府で勤務していたが、義兄である田中に請われて副知事となり後継知事となった。徳山の旧海軍燃料廠跡地への出光興産の進出を皮切りに周南地域にコンビナートが形成された。2期目の任期途中で参議院議員に

転出。

　橋本正之（1960年）は下松市の出身で、京城帝国大学から朝鮮総督府に勤務し、内務省を経て山口県に帰郷し、副知事となった。「花とみどりと太陽と」をスローガンに無風選挙での当選を続けた。池田内閣から三木内閣に至るまでの時代で、参議院でも山口県出身の重宗雄三が議長として君臨していた。山陽新幹線、中国縦貫自動車道、関門大橋、宇部空港、山陰と山陽や離島と本土を結ぶ道路など県内の道路も目覚ましく改善された。

　平井龍（1976年）も柳井市の出身で、東京大学から総理府入りし、自治省から山口県の総務部長、副知事になっていた。「あたたかいふるさとづくり」を県政の目標とし、福祉分野では全国に先駆けてショートステイの利用券制度の導入などに取り組んだ。マツダ防府工場の誘致に成功した。

　二井関成（1996年）は、美祢市出身で父親は県庁勤務ののち家業を継いでいた。県庁職員経験者の父親を持つ知事は珍しい。元自治相で岸信介に師事した吹田愰も新進党の支持を受けて立候補したが敗れた。風通しの良さそうな二井の人柄も物を言った。市町村合併では56市町村を23にまで削減、山陽新幹線ののぞみ号停車など、着実な成果を上げた。

　山本繁太郎（2012年）は、柳井市出身。父は県議。東京大学から建設省に入り、住宅局長など、麻生内閣で内閣官房地域活性化統合事務局長。総選挙で山口2区で2度落選したのち、知事選に立候補。産業育成や農林水産業の再生を掲げ、他候補らを下し当選したが、当初から体調不良を訴え任期半ばを待たず辞職し間もなく肺がんで死去。

　村岡嗣政（2014年）は、宇部市生まれ。東京大学から自治省。広島市役所課長などを経て総務省企画官。「九州・山口ワーク・ライフ・バランス推進キャンペーン」を実施するなど少子化に取り組んでいる。

【こんな政治家も】

　柳井市長だった河内山哲朗は松下政経塾出身者として初めて市町長になった。現在は松下政経塾の塾長だ。林義郎（財務相）は通産官僚で林芳正（参議院議員）の父。安倍晋太郎元外相は竹下登の盟友だったが、

山口県

病気とリクルート事件で首相となるチャンスを逃した。

【最近の衆参議員選挙の状況】

◇第1区:高村は電通に勤務後、父の高村正彦元外相の大臣秘書官となる。祖父の坂彦は元衆議院議員、徳山市長。'09 高村正彦（自）。'12 高村正彦（自）。'14 高村正彦（自）。'17㊛高村正大（自①）133,221、次 大内一也（希）36,582。

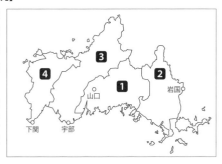

◇第2区:岸は安倍晋太郎の三男で、母の洋子の実家岸家の養子となる。参議院議員を2期つとめた。'09 平岡秀夫（民）。'12 岸信夫（自）。'14 岸信夫（自）。'17㊛岸信夫（自③）113,173、次 松田一志（共）40,051。

◇第3区:河村元文科相は県議会議員であった父の地盤を引き継ぎ、県議会議員。'90年、衆議院議員選挙に出馬し、初当選。'09 河村建夫（自）。'12 河村建夫（自）。'14 河村建夫（自）。'17㊛ 河村建夫（自⑩）103,173、次 坂本史子（立）41,497。

◇第4区:安倍総理大臣は神戸製鋼所勤務後、外務大臣であった父の晋太郎の大臣秘書官をつとめた。'93年に出馬し、初当選。'09 安倍晋三（自）。'12 安倍晋三（自）。'14 安倍晋三（自）。'17㊛ 安倍晋三（自⑨）104,825、次 藤田時雄（希）18,567。

◇参議院（定数1）:林は三井物産などの会社勤務後、大蔵大臣であった父の林義郎の大臣秘書官を経て、'95年に出馬、初当選。江島は下関市長を4期つとめた。父は江島淳元参議院議員。'13年、岸が衆議院議員選挙出馬のため、辞職したため、補欠選挙が行われた。'07 林芳正（自）。'10 岸信夫（自）。'13 補欠 江島潔（自）、'13㊛ 林芳正（自④）455,546、次 藤井直子（共）95,480。'16㊛江島潔（自②）394,907、次 纐纈厚（無）183,817。

＜中国ブロック 定数11＞

◇自由民主党 124万9073票 5議席

小島敏文（3）広島6区80.8、**杉田水脈**（2）重複なし、**池田道孝**（3）重複なし、**古田圭一**（2）重複なし、**三浦靖**（1）重複なし、次 **畦元将吾**（重複なし、放射線技師）、次 **徳村純一郎**（重複なし、党役員）

杉田は兵庫県神戸市出身。積水ハウスに勤務後、西宮市役所勤務。みんなの党に所属したが、'12年に日本維新の会の公認で、兵庫6区で出馬しが比例復活し、初当選。'14年の日本維新の会の分党に伴い、次世代の党の結党に参加したが、'14年の選挙は落選。自民党に転じ中国比例区単独。池田は岡山県出身。倉敷市役所勤務後、岡山県議を3期つとめ、'12年に比例区で初当選。古田は山口県下関市出身。宇部興産に勤務後、学校法人早鞆学園理事長をつとめ、'14年比例中国ブロックより初当選。三浦は島根県太田市出身。亀井久興元国土庁長官の秘書をつとめ、'06年に大田市議、3期つとめ、'17年に初当選。

◇公明党 47万6270票 2議席

斉藤鉄夫（9）重複なし、**桝屋敬悟**（8）重複なし、次 **日下正喜**（重複なし、党岡山事務長）

斉藤元環境相は島根県邑南町出身。清水建設に入社、技術研究所主任研究員などをつとめた。'93年、旧広島1区から初当選。'96年、新進党の調整で、比例中国ブロックで出馬。桝屋は山口県山口市出身。山口県庁に勤務後、'93年に旧山口2区から出馬、初当選。斎藤と同じく'96年、新進党の調整で、比例中国ブロックで出馬。

◇希望の党 51万4191票 2議席

柚木道義（5）岡山4区77.5、**津村啓介**（6）岡山2区74.6、次 **湯原俊二**（73.2、元県議）鳥取2区

◇立憲民主党 53万3050票 2議席

亀井亜紀子（1）島根1区68.3、**高井崇志**（3）岡山1区65.0、次 **坂本史子**（40.2、元東京都区議）山口3区

◇日本維新の会 15万1221票 0議席

◇日本共産党 19万9152票 0議席

◇社会民主党 4万4240票 0議席

◇幸福実現党 2万701票 0議席

第10章 四国

徳島県 (阿波)

三木武夫と後藤田正晴の阿波戦争

中曽根内閣の官房長官をつとめた後藤田正晴の成功の背景には、社会党代議士だった井上普方が後藤田の姉の子であるという特殊事情があった。早く両親を失った後藤田は、井上家で育った。同じ選挙区で伯父と甥が戦うという構図も異例だったが、党が違うのでかえって競合しなかったので6回も2人ともに当選した。

【県の概要】

阿波の名は「粟」から来るらしい。水も豊かで気候に恵まれた豊かな土地だと古代の人も思ったのだろう。

阿波踊りの始まりは、蜂須賀家政が徳島城を築いたときに始まる。家政は『太閤記』で有名な小六の息子である。城のある丘の形が猪に似ているので、「渭(猪)ノ山」と呼ばれたが、のちに市内にある島の名前から徳島といわれるようになった。おそらくめでたい名だからだろう。徳島藩は大坂の陣の後に淡路国を加え26万石の四国第一の大藩になった。

天正14年（1586）に豊臣秀吉が四国を平定したときに蜂須賀家政に与えられ、廃藩置県に至るまで蜂須賀氏による支配が続いたが、こうした例は、島津氏のような土着勢力を別にすると、加賀の前田氏とともに稀有な例に属する。

ただし、幕末には11代将軍家斉の子である斉裕が養子となり、その子の茂韶が幕末から明治にかけて活躍した。茂韶は「野武士出身」の自家を恥じたのか、血筋が悪くないことを証明してもらおうと歴史家たちに援助するなどした。結局、野武士の家などに養子に出されたと怨みに思ったのか、徳島のことにはあまり興味を示さなかった。

徳島市は名東郡に属していたので、明治4年（1871）には、阿波国と徳島藩領だった淡路国は名東県（名をみょうと呼ぶのが珍しい）とされた。さらに、明治6年には香川県を吸収したが、明治8年には分離。明治9年には、高知県に併合されるとともに淡路は兵庫県に編入され、明治13年にようやく独立した県名は県庁所在地の名を取って徳島県となった。

徳島県

　名東郡はもともと、名方郡と呼ばれて国府もあったが、平安時代の寛平8年（896）に東西に分かれた。郡が東西や南北など二つに分かれている場合に、たとえば、東山梨郡と西山梨郡があっても県名には山梨県というように方角を抜く名称が多いのだが、それらはだいたい明治になってから分割されたからだ。名東県の名称は分割が平安時代のことだからだろう。

　1970年代、三木武夫（首相）と後藤田正晴（副首相）の間で「阿波戦争」が戦われた。戦前から代議士をつとめ、「議会の子」と呼ばれた三木と、警察官僚出身で田中角栄のもとで官房副長官をつとめた後藤田の主導権争いが、県政にも持ち込まれたのである。抗争は深刻で、夜の社交場も両派に色分けされ、中立など許されないとすらいわれた。

　そもそもの発端は、田中角栄内閣の副官房長官（事務）だった後藤田正晴の参議院選挙への立候補だった。田中は三木派の現職参議院議員である久次米健太郎を下ろして、後藤田に公認を与えた。これに三木は反発した。選挙は久次米19万6210票に対して後藤田は15万3388票に終わり、しかも、後藤田陣営は元警察庁長官にあるまじきことに268人もの選挙違反者を出した。この参議院選挙で自民党は全国的に不振で田中政権はここから求心力を失うのだが、なかでも徳島の敗北はシンボリックなものだった。

　その後、昭和51年（1976）の総選挙で徳島県全県区において後藤田は2位で当選し、三木王国打倒になりふり構わず戦うことになった。

【歴代知事】

　戦後第1回の知事選挙で、当選した阿部五郎（1947年）は、徳島市出身で徳島県立商業学校を出たのち労農運動に参加し独学で弁護士になった。保守が乱立した上に、当時としては斬新なことに、具体的な公約を公報で掲げたのが受けた。

　阿部邦一（1951年）は鴨島町（現吉野川市）出身で東京大学から内務官僚に。阿部五郎知事の副知事だった蔭山茂人を破った。ダム開発やフェリー就航などで手腕を発揮したが、財政難、議会との抗争、利権問題で苦しみ、原菊太郎（1955年）に惨敗し再選されなかった。

　原は現在の佐古一番町生まれ。盛岡高等農林学校を中退し材木会社経

営。徳島市長。三木武夫の応援や斬新な選挙手法が功を奏した。財政赤字の解消につとめ、小鳴門橋の建設、新産業都市などを通じて工場誘致にも成功した。3期目に、用地買収事件を理由に任期半ばで辞任。

突然の知事辞任だったので、三木武夫は代議士に初当選したばかりの武市恭信（1965年）を擁立した。京都大学を卒業後、満洲に渡り、貞光町長。強力だった三木が中選挙区の票を分けて代議士にしていた。このころ、本四架橋問題が話題になった。河野一郎建設大臣は明石鳴門ルート優先、その代わり、香川・徳島合併で香川県にも吉野川の水を使わせるという案をぶち上げた。しかし、河野が急死して振り出しに戻り、四国では架橋問題に精力をつぎ込みすぎる結果、ほかの事業も遅れるという悪循環にあった。そうした中で、武市のやや消極的な政治姿勢、三木の地元貢献の少なさが問題になりつつあった。

それが「阿波戦争」の原因で、後藤田は1977年に、三木申三を擁立し、武市は自民党公認を得られなかったが、「県民党の公認をもらった」として辛勝した。4年後、武市は「20年（の任期）は長すぎる」をスローガンにした三木申三（1981年）の再挑戦に敗れた。三木は現吉野川市の生まれで徳島医科大学卒の病院長。明石大橋着工、徳島空港のジェット化など後藤田正晴を通じての中央へのパイプも活かしながら実績を上げ、企業誘致も進んだ。

しかし、仁義なき戦いへの疲れが各方面で目立ち、無色の候補をという声も高まり、7党相乗りで擁立されたのが、運輸官僚だった圓藤寿穂（1993年）だった。板野町出身で東京大学から運輸省。徳島空港乗り入れ便増加などを実現したが、3選目には吉野川第十堰をめぐる対立で勝手連が擁立した社民党系の元県議の大田正（2002年）が善戦した。

翌年、圓藤は収賄事件で逮捕され辞任に追い込まれ、大田が知事となった。専売公社の工員から出発したおそらく全国で初めての現場労働者出身知事だった。しかし、少数与党で副知事選任などもできず、公約への過度のこだわりが手足を縛った。徳島空港拡張工事を停止したものの、併設する産業廃棄物最終処分場建設に支障を来して撤回せざるをえなかった。「汚職調査団」構想も、人選が偏っていると批判され県議会で知事不信任が可決され、知事選挙となった。

保守系は総務省より部長として出向中の飯泉嘉門（2003年）を擁立

徳島県

し勝利した。大阪府出身で東京大学から自治省に入省。『オンリーワン徳島』を看板に安定した県政を進め圧倒的な強さで4選されている。「二兎を限りなく追う」というように総花的な政策ともいえるが、バランスの取れたきめ細かさが信条である。Jリーグの「徳島ヴォルティス」の支援は成功した施策とされる。

【こんな政治家も】

昭和初期に衆議院議長をつとめた秋田清は大衆紙として人気があった「二六新報」の社長から政界入り。策士として知られた。その子の秋田大助は、同和対策事業特別措置法（1969年）の制定に尽力し衆議院副議長となった。

【最近の衆参議員選挙の状況】

◇第1区：後藤田の大叔父は後藤田正晴元内閣官房長官。三菱商事に勤務した。'11年、週刊誌の不倫報道で、党内役職をすべて辞任。仙石元内閣官房長官は'14年、落選、民主党敗北の象徴とされた。'09仙石由人（民）。'12福山守（自）。'14後藤田正純（自）。'17

当後藤田正純（自⑦）90,281、次仁木博文（希）69,442。

◇第2区：山口元内閣府特命担当大臣（沖縄および北方対策ほか）は元県議会議員。'09高井美穂（民）。'12山口俊一（自）。'14山口俊一（自）。'17当山口俊一（自⑩）81,616、次久保孝之（共）25,726。

◇参議院（定数1→廃止）：公職選挙法改正によって、2016年の第24回参議院議員通常選挙から高知県選挙区と合同選挙区となった（徳島県・高知県選挙区）。三木は県議会議員出身。'07中西智司（民）。'10中西祐介（自）。'13当三木亨（自①）179,127、次中谷智司（民）90,498。

徳島県・高知県選挙区：中西はUFJ銀行に勤務後、松下政経塾に学ぶ。'16当中西祐介（自②）305,688、次大西聡（無）242,781。

香川県（讃岐）

中国でも尊敬される大平正芳元首相

大平正芳元首相が提唱した「田園都市国家構想」のもとになった「田園都市構想」の提唱者は当時の香川県知事であった金子正則だった。丸亀出身で裁判官となったが、戦後に帰郷して弁護士をしていたところを、増原恵吉知事（防衛庁長官）から請われて副知事になった。「田園都市」の発想は、金子が読んだ『明日の田園都市』(E.ハワード／英国) という本に触発されたものだった。

【県の概要】

讃岐うどんは東京でも立ち食い蕎麦を駆逐せんばかりの勢いであるが、讃岐という漢字が読めない人が増えてきているせいなのか、だいたい「さぬき」と表記されている。讃岐でうどんが名産なのは、雨が少なく気候が乾いており、小麦と塩がよく穫れるからだ。讃岐の語源も「サ麦」だという説も有力だが、「狭い」とか「竿」といったことが語源という人もいる。

香川県の名は、県庁所在地の高松市の中心部が香川郡に属するからだ。きれいな水の川が流れていることに由来するともいわれるが、確たる証拠はない。高松は豊臣時代に讃岐の国主となった生駒親正が黒田孝高らの助言で海に浮かぶ華麗な城と城下町を築いたのに始まる。たまたま、遠からぬところの屋島南方に高松（いまは古高松という）地名があったので、それを拝借した。

幕末の藩主は水戸藩分家の高松松平氏12万石で、四国の県庁所在地では石高はもっとも低かったが、官位はもっとも高く、江戸城内での控所は彦根や会津とともに最高顧問室というべき「溜の間」の常連だった。

四国電力にJR四国本社、あるいは高等裁判所や各省庁の出先期間があって四国の中心地だが、これは太平洋戦争終戦を前にした7月に高松控訴院が設立されてからのことである。また、農政局のように中国四国農政局の体制になっているものもあり、道州制採用時には、どうするかが問題だ。

香川を代表する政治家といえば、大平正芳元首相である。東京商業大学（一橋大学）出身の大蔵官僚で、蔵相時代の池田勇人に秘書官として仕えたことを機に政界入りした。福田赳夫と激しい政争を戦い、消費税

創設に命をかけて志し、半ばで在職中に死去した。大平は中国でも尊敬されていることでもよく知られている。 田中角栄首相のもとで外相として日中国交回復に尽くしたためでもあるがそれ以上に、鄧小平の改革開放路線確立に貴重なアドバイスを与えたからだ。鄧小平が来日したのは昭和53年（1978）のこと。このときに、大平は鄧小平がこれから中国をどうするつもりかについて単刀直入に聞いた。このストレートな質問に鄧小平はしばし沈黙したが、改革開放路線の骨子を初めて語った。それを聞いた大平は戦後の傾斜生産方式から高度成長に至る歴史を振り返り、どのような順序で経済政策を進めれば中国を飛躍させられるか懇切丁寧に説明したというこの話は、中国政府がまとめた鄧小平の伝記にも「ある外国の政治家」という表現ながら載っている。つまり中国は大平のアドバイスに則って改革開放を進めた結果、世界最大の経済大国になりつつあるのだ。

一方、日本は消費税とかグリーンカードとかいった社会福祉国家にとって必要不可欠な財政制度の確立に失敗し、大きな改革をあきらめ、その場しのぎのパッチワークに終始する「行政改革」路線に堕して今日まで不振を続けている。

【歴代知事】

増原恵吉（1947年）は、愛媛県出身で東京大学から内務省から官選知事として香川県にやってきた。1期目の途中で警察予備隊の設立にあたって初代の本部長官に抜擢され退任。

金子正則（1950年）は丸亀藩士の家に育ち、東京大学を経て裁判官となったが、故郷へ帰って弁護士をしていた。それを増原が県庁に副知事として迎えた。県庁の総務部長との争いを制した。「田園都市構想」はすでに紹介したが、「デザイン知事」といわれた金子は、若い丹下健三を起用して県庁舎を建設、傑作といわれた。現在は新しい本館が美観を損ねないように丹下事務所の設計で隣に立っており、旧庁舎は分館になっている。

水不足に対処するために、早明浦ダムの建設を機に大量の水利権の獲得に成功し、香川用水を建設した。水不足もあって新産業都市誘致には失敗したが、自力による工場誘致に取り組み、坂出市の埋立地で工場用

地を安く提供したので、かえって多くの産業立地に成功した。だが、瀬戸内海の汚染がハマチ養殖などに損害を与えた。教育では全国学力テストで日本一に輝いたものの、ベビーブーム世代のための高校増設が遅れたことや、自治医科大学西日本校に拘泥したことで医科大学設置に後れを取ったことが批判された。

成田知巳社会党委員長らは、7選目阻止のため、元香川大学学長の前川忠夫（1974年）を擁立した。前川は東京大学農学部から農林省を経て、学者になっている。環境を重視し、本四架橋については「急がない」といった発言で紛糾したこともあるが優先着工を実現させた。大平正芳との関係は悪くなかった。

当選時から高齢であり、4選目への出馬は固持し、副知事をつとめていた平井城一（1986年）に譲り、無風選挙になった。高松藩士の家に生まれ、東京大学に進んだが学徒出陣し、復学せずに香川県庁に就職した。堅実な手腕が評価され金子知事の秘書課長もつとめた。瀬戸大橋、四国横断自動車道、新高松空港の開港があり観光にとっては追い風となった。香川医科大学（現香川大学医学部）や香川大学工学部の開校などもあり、「インテリジェント・パーク」や「サンポート高松」の新規開発も進められた。

真鍋武紀（1998年）は三木町出身で東京大学から農林省入りし、ジュネーブ駐在を経て国際協力事業団副総裁をつとめていた。最初に取り組まなければならなかったのは豊島問題で、民間業者が不法投棄した廃棄物をどう処理するかだった。前川知事時代から業者に対する指導が十分でなかったことから紛糾していたが、知事の謝罪も含めた格好で最終的に解決した。豊島問題は、真鍋知事になって、作成された「香川県新世紀基本構想 みどり・うるおい・にぎわい創造プラン」では、「水と緑に恵まれた、美しい郷土香川」「互いにささえあい、心豊かにすごせる郷土香川」「活力に満ち、にぎわいのある郷土香川」を創ることにより、魅力と活力に満ちた明日の香川づくりを進めていくことを基本目標にしている。白砂青松の景観を復元したいという目標には真鍋の特色が生きた。

浜田恵造（2010年）は、観音寺市出身で東京大学から大蔵省。財務省東京税関長などをつとめた。国民民主党の玉木雄一郎ともども大平正

芳の地元から出た大蔵省の後輩だ。行政手腕に優れているのは当然として、「うどん県」というネーミングも含めて官僚らしからぬ柔軟さが好評だ。

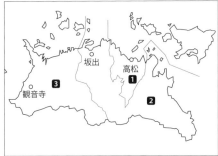

【こんな政治家も】

　三木武吉は鳩山側近の寝業師として知られ、保守合同の立役者だった。「妾が4人あると申されたが、事実は5人であります。老来廃馬と相成り、役には立ちませぬが、これを捨て去るごとき不人情は」という迷言あり。

【最近の衆参議員選挙の状況】

◇第1区：平井は西日本放送社長や学校理事長をつとめた。父は平井卓志元労働相、祖父は平井太郎元郵政相。小川は総務官僚。'09 小川淳也（民）。'12 平井卓也（自）。'14 平井卓也（自）。'17 当 平井卓也（自⑦）81,566、比復 小川淳也（希⑤）79,383。

◇第2区：玉木希望の党代表は財務官僚。'12年の総選挙で中国、四国、九州で民主党が小選挙区で議席を得たのは玉木のみ。'09 玉木雄一郎（民）。'12 玉木雄一郎（民）。'14 玉木雄一郎（民）。'17 当 玉木雄一郎（希④）82,345、次 瀬戸隆一（自）59,949。

◇第3区：大野は富士通に勤務後、父の大野功統元防衛庁長官の大臣秘書官をつとめる。'09 大野功統（自）。'12 大野敬太郎（自）。'14 大野敬太郎（自）。'17 当 大野敬太郎（自③）82,125、次 藤田伸二（社）36,735。

◇参議院（定数1）：三宅は日本経済新聞社元編集委員。磯崎は東大卒業後、全日本空輸に勤務。'07 植松恵美子（民）。'10 磯崎仁彦（自）。'13 当 三宅伸吾（自①）233,270、次 植松恵美子（無）142,407。'16 磯崎仁彦（自②）259,854、次 田辺健一（共）104,239。

愛媛県 (伊予)

松山の殿様が知事になって

秋山好古・真之兄弟や正岡子規の少年時代、愛媛県は讃岐もあわせて全国4位の人口で大県となったが、この時代に名県令として評判が高かったのが、岩村高俊（精一郎）。長岡藩家老の河井継之助の交渉相手として司馬遼太郎から罵倒されている人物だ。もちろん、『坂の上の雲』では岩村の名知事ぶりは無視しているが、側近の一人が秋山兄弟の父だったとは書きにくかったのだろう。

【県の概要】

「伊予は愛比売の国」と『古事記』にあるのが、「愛媛」という県名の由来である。県庁所在地の都市名か、その属する郡名が一般的である中、実にユニークなネーミングだ。道後温泉が古より有名だったことから「湯姫」が転化したともいう。「伊予」も語源的には同じというが、確証はない。

明治4年（1871）に松山県と宇和島県として発足したが、翌年には石鉄県と神山県と名称を変更し、6年には統合して愛媛県となり、9年には香川県を編入した。だが、明治21年に香川は再分離して現在の県域になった。

神山県への変更は、県令が宇和島藩の伝統にこだわる藩士たちの意識を変えるためだったが、倒幕の中核になった宇和島でもこのような措置をとった。

江戸時代には、松山、宇和島、大洲、今治といった中規模の藩がいくつもあった。幕末には、宇和島藩の伊達宗城は島津久光、松平慶永と並ぶ賢侯（名君）の一人として活躍した。

幕末に生まれた村上紋四郎は今治市長、代議士。その長男の村上常太郎は最高検察庁次長検事。常太郎の長男である孝太郎は、大蔵事務次官から全国区で参議院に当選したが選挙違反で批判され、わずか3ヵ月後に肝硬変のため死去。

弟の信二郎は、防衛庁官房審議官から代議士になるが5年後に病死。誠一郎はその長男で河本敏夫秘書から代議士となり、小泉内閣で規制改革相となったが、その後は自民党内にありながら政権批判を繰り返し、マスコミから重宝されている。誠一郎の妹は岡田克也元外相夫人。

愛媛県

【歴代知事】

青木重臣（1947年）は長野県生まれで京都大学卒の内務官僚。県議会で勉強不足の県議たちに対して馬鹿にしたような答弁を繰り返し、反発が強まり再選に立候補できなかった。

久松定武（1951年）は、旧松山藩主家の出身。母親は島津家出身なので、香淳皇后と従妹にあたる。東京生まれで東京大学から三菱銀行へ。ロンドン駐在も経験。貴族院議員から緑風会の参議院議員に。社会党の支持で当選した久松だが、保守派内でものちに知事となる白石春樹など与党グループが形成されが、社会党寄りだった副知事を排除するために、副知事のポストそのものを廃止する条例が制定された。久松陣営が機先を制するために、知事早期辞任の奇策を行い、正月選挙という珍しい伝統が生まれた（その後の制度改正で自分で辞めた知事は再挑戦しても残存任期だけになった）。4選目のとき、選挙違反が続出し総括責任者だった白石春樹も逮捕された。現在のように100日で判決という時代ではないので、高裁の判決が出て最高裁に上告中に5選目の選挙になった。明治百年記念の恩赦があり、白石は上告を取り下げて刑を確定させたうえで恩赦を受けた。このために久松の4期目は当選無効となったが、実質的意味はなかった。

「罪を一人で被った」ことになった白石（1971年）は知事選に立候補し、当選した。愛媛では、県教組の力が強かったが、白石はこれを猛然と切り崩した。教組も行き過ぎのきらいはあったが、組合員に対する過酷な転勤命令、学力テストで全国一位を獲得するために、成績が悪い生徒への欠席勧告、カンニングや問題漏洩などが続出した。経済面では蜜柑や真珠の特産品としての成長、東予新産業都市の建設、南予の観光開発、伊方原発の立地、強力な政治力の成果としての本四架橋「しまなみ海道」の建設が行われた。

伊賀貞雪（1987年）は現東温市出身で、松山商業学校から県庁入りしたたき上げで副知事にのぼりつめた。国際化の流れに応じていち早く、FAZ（輸出入促進地域）の指定を獲得したり財政の健全性維持に手腕を発揮した。職員への極端に峻厳な態度、批判者への露骨な嫌悪が行き過ぎた。

4選を狙った1999年の選挙では、若手県議や一部国会議員からの反発を受けて、文部省OBの加戸守行（1999年）が擁立され、県教組も加戸の文部官僚時代の実績を肯定的に評価し、戦列に加わり現職の伊賀を下した。ハワイ沖の「えひめ丸」事件の際に示したような強い主張と行動力、教科書問題で示す自らの信念に基づく主張に個性を発揮し、引退後には加計学園問題で知られるようになった。

　松山といえば『坊ちゃん』だが、同じ明治物でも『坂の上の雲』を売り出したのが松山市長時代の中村時広（2010年）。父親の中村時雄は民社党の代議士や松山市長。慶應で中学から大学まで学び、三菱商事に就職したが、父が市長時代に県会議員に当選した。1993年の総選挙では日本新党公認で当選後、松山市長へ就任。加戸知事との関係も良好で、順当に後継知事となった。しまなみ海道のサイクリング振興は中村の個性が生きた事業だ。安倍首相の側近である塩崎恭久とは互いの父の時代からライバル関係にあり、そのこともあってか、加計学園問題では、安倍内閣に対して厳しい立場を取り、加戸前知事と対立した。

【こんな政治家も】

　小野晋也（代議士）は野田佳彦首相と松下政経塾第1期生として同期で、県議当選は政経塾の政界進出第1号となった。塩崎恭久（官房長官）と関谷勝嗣（建設相）は小選挙区制移行のとき、1期のみ塩崎が参議院、関谷が衆議院となり、次からは交替した。

【最近の衆参議員選挙の状況】

◇第1区：塩崎元厚労相は日本銀行に勤務。父の秘書官を経て、地盤を引き継ぎ、'93年に初当選。'06年、安倍内閣に内閣官房長官として初入閣した。'09 塩崎恭久（自）。'12 塩崎恭久（自）。'14 塩崎恭久（自）。'17当 塩崎恭久（自⑧）112,930、次 富永喜代（希）42,600。

◇第2区：村上元内閣府特命担当大臣（規制改革）は河本敏夫の秘書をつとめる。父の信二郎元衆議院議員は議員在職のまま死去、直接的な地盤引き継ぎがなく、'83年に無所属で出馬するも落選。'86年に当選。'09 村上誠一郎（自）。'12 村上誠一郎（自）。'14 村上誠一郎（自）。'17当 村上誠一郎（自⑪）62,516、次 西岡新（維）33,894。

◇第3区：白石洋一は東大卒業後、長銀に勤務、'09年に出馬。白石徹の次男の寛樹を破る。'09 白石洋一（民）。'12 白石徹（自）。'14 白石徹（自）。'17㊥ 白石洋一（希②）70,978、次 白石寛樹（自）53,910。

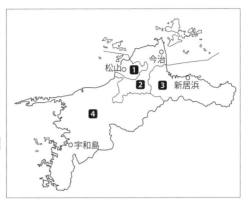

◇第4区：山本元環境相は会社社長を経て、県議会議員。'09 山本公一（自）。'12 山本公一（自）。'14 山本公一（自）。'17㊥ 山本公一（自⑨）80,589、次 桜内文城（希）56,781。

◇参議院（定数1）：山本は川崎製鉄に勤務後、県議会議員。井原は衆議院議員秘書を経て、県議会議員。その後、四国中央市長。'07 左近聡朗（無）。'10 山本順三（自）。'13㊥ 井原巧（自①）373,047、次 藤岡佳代子（みんな）102,913。'16㊥ 山本順三（自③）326,990、次 永江孝子（無）318,561。

高知県(土佐)　自由民権運動発祥の地

吉田茂元首相の実父は土佐出身だが、福井藩出身で長崎で商人として成功し、横浜の豪商だった吉田家に養子に出されていた。最初に首相になったのは旧憲法下でノーバッジだったが、新憲法で首相であるためには、議席が必要だったので高知から出た。地元のことには関心を示さず、陳情が来ても「土佐に鉄道などいらん」などと耳を貸さなかった。

【県の概要】

高知県はいうまでもなく土佐の国だが、語源についての定説はない。山がちで「土地が狭い」というあたりかもしれない。地元の人はよほどこの名前が気に入っているらしく、市町村名にも土佐と付くものを多く見かける。

高知市付近が本来の土佐郡で、四国の水甕である早明浦ダムがある土佐町も郡内。高知市は山内一豊が築城して土佐の中心になった。「河内」と名付けたが水害のイメージを嫌って、高智、さらには高知と改めた。

関ヶ原の戦いの後、領主となった山内氏は、長宗我部旧臣が未開地を開墾すれば郷士に登用するという政策を大々的に採用した。このため、身分は郷士という下士扱いだが、上士の特権を認められた郷士が多く誕生して、上士の対抗勢力になってしまったのだ。江戸時代の日本では、教養豊かなブルジョワ市民層が成立しなかったが、土佐では郷士がその役割を背負い、自由民権運動にあっても全国的なリーダーとなっていった。

かつて100円札にその肖像が使われていた板垣退助。板垣は会津攻めを指揮しているが、自由民権運動の原点を次のように説明している。「一般の人民は妻子を伴い家財を携え、四方に逃げ散り、敵対する者はいないばかりか、我が軍の手足となり、賃金を貪って恥じるところを知らなかった。国家を防衛するには、四民均一の制度とし、楽をともにし、憂いを同じくしなくてはならないと思った」。

【歴代知事】

川村和嘉治（1947年）は長岡郡本山町出身で京都大学を卒業して、

高知県

大阪毎日新聞に入り、農政記者として活躍した。当選後の8月に公職追放になった。知事に立候補したものの追放された人はいるが、当選してから公選追放になったのは、ほかに例がない。

桃井直美（1948年）は現南国市出身で、東京大学に学び、内務省入りした。岐阜県の官選知事で公選知事選挙に敗れたばかりだった。物部川水系電源開発事業などに辣腕を振るったが、典型的な「いごっそう（頑固もの）」で柔軟さを欠き、再選時には、川村（1953年）に敗れた。しかし、川村は少数与党で苦労して力を発揮できなかった。

溝渕増巳（1955年）は高岡郡の出身で、大阪府で巡査となったが一念発起して高等文官試験を通り、警察畑で活躍したところを川村から副知事に迎えられた。途中で退任し、次の知事選挙に出馬して川村を破って当選。「愛情の政治」を掲げ、悪くいえば総花的で待ちの県政を展開した。早明浦ダムなど公共事業を推進した。

中内力（1975年）は中学卒業後に県庁入りし、副知事となった。1971年の知事選挙の前年に副知事再任を拒否され、知事選挙に出馬するといったが4年後交代で決着がついた。「地下の知事」としばしば愛称されたように、まったく一度も県外に出たこともなく、中卒の一般職員からまじめに県庁につとめ上げ、見るからに庶民的な雰囲気をたたえていた。時代は、全国的にも保革相乗り、総花的ばらまきの時代だった。後任に自民党は大蔵官僚を考えたが、市民グループが橋本龍太郎の弟で、NHK記者だった橋本大二郎（1991年）を担ぎ出した。地元とはまったく関係はなかった。3選目までは事実上の無風だったが、4選目には高知市長だった自治省出身の松尾徹人が挑戦して6万票差と健闘し、初当選時の選挙資金にまつわる暴露話で議会が紛糾したことを受けて自ら辞任した。再選挙では、同じ松尾が3万票差にまで迫った。

余談だが、私は国土庁時代、官官接待廃止発表の翌週に橋本知事を県庁に訪ねて、適用第一号になるので申しわけないといわれた。そのときの橋本の話では、いったん全部止めて、もし必要なものがあれば復活すればいい、ということだったのだが、その後の展開は橋本の予想をも超える徹底したものになっていったのはよく知られるとおりである。

不正融資事件で副知事らが逮捕されたり、最初の選挙のときに、当選後の公共事業利権の確保を条件に裏金が動き、それが選挙資金となって

いたなどスキャンダルが続出した。その中で、いったん辞職して出直し選挙で当選したので、4期16年の在任になっている。

尾崎正直（2007年）は高知市出身で東京大学から大蔵省へ。2期目と3期目は無投票で当選している。基本姿勢として、「課題に対して正面から取り組む」「創造性の発揮」「官民協働、市町村政との連携・協調」「全国区の視点を持って政策展開を図る」「心身の健康に留意し公務能率の向上を図る」をあげ、「経済の活性化」「中山間対策」「日本一の健康長寿県づくり」「教育の充実」「南海トラフ地震対策」「インフラの充実と有効活用」「少子化対策と女性の活躍の場の拡大」に取り組んでいる。とくに、南海トラフ地震対策での手際の良さが光る。

【こんな政治家も】

板垣退助、後藤象二郎、中島信行など自由民権運動の指導者を多く出した。浜口雄幸は民政党総裁から首相となり、ライオン宰相と呼ばれた。平野貞夫は衆議院事務局に勤務した後、参議院議員に。小沢一郎の参謀役として知られ、引退後は言論活動をしている。

【最近の衆参議員選挙の状況】

◇第1区：中谷元防衛大臣は自衛隊二等陸尉を経て、加藤紘一の秘書となる。'09 福井照（自）。'12 福井照（自）。'14 中谷元（自）。'17 ㊥ 中谷元（自）81,675、次 大石宗（希）45,190。

◇第2区：定数削減によって、第3区が2013年に廃止され、2選挙区となった。そのため、旧2区の中谷元が新1区、旧3区の山本有二が新2区に移行、旧1区の福井照は比例四国ブロックに移行。広田は希望の党の公認を辞退し、無所属で出馬、共産党は候補の擁立を取り下げ、広田を支援した。広田は会社勤務を経て、県議会議員。山本有二元農水大臣は弁護士、県議会議員。'09 中谷元（自）。'12 中谷元（自）。'14 山本有二（自）。'17 ㊥ 広田一（無）

92,179、比復 山本有二（自）71,029。
◇参議院（定数1→廃止）：公職選挙法改正によって、2016年の第24回参議院議員通常選挙から高知県選挙区と合区されて合同選挙区となった（徳島県・高知県選挙区）。高野は河野洋平の秘書を経て、県議会議員。'07 武内則男（民）。'10 広田一（民）。'13 当 高野光二郎（自①）159,709、次 浜川百合子（共）72,939。

＜四国ブロック 定数6＞
◇自由民主党 57万9225票 3議席
福井照（7）重複なし、福山守（3）重複なし、山本有二（10）高知2区 77.0、次 白石寛樹（75.9、元秘書）愛媛3区。

　福井内閣府特命担当大臣（沖縄及び北方対策その他）は大阪府大阪市出身。建設官僚、'00年に初当選。福山は徳島県徳島市出身。徳島市議、徳島県議を6期務め、'12年、仙谷由人を、比例復活すら許さない大差で破り、初当選。

◇公明党 23万6863票 1議席
石田祝稔（8）重複なし、次 高村宗男（重複なし、党高知事務長）
石田党政務調査会長は高知県高知市出身。東京都庁に勤務後、'90年、高知県全県区から出馬し、初当選。

◇希望の党 32万4106票 1議席
小川淳也（5）香川1区 97.3、次 仁木博文（76.9、元民進党代表）徳島1区。

◇立憲民主党 23万2965票 1議席
武内則男（1）重複なし、武内は高知県三原村出身。高知市役所に勤務後、高知市議、'07年、民主党公認で高知県選挙区から出馬し、参議院議員に初当選。'13年に落選。

◇日本維新の会 7万8500票 0議席
◇日本共産党 11万8826票 0議席
◇社会民主党 2万9818票 0議席
◇幸福実現党 1万2356票 0議席

第11章 九州・沖縄

福岡県（筑前・筑後・豊前の一部）

革新知事の暴走とその反動で混乱

> 緒方竹虎は山形生まれだが福岡で育った。朝日新聞の主筆として活躍し、リベラルな立場ながら中野正剛ら右翼ともつながっていた。近衛文麿の側近であり、東久邇内閣書記官長、吉田内閣の副総理などを歴任し、吉田から自由党の総裁を引き継いだ。保守合同の鳩山一郎の後、継首相となることが確実視されたが急死した。

【県の概要】

廃藩置県ののち、筑前、豊前、筑後がそれぞれ、福岡、小倉、三潴の各県になった。明治9年（1871）には、いったん福岡県に小倉県が合併され、三潴県は佐賀県を合併したが、すぐに筑前、筑後、それに豊前の北半分は福岡県という現在の県域になった。

筑前、筑後は古代の筑紫国を分割したものだが、筑紫という言葉の意味についてはほとんどわかっていない。

博多の町の骨格を造ったのは豊臣秀吉である。この地には弥生時代の奴国があり、その後も港町として栄えてきた。だが、天智天皇の時代に唐・新羅の来襲を恐れて内陸の太宰府が九州の中心都市となり、博多はその外港となった。

元寇では大きな被害を受けたが、室町時代には大内氏らの対明貿易の拠点となり、細川氏の堺と覇を競った。秀吉は博多を近代的都市として再建した。

秀吉から最初に筑前をもらい受けたのは小早川隆景だが、その居城は博多の数キロ北東にある名島だった。関ヶ原の戦い後に52万石で名島に入った黒田長政は、立地の悪さから博多の西の地に築城することにした。福岡という名は、近江から備前に移った黒田氏が拠っていた邑久郡福岡村からとったものである。

明治になり、市制を施行するにあたって、都市名をどちらにするかで大論争となったが、議長の裁断で福岡とし、区名は博多とした。

幕末維新の激動の中で、薩摩島津家から養子に来た黒田長溥が優れた藩主だったが、養子の限界があって藩内を十分に掌握できなかった。しかも、薩摩が倒幕を決行するより少し前に藩内の勤皇派を粛清してし

福岡県

まっていた。さらに、次代の長知が偽札作りの責任を問われて、黒田家は廃藩置県を待たずに藩知事を罷免された。よって福岡藩は明治政府の中枢には入れなかったが、優れた人物は多く輩出した。セオドア・ルーズベルト米大統領と旧知の間柄だったことを生かして、金子堅太郎は日露戦争の講話会議のお膳立てをしている。

しかし、福岡藩が生んだ傑物は頭山満である。明治も終わりごろの明治41年（1908）に、ある雑誌が「天下の豪傑」の人気投票をしたところ頭山満がトップだったそうだ。国会開設運動に加わったが、政治団体玄洋社を創立し、大アジア主義の立場をとり、日本主導のもとで諸民族自立を図ろうとし、金玉均、孫文、ビハリ・ボースなどを援助した。

蒋介石が、戦後、「以徳報恩」の精神で賠償を求めなかったのは、頭山から教わった武士道精神の実践だと岸信介に語ったことも有名になった。

頭山やその弟子で東条英機と対決して自殺に追い込まれた中野正剛に連なる系列の福岡県出身の政治家に、広田弘毅（首相・外相）、緒方竹虎（副首相）、その派閥を継いだ石井光二郎（通産相）などがいる。

「部落解放の父」と呼ばれたのは、松本治一郎である。部落解放運動の指導者であるとともに、松本組という建設会社を起こした。いまとなっては、政治運動を利権に結びつけたと悪くいわれることが多いが、同和対策事業に財政支出がされても受け皿が大手ゼネコンでは意味がない。地区に十分に還元されるよう、自分たちで企業を興そうというのはもっともな発想だったことは理解されるべきだ。

昭和11年（1936）から代議士となり、戦後は初代参議院副議長となった。この地盤は息子の英一が継ぎ、一方で衆議院では弟子である楢崎弥之助が旧福岡1区から選出されて「爆弾質問男」として活躍した。

【歴代知事】

杉本勝次（1947年）は東京大学卒だが、福岡に戻って教育者となり、西南学院専門学校長をつとめた。戦後は代議士。1948年の国体開催を成功に導いた。

土屋香鹿（1955年）は静岡県生まれ。東京大学から内務省入り、福

岡県の副知事になった。当選後、公金を裏金にしていた事件が発覚し不人気のまま任期を終えた。

鵜崎多一（1959年）は京都府生まれで東京大学から農林省入りした。福岡地方経済安定局次長をつとめ、杉本に見出された。炭鉱閉山などで雇用創出や福祉充実に力を入れたが、公務員の採用をむやみに用いるなど、負担が大きすぎる施策が多かった。

亀井光（1967年）は組合と対立し、容赦なく人員整理を行った。今でこそ、こういう大なたはむしろ評価されるが、当時はひどい反発を受けた。しかし、豪華な新庁舎や知事公舎で墓穴を掘る。庁舎は黒川紀章が設計したが、空から見ると建物の形が亀と井戸に見え、しかも太陽光発電システムが「光」をシンボルとしたものだといわれた。

奥田八二（1983年）は兵庫県の農家に生まれ、九州大学を卒業し教授となった。社会思想史が専門で、三池闘争の指導者として活躍し、学園紛争では見事な行政手腕も見せていた。少数与党で苦労したが、清潔でいやみなく正直な物言いなどは評価されたし、柔軟な姿勢で保守派勢力とも対処し、トヨタの工場進出、新北九州空港の開港、県庁跡地での公民による複合施設「アクロス福岡」建設など成果も上げている。ただし、強いリーダーシップという点では不満を残した。

麻生渡（1995年）は、戸畑の出身で京都大学から通産省。駐英大使館参事官などを経て特許庁長官。自動車、IT関連産業の拠点づくりを進め、県立病院民営化など行政改革にも成果を上げ、2006年には梶原拓岐阜県知事の後任の全国知事会の会長となった。

小川洋（2011年）は福岡市の出身で麻生と同様に京都大学から、通産省、OECD代表部などを経て特許庁長官や内閣広報官をつとめた。「誰もが住み慣れたところで働き、安心して子どもを産み育て、長く元気に暮らしていくことができる」をめざし、「地域経済の活性化と魅力ある雇用の場の創出」「若い世代の夢と希望をかなえる社会」「安全・安心、災害に強い福岡県」「誰もが活躍できる社会」造りに取り組むとしている。また、「スポーツ立県」にも重点的に図っている。

【こんな政治家も】

麻生太賀吉は飯塚市の石炭王で、吉田茂の娘婿。岳父を助けるため

福岡県

に、3期だけ代議士をつとめ、後継となる息子の太郎が当選するまで、24年間の空白がある。田中六助は日本経済新聞の記者出身。大平首相のもとで官房長官や幹事長をつとめた。宮沢喜一を不倶戴天の敵とした。

【最近の衆参議員選挙の状況】

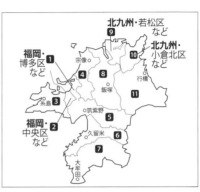

◇第1区：井上は祖父・父の地盤を引き継ぎ、県議会議員。'14年には、古賀誠元自民党幹事長の秘書であった新開祐司と公認争いになり、両者が無所属で出馬、井上が制した。松本龍が連続当選していたが、復興相として被災地での発言が問題になった。'09 松本龍（民）。'12 井上貴博（自）。'14 井上貴博（無）。'17 当 井上貴博（自③）97,777、次 山本剛正（立）51,063。

◇第2区：鬼木は九州大卒業後、西日本シティ銀行勤務を経て、県議会議員。'12 山崎拓の後継として出馬。稲富は丸紅勤務後、松下政経塾、'09年に山崎拓元自民党副総裁を破った。'09 稲富修二（民）。'12 鬼木誠（自）。'14 鬼木誠（自）。'17 当 鬼木誠（自③）109,098、比復 稲富修二（希②）100,938。

◇第3区：古賀は公認会計士、財務官僚。山内は国際協力機構で開発支援活動に従事。自民党を離党し民主党へ。その後、みんなの党の結党に参加した。'09 藤田一枝（民）。'12 古賀篤（自）。'14 古賀篤（自）。'17 当 古賀篤（自③）136,499、比復 山内康一（立④）94,772。

◇第4区：宮内は塩崎恭久や渡辺具能の秘書を務めた。'09 古賀敬章（民）。'12 宮内秀樹（自）。'14 宮内秀樹（自）。'17 当 宮内秀樹（自③）104,726、次 河野正美（維）51,426。

◇第5区：原田は弁護士で、通産官僚。'09 楠田大蔵（民）。'12 原田義昭（自）。'14 原田義昭（自）。'17 当 原田義昭（自⑧）123,758、次 楠田大蔵（希）96,675。

◇第6区：2016年、鳩山邦夫が在職中に死去。これに伴い、補欠選挙が同

年、実施。鳩山の次男で元大川市長の鳩山二郎と藏内謙が共に自民党に公認申請したが、党は当選した候補を追加公認する方針とした。'09 鳩山邦夫（自）。'12 鳩山邦夫（無）。'14 鳩山邦夫（自）。'16 補欠選挙 鳩山二郎（無）、'17[当]鳩山二郎（自②）131,244、[次]新井富美子（無）43,175。

◇第 7 区 : 藤丸は高等学校非常勤講師や古賀誠の秘書をつとめる。'09 古賀誠（自）。'12 藤丸敏（自）。'14 藤丸敏（自）。'17[当] 藤丸敏（自③）91,477、[次]原圭助（希）48,190。

◇第 8 区 : 麻生財務相の父の太賀吉は麻生セメントなどの麻生グループ会社の社長、吉田茂の三女と結婚、元衆議院議員。麻生は麻生グループ会社の経営を経て、'79 年に出馬、初当選。'08 年、自民党総裁に選出され、内閣総理大臣。'09 麻生太郎（自）。'12 麻生太郎（自）。'14 麻生太郎（自）。'17[当]麻生太郎（自⑬）135,334、[次]宮嶋つや子（共）52,027。

◇第 9 区 : 三原は父の三原朝雄文部相の秘書。'09 緒方林太郎（民）。'12 三原朝彦（自）。'14 三原朝彦（自）。'17[当] 三原朝彦（自⑧）91,329、[次]緒方林太郎（希）78,833。

◇第 10 区 : 山本元内閣府特命担当大臣（地方創生・規制改革）は大蔵省出身。城井は京大卒業後、松下政経塾に学び、前原誠司の秘書を務めた。田村は北九州市議会議員出身。'09 城井崇（民）。'12 山本幸三（自）。'14 山本幸三（自）。'17[当]山本幸三（自⑧）87,674、[比復]城井崇（希③）80,073、[比復]田村貴昭（共②）30,792。

◇第 11 区 : 武田は亀井静香の秘書をつとめた。伯父は田中六助元内閣官房長官。'09 武田良太（自）。'12 武田良太（自）。'14 武田良太（自）。'17[当]武田良太（自⑥）81,129、[次]村上智信（希）42,335。

◇参議院（定数 3 ）:2016 年より、定数 2 から 3 に。古賀は FBS 福岡放送元アナウンサー。大家は村上正邦参議院議員の秘書をつとめ、県議会議員。高瀬は創価大卒で外務省官僚。松山内閣府特命担当大臣（少子化対策等）は日本青年会議所元会頭。野田は古賀誠の秘書を経て、八女市長、'09 年に古賀誠に敗れたが比例復活し、衆議院議員。'07 岩本司（民）、松山政司（自）。'10 大家敏志（自）、大久保勉（民）。'13[当]松山政司（自③）958,042、[当] 野田国義（民）348,250、[次] 吉田俊之（維）222,180。'16[当] 古賀之士（民①）670,392、[当] 大家敏志（自②）640,473、[当] 高瀬弘美（公①）467,752、[次]柴田雅子（共）195,629。

【コラム】なぜ、地域政党に期待が集まったのか？ その弊害は？

　大阪の「維新の会」、東京の「都民ファーストの会」はともに、自民党勢力に代わる新しい政治勢力として、地方政治を舞台に現れた。

　このような新勢力が地方で急速に生まれる理由は、知事や市長が内閣総理大臣のように間接選挙ではなく、直接選挙で選ばれるからである。新たに選ばれた知事や市長は有権者の大きな支持を背景に、「維新の会」や「都民ファーストの会」のような、自らの地方政党を作り出し、議会で多数派を占め、改革勢力を形成する。

　彼らが壊そうとする旧体制(アンシャン・レジーム)とは、大都市において肥大化した「都市官僚制」である。彼らは「都市官僚制」に対抗するに際し、タックス・ペイヤー(納税者)の視点に立ち、税金をできるだけ使わせないように、行政のムダをなくすという「ワイズ・スペンディング(賢い支出)」を標榜する。有権者に非常に受けがいい。

　従来、予算を多く確保し、大きなプロジェクトやインフラ整備を成し遂げることが政治家や官僚にとっての点数評価の基準であった。このような旧来の分配型の政治・行政を新しい政治勢力は否定する。

　しかし、こうしたことの弊害は小さくない。役人は唐突に基準を喪失させられ、行動のインセンティブを持つことができない。「都市官僚制」が自ら機能停止し始めていく。

　積み上げ型の行政が疎かにされ、「マイナス・カット」のみが先行し、「プラス・アルファ」が消失していく。予算カットに伴う公営設備の運営停止など、「都市官僚制」の役割が一気に排除されて、社会空間の中に大きな空洞ができ、その空洞が社会損失になっているにも関わらず、新興の政治勢力は「マイナス・カット」の論理にのみ囚われ、有効な手段を講じることができない。局所的な予算カットに狂奔するのみでは、都市は競争力を失う。

(宇山卓栄)

佐賀県 （肥前の一部）

旅館主人が全国でも最強の県議会議員に

佐賀の名君と謂われる、鍋島直正は島津斉彬と従兄弟である。井伊直弼とも近しく、桜田門外の変で直弼が横死後は、直正も隠居して富国強兵につとめた。新政府に岩倉具視とともに副総理格で入ったが病死した。家臣の江藤新平は征韓論に敗れ、佐賀の乱で自滅したが、大隈重信は明治14年の政変で下野するまでとどまった。大隈は政党政治家として活躍し、首相を2度つとめた。

【県の概要】

肥前国は、肥後とともに「火の国」と呼ばれたのが分割されたものである。火の国の語源について『肥前国風土記』は、「肥君の祖、健緒組が白髪山に降る不知火を見て土蜘蛛を退治したことから、この地名はおこるといっている」としているが、確かな話でない。ちなみに、「不知火」は、この地方で漁船の漁り火などが異常屈折して多数見える自然現象である。

古代にあっては、『魏志倭人伝』に出てくる末廬国は、肥前北部の平戸から唐津までを占める松浦郡のことである。文禄・慶長の役の折には、現在の唐津市に名護屋城が築かれて豊臣秀吉も一時はここで指揮をとった。江戸時代の佐賀藩は佐賀県から唐津市などを除き、長崎県の諫早などを加えた範囲が藩領だった。

明治4年（1871）には、肥前国のうち、現在の佐賀県と対馬国で一つの県になった。真ん中にある壱岐国はどうなったと疑問を持つが、こちらは長崎県になった。明治4年の区分のときには、旧藩の境界がわずかに痕跡をとどめていた。壱岐国は平戸藩領だったので長崎県に入れられたのだ。

佐賀に初代県令として乗り込んできたのは、旧幕臣の山岡鉄舟だったのがまた面白い。山岡は対馬にも便利な伊万里に県庁を置いて、伊万里県を設立した。これはあまり突飛な方針でなかった。北海道の一部を領域としたため、弘前でなく北海道に近い青森を県庁所在地とした類似例があるからだ。さすがに翌年には、この不自然な区割りは解消され、対馬は長崎県となり、県庁は伊万里から佐賀に移った。対馬を移管するのでなく、壱岐も伊万里県にしておけば、そのまま定着しただろうから、

佐賀県

歴史の偶然は恐ろしい。ところが、明治9年になると、佐賀県は久留米を県庁とする三潴県に吸収され、ついで長崎県に移管された。現在の佐賀県に落ち着くのは明治16年のことである。

佐賀市の名は所在する佐賀郡に基づく。『肥前国風土記』によれば、クスノキの繁茂する「栄（さか）の国」に由来するという。

昭和38年（1963）から平成元年（1989）まで26年間も県会議長をつとめた小原嘉登次が県政界の実力者として君臨した。小原は県西部の嬉野温泉の和多屋別荘という旅館経営者で、「日本に名所が又一つ、嬉野湖畔の別天地」というキャッチフレーズで成功していた。創業でもある小原嘉登次が考案した。また開業に際し、関西以西の西日本各地にセスナ機で200万枚の空中宣伝ビラを散布している。「旅は九州へ。九州へお越しの節は嬉野温泉へ」とビラに書かれた宣伝文句で話題になった。

小原は県議会議員となり、「皆の意見をよく聞き、状況判断を的確にして、関係者の全員の顔をある程度立てながら、一気に事を決する」ことをモットーに県政界を牛耳った。小原議長の下で自民党県連はもっぱら県議が実権を握り、国会議員の介入を許さなかった。

【歴代知事】

沖森源一（1947年）は、広島県出身で学歴は高等小学校のみだが、地方公務員から高等文官試験に合格して内務省、佐賀県官選知事。国の過酷な米供出に反対して知事の職を罷免されことで、農民層の圧倒的な支持を得た。しかし、再選時には九州大学出身の農林官僚で県教育委員会副委員長だった鍋島直紹（1951年）が圧勝した。鍋島分家鹿島藩主家の出身。

池田直（1959年）は現佐賀市生まれ。東京大学から会計検査院入りし、事務総長。なぜか会計検査院には佐賀出身者が多い。仕事に厳しい知事で、財政再建団体だった県財政の再建には辣腕を振るい、九州工業試験所の鳥栖誘致に成功した。

香月熊雄（1979年）は白石町出身、鹿児島高等農林学校から県庁に入り、農政畑を歩き副知事。このころの県政界での実力者が小原嘉登。高速道路の整備が進み、工業団地造成中に吉野ヶ里遺跡が発見され、全面保存が香月知事の決断で実現した。

井本勇（1991年）は武雄中学から大陸に渡り、戦後、県庁に入って商工畑が長かった。池田知事の秘書課長を5年つとめた。佐賀空港の実現や「世界・焱の博覧会」の開催などを行った。

古川康（2003年）は、東京大学から自治省入りし、長崎県総務部長。父親が九州電力の社員だったことから玄海原発問題で苦しい立場に置かれた。3期目の途中で総選挙出馬のために辞職し、武雄市長の樋渡啓祐を推したが、山口祥義（2015年）が勝利した。佐賀出身の自衛官を父として埼玉県生まれ。東京大学から自治省。長崎県総務部長や総務省過疎対策室長をつとめた。「（情報化の進展で）知恵と戦略があれば、世界に佐賀をPRできる。PRだけではなく福祉も暮らしも産業も世界でトップクラスの地域にしたい」と訴えて当選した。

【こんな政治家も】

保利は新聞記者出身で吉田内閣の官房長官などをつとめた。緒方竹虎や石井光二郎に属したあと、佐藤派の番頭格となったが、総裁選挙を前にして落選してしまった。代議士に復帰後には佐藤政権の官房長や衆議院議長として高い評価を受けることになった。保利耕輔（文相）の父である。

【最近の衆参議員選挙の状況】

◇第1区：原口元総務相は松下政経塾に学び、県議会議員。'96新進党から出馬し、初当選。岩田は県議会議員出身。'09原口一博（無）。'12岩田和親（自）。'14原口一博（民）。'17㊥原口一博（無⑧）105,487、比復岩田和親（自③）78,972。

◇第2区：大串元民進党政調会長は財務官僚。

今村元復興相は比例区に回り、自民党は古川元県知事を擁立。古川は総務官僚。'09 大串博志（民）。'12 今村雅弘（自）。'14 古川康（自）。'17㊥大串博志（希⑤）105,921、比復 古川康（自②）99,103。

◇参議院（定数1）：福岡は三菱地所勤務。'05 衆議院選挙で初当選。山下は日本経済新聞元記者。'07 川崎稔（民）。'10 福岡資麿（自）。'13㊥山下雄平（自①）223,810、次 青木一功（民）83,447。'16㊥福岡資麿（自②）251,601、次 中村哲治（民）119,908。

長崎県 (肥前の一部・対馬・壱岐)

長崎市長がテロで暗殺される

　長崎の政治家は、ユニークな発言や行動の人が多い。「原爆で戦争が終わったんだ、という頭の整理で今、しょうがないなという風に思っている」と言った久間章生（防衛相）。ほかにも稀代のヤジ将軍として知られた松田九郎、TPPに執拗に反対する山田正彦（農相）などいろいろだ。

【県の概要】

　長崎は、兵庫や神奈川と同じように、長崎という重要港湾都市に県庁という内務省の出先機関を置きたいがゆえに成立した県だとみてよい。普通に考えれば、肥前一国で一つの県でよいわけだし、県庁所在地は佐賀が自然だ。

　佐賀県で説明したように、無理をして肥前、壱岐、対馬をあわせた県をつくり、その県庁を長崎に置いた。その後の佐賀県が分離した。

　さらに、残された長崎県の県域の中ですら、長崎市の位置や地形は県庁にふさわしいものではない。それでも、長崎の町を顔としない長崎県もちょっと考えにくいのである。

　肥前西部は中国から最短距離にあり、中世には当地を根城にした倭寇が中国沿岸を荒らし、その後は南蛮人との交易の中心ともなった。江戸時代には長崎がオランダ人および中国人との唯一の交易の場となった。近代においても、長崎と上海の間で盛んな往来があり、キリスト教徒が多いことでも特別な地域であり続けた。

　長崎市は西彼杵郡に属する。「にしそのぎ」という難読地名である。さすがに「彼杵県」にはしにくかったのだろう。長崎港は広く静かで深い湾内を持つ天然の良港で、キリシタン大名の大村純忠から寄進を受けたポルトガル人たちが開いた。長崎の地名は関東出身の長崎氏がこの地に拠ったからだという説があるが確かでない。

　佐世保には軍港が建設され、日本海海戦の出撃地となった。太平洋戦争時には佐世保は空襲を受けて、ほとんど全市が焼かれた。長崎には原爆が落とされた。さらに日中の断絶は長崎の港湾都市としての基盤を失わせた。戦後になると、佐世保は米軍基地となり原子力潜水艦の寄港を

めぐって苦悩し、長崎は平和都市としてのあり方をめぐって論争が絶えなかった。

そして、長崎では2人の市長を不幸が見舞った。本島等市長の銃撃事件と伊藤一長市長の射殺事件である。隠れキリシタンの末裔である本島等は京都大学工学部から教職に就き、自民党県議を経て長崎市長となった。昭和天皇が病に倒れた時、市議会で昭和天皇の戦争責任について問われて「私が実際に軍隊生活を行い、軍隊教育に関係した面から天皇の戦争責任はあると私は思います」と答弁した。市役所には街宣車が押し寄せて「天誅」が叫ばれる中、警備費用がかかりすぎると非難されて警備を緩和された結果、右翼団体構成員に銃撃された(幸い命は取り留めた)。

伊藤一長は、長崎県庁職員、長崎市議を経て県議をつとめた。日本の戦争責任を追及する一方、アメリカの原爆投下には一定の理解を示す傾向があった本島と対照的に、伊藤は核兵器の撤廃運動に取り組み、反米的な色彩を強く出した。国際司法裁判所で核兵器の使用は国際法違反と訴えるなど活発な活動を繰り広げた。だが、平成19年(2007)の市長選挙で4選を目指して選挙運動中に暴力団幹部に銃撃され死亡した。

【歴代知事】

杉山宗次郎(1947年)は愛知県生まれで、東京大学で土木を学び、内務省入りした。長崎の復興のために知事として送り込まれ業績を上げた。自由党の支持は受けられず、少数与党の悲しさで苦労し、公職追放から解除になった西岡竹次郎(1951年)に敗れた。

西岡は長崎市の生まれで、早稲田大学を卒業した。普通選挙期成同盟会の幹部として活躍したのち、ヨーロッパを歴訪し代議士。「長崎民友新聞」「佐世保民友新聞」を創刊した。

西岡は2期目の任期途中で死去し、副知事だった佐藤勝也(1958年)が継承した。県内の生まれで東京大学から台湾総督府入りし、徳島県知事、岡山県副知事などを経験した。

3選を狙った佐藤を破ったのは、久保勘一(1970年)は五島列島の出身。長崎師範学校を出て教員となり、大連に渡る。実業家として成功し帰郷後は県議、参議院議員。道路整備や諫早中核団地の建設を進めた

が、佐世保港での原子力船「むつ」の修理問題に悩まされた。

高田勇（1982年）は東京生まれで、東京大学から自治庁。長崎県の総務部長、副知事となっていた。任期中に長崎市の大水害や雲仙普賢岳の噴火があった。また、諫早湾干拓が論争のタネになったが、水門閉鎖を強行した。

金子原二郎（1998年）は、現平戸市の出身。父親は金子岩三元農相。慶応大学を卒業し日本水産につとめた後、県議を経て代議士。事業評価や情報公開によって予算編成の合理化を図るとか、市町村合併への積極支援を行った。

中村法道（2010年）は全国の知事の中でも、プロパーの県職員が副知事からそのまま昇格した現状では唯一のケース。60歳定年などで職員人事が高齢化していることの影響で、このようなケースは難しくなっている。

【こんな政治家も】

石橋政嗣は佐世保米軍基地の全国駐留労働組合（全駐労）出身。自衛隊を違憲合法としたり、社会党委員長として社公民路線を推進した。菅内閣の文科相だった高木義明は三菱重工長崎造船所出身で近頃珍しい高卒の閣僚だった。

【最近の衆参議員選挙の状況】

◇第1区：西岡は高木義明元文科相の後継、父は西岡武夫元参議院議長。希望の党新人で小選挙区で勝利したのは全国でも西岡のみ。冨岡は長崎大医学部助教授を経て、県議会議員。'09 高木義明（民）。'12 冨岡勉（自）。'14 冨岡勉（自）。'17 当 西岡秀子（希①）90,569、比復 冨岡勉（自④）80,049。

◇第2区：加藤は県議会議員を8期つとめ、元県議会議長。'09 福田衣里子（民）。'12 加藤寛治（自）。'14 加藤寛治（自）。'17 当 加藤寛治（自③）97,874、次 山口初實（希）57,538。

◇第3区：谷川は建設会社を創業後、県議会議員、県議会議長。'09 山田正彦（民）。'12 谷川弥一（自）。'14 谷川弥一（自）。'17 当 谷川弥一（自⑥）83,992、次 末次精一（希）35,554。

◇第4区：北村は佐世保市議会議員、県議会議員を務めた。'00年、無所属で出馬し、自民党現職の宮島を破り、当選。宮島はその後、民主党へ入党。'09宮島大

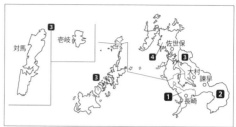

典（民）。'12北村誠吾（自）。'14北村誠吾（自）。'17㊥北村誠吾（自⑥）73,899、㊤宮島大典（希）61,137。

◇参議院（定数1）：金子は県議会議員、父の金子岩三元農水大臣の後を継ぎ、衆議院議員。'98年から県知事を3期つとめる。古賀は総務省出身、長崎市副市長をつとめた。'07大久保潔重（民）。'10金子原二郎（自）。'13㊥古賀友一郎（自①）359,805、㊤大久保潔重（民）186,402。'16㊥金子原二郎（自②）336,612、㊤西岡秀子（民）285,743。

【コラム】4人の「名知事」を上げる

　私が真にすぐれた知事だと思い、世間的にも評価が確立している「名君」ともいうべき知事を、ごく最近の人は避けつつ4人上げるとすれば、次の4人となる。

　三木行治岡山県知事、桑原幹根愛知県知事、金子正則香川県知事、平松守彦大分県知事。

　医者でもあった三木は福祉行政を充実させるとともに、岡山国体などを期にインフラ整備、文化向上などに大きな業績を上げた。桑原は戦争で大きな被害を受けた愛知の復興を確かな手腕で進め、また、トヨタを世界的な企業に育てることを助けた。金子の「田園都市」の理想は、積極的な理想を打ち出して地域づくりを図る先駆であり、いまなお、輝きを失っていない。

　近年の知事では、「一村一品運動」に代表される平松のリーダーシップは、ともすれば消極的といわれた大分の風土まで変えたし、全国のみならず国際的にも地域づくりのメッカとして多くの人が訪れ高い評価を受けた。

　ただし、この4人とも、その余人を持って代え難い声望がゆえに、少し長くやりすぎたというのも事実だ。

（八幡和郎）

熊本県 (肥後)

細川護熙が知事から首相に

長く小国町町長や自由民主党熊本県連会長をつとめ、全国町村会会長など200もの会長職をつとめていたという河津寅雄の豪腕は伝説的だ。佐藤派五奉行の1人といわれたが、ダグラス・グラマン事件で失脚した松野頼三 (農相) は松野頼久の父。労農党女性議員の松谷天光光との「白亜の恋」と騒がれた結婚でも有名な園田直 (外相) は園田博之の父。

【県の概要】

細川護熙が知事のころ、しきりと肥後藩54万石と熊本県がニアリーイコールだと強調した。だが、天草の人は冷ややかに受け止めた。その細川の後任になったのは、奇しくも天草出身の福島譲二だった。

江戸時代の大藩の中には、一つの県をほぼまるごと領地にしていた大名が12あった。「ほぼ」といったのは、少しの虫食いがあることが普通だったからである。熊本の場合は、人吉と天草がその地域だった。

明治4年 (1871) には熊本県と八代県が置かれ、やがて熊本県は白川県と改称した。これが、明治9年にはいったん白川県に合一され、すぐに熊本県になったのである。白川県とされたのは、県庁が城内から現在の熊本駅南方の二本木に移ったことと関係するようだ。その場合でも郡名をとって飽田県となりそうだが、少々、優雅な名前を選んだのだろう。熊本県になったのは城内に県庁が移った後である。

熊本県からの首相第1号は清浦奎吾で、2人目が細川護熙だ。さぞ、強固な地盤に支えられて楽をしてきただろうと取られがちだが、実際には、そうでもない。細川は31歳のとき (昭和44年=1966) に中選挙区の熊本1区から出馬しているが、定数5人で8位に終わった。

2年後、全国区から参議院議員に立候補したが、このときの売りは「悲劇の宰相・近衛文麿の孫」だった。そして、その6年後になって熊本地方区に転じて当選。さらに、その4年後に任期途中で辞任して知事選挙に出馬した。

細川は当選後「くまもと日本一運動」を展開し、地方軽視といわれた国土開発プランの「第四次全国総合開発計画」素案に反対して全国的に

熊本県

注目された。そして、知事も2期で辞めて東京へ移り、参議院選挙で日本新党を結成。翌年には熊本1区に戻って総選挙に立候補し、そのまま首相になった。

【歴代知事】

櫻井三郎（1947年）は、新潟県に生まれ、京都大学から内務省入りし、戦争中には、駐イタリア大使館に派遣され、熊本県の官選知事に赴任した。「県民室」や「移動県庁」は先進的な試みとして評判になった。4選目には、参議院議員だった寺本広作（1959年）が自民党から出馬。大接戦を制した。寺本は県内出身で、東京大学から内務省入りし、労働省事務次官をつとめ参議院議員に。財政再建が強力に進められ、果樹畜産の振興、新産業都市指定などが実現した。天草五橋の開通、日立造船の長州町進出決定もこのころである。県庁は水前寺公園に近い現在地に移転した。

沢田一精（1971年）は、県内の出身で、京都大学から高等文官試験を通ったものの戦争に動員され、復員後、熊本財務局に県庁に入った。副知事から参議院議員に転出した。沢田は空港や道路の整備、テクノポリスの誘致などを行ったが総花的だともいわれた。

細川護熙（1983年）は、すでに紹介したとおり。

福島譲二（1991年）は天草出身の代議士で大蔵官僚。堅実な行政手腕に基づく県政を推進した。福島は3期目の途中に急死し、副知事に登用されていた潮谷義子（2000年）が後継知事になった。川辺ダム問題での公共事業見直しへ一歩踏み込んだ姿勢が話題となった。

蒲島郁夫（2008年）は高卒で農協に就職した後、米留学を経て東京大学教授になった。県のPRマスコット「クマモン」が全国的な話題になった。2016年には熊本地震に見舞われた。

【こんな政治家も】

熊本県が生んだ最初の総理である清浦奎吾。鹿本郡来民村（山鹿市）で浄土真宗の僧侶の子として生まれて、豊後国日田の咸宜園で学び、司法官僚として頭角を現して宰相にまでのぼりつめた。公家でも士族でもない家の出身で首相となったのは、清浦が最初であり、熊本藩士たちは

さぞ口惜しかっただろう。

【最近の衆参議員選挙の状況】

◇第1区：木原は日本航空元社員。松野は比例復活できず。松野は細川護煕の秘書をつとめた。'12年に民主党を離れ、日本維新の会の結党に参加。'15年、維新の代表となるが内部紛争で分裂、松野執行部は民主党へ合流し、民進党を結党。松野の父は松野頼三元農林大臣。'09松野頼久（民）。'12木原稔（自）。'14木原稔（自）。'17当木原稔（自④）123,431、次松野頼久（希）96,374。

◇第2区：野田元建設相は大蔵官僚。野田武夫元自治相の娘婿となり、野田姓を名乗る。武夫の急死で地盤を引き継ぐ。自由党から保守党を経て、自民党に復党。'09福嶋健一郎（民）。'12野田毅（自）。'14野田毅（自）。'17当野田毅（自⑯）86,027、次西野太亮（無）62,575。

◇第3区：坂本は熊本日日新聞に勤務後、県議会議員。坂本は松岡利勝元農水相と激しく戦い、松岡自殺後も、保守分裂が続き、坂本が自民党に入党するまで時間がかかった。'09坂本哲志（自）。'12坂本哲志（自）。'14坂本哲志（自）。'17当坂本哲志（自⑥）129,312、次関根静香（共）46,392。

◇第4区：金子は園田博之の秘書をつとめた。熊本県小選挙区区割り変更に伴い、5区から4区へ移行。園田は比例区へまわった。矢上は日本新党、新進党、自民党と移転し、民主党へ。'09園田博之（自）。'12園田博之（維）。'14園田博之（次世代）。'17当金子恭之（自⑦）150,453、比復矢上雅義（立③）89,279。

◇旧第5区（2017年廃止）：'09金子恭之（自）。'12金子恭之（自）。'14金子恭之（自）。

◇参議院（定数1）：松村は元会社経営者。馬場は熊本市議会議員、県議会議員をつとめた。'07松野信夫（民）。'10松村祥史（自）。'13当馬場成志（自①）450,617、次松野信夫（民）221,553。'16当松村祥史（自③）440,607、次阿部広美（無）269,168。

大分県（豊後・豊前の一部） 平松知事の一村一品運動

筑後川の上流は豊後国に入るのだが、ここに日田という町がある。江戸時代には幕府領で西国郡代が置かれた。この町の名門商家に生まれた広瀬淡窓は咸宜園という塾を幕末に開いたが、庶民も学べる学校として多くの人材を生み出した。広瀬淡窓の弟の子孫に広瀬正雄元郵政相や広瀬勝貞知事がいる。

【県の概要】

豊前、豊後はもともと「豊の国」といった。『豊後国風土記』によれば、この国に白鳥が飛来し、餅となり芋草（里芋）が大繁殖したことにより、景行天皇が豊国と称したというが、あてになる話でない。初めのころの中心は、豊前の京都郡（福岡県東部）のあたりだったらしい。

戦国時代にはキリシタン大名・大友宗麟が九州最大の版図を誇り、府内（大分）の町にはザビエルなど南蛮人の宣教師たちも多く滞在した。だが、江戸時代になると外来の小藩が乱立してまとまりがなくなった。

廃藩置県では豊後が大分県、豊前が小倉県だったが、明治9年（1871）に、短期間だけ豊前全域が福岡県と合併したのち、現在の福岡・大分の県境を流れる山国川以南が切り離されて大分県に入った。

古代の国府、大友氏の居館とそれぞれ場所は異なるが、どちらも市の南部にあった。豊臣秀吉の命で福原信高が大分川河口に府内城を築いた。秀吉の好みの立地である。江戸時代には小大名が多く統治し、その後は幕末まで大給松平氏2万石（府内藩）が領有した。県名が大分となったのは、明治になってからで、郡の名前に合わせた形である。

村山富市は漁師の家に生まれ、明治大学専門部を卒業した後に帰郷。自治労（地方公務員の労働組合）の専従職員から、政界入りした。大分市会議員を2期、県会議員を3期つとめた後に代議士。

社会党内でも決してエリートでもなかったが、国会対策委員長に就任するや自民党の梶山静六らから信頼に足る人物として高く評価されることになった。

羽田内閣の成立のときに社会党抜きで新進党が成立したのに反発して連立離脱の主導権を握った。「トンちゃんは怒ると怖い」といわれたの

はこのときだ。このあと自民、新党さきがけの両党から要請されて自社さ政権の首班となったが、このアクロバティックな政権が可能となったのは村山の人柄あってこそだった。

【歴代知事】

細田德壽（1947年）は、茨城県生まれで内務官僚で官選知事。功績は治山治水事業だとされる。このころ相次いだ台風被害を克服し、水力発電も推進した。

3選目には保守分裂で、社会党の推す木下郁（1955年）に苦杯をなめた。木下は宇佐安心院町の名家出身で、父は県会議長、叔父は代議士。東京大学を卒業した後、欧米に留学し弁護士となった。代議士を経て、終戦後に大分市長となった。鶴崎の臨海工業地帯の造成や新日鐵の工場立地、さらに、新産業都市指定によって大分は工業都市として大きく飛躍した。全国初の敬老年金制度の設立も木下の功績である。

立木勝（1971年）は東京大学を卒業後、東京市役所を経て、朝鮮半島で働いていた。戦後は大分市役所につとめ助役となったが県庁に転じ、副知事として木下を支えた。埋め立ての是非などで厳しい批判にさらされた。

平松守彦（1979年）は東京大学卒業ののち商工省に採用されたが、採用にあたったのは城山三郎の『官僚たちの夏』のモデルとしても知られる佐橋滋（のちに事務次官）で、佐橋門下の青年将校的存在だった。国土庁審議官から副知事になった。「一村一品運動」を展開し、大分県のセールスマンとして産品や工場誘致の売り込み、陳情、マスコミ対策に奔走し、知事としての新しいスタイルを示して全国的に注目された。また、九州府構想、テクノポリスの誘致と新空港に近い国東半島へのIT企業立地などで「地方の時代」の看板的存在となった。「グローカル」、つまりグローバリゼーションとローカル（地方）の時代を融合した言葉も創った。平松の花道となったのは、2002年ワールドカップの開催であった。平松は各都道府県による誘致合戦のムードメーカーという役割も果たした。

広瀬勝貞（2003年）は、教育者として知られた日田の広瀬淡窓の弟の子孫で、父は郵政相。東京大学から通産省に入り、スペイン勤務など

を経験し事務次官。平松知事の拡大路線を少し修正して地道な経済発展を狙った。文化面では県立美術館の開館が話題になっている。

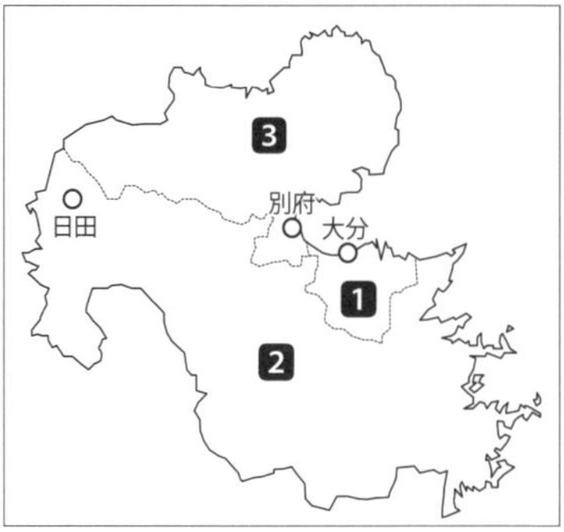

【こんな政治家も】

運輸官僚出身で先輩の佐藤栄作の引き立てで政界入りし、自民党の副総裁もつとめた西村英一、日銀総裁時代には「法王」と揶揄された一万田尚登、大野伴睦の死後に村上派を率いた村上勇（建設相）などがいた。

【最近の衆参議員選挙の状況】

◇第１区：村山富市元総理大臣の地盤だった。穴見は会社経営者。吉良は日商岩井に勤務し、'03年に自民党の衛藤晟一を破り、初当選。'09 吉良州司（民）。'12 穴見陽一（自）。'14 吉良州司（民）。'17[当]穴見陽一（自③）90,422、[比復]吉良州司（希⑤）87,392。

◇第２区：衛藤元防衛庁長官は玖珠町町長、参議院議員をつとめた。吉川は社民党の機関紙「社会新報」編集部で記者、重野安正の秘書を務めた。'09 重野安正（社）。'12 衛藤征士郎（自）。'14 衛藤征士郎（自）。'17[当]衛藤征士郎（自⑫）89,944、[比復]吉川元（社③）70,858。

◇第３区：岩屋は鳩山邦夫の秘書を経て、県議会議員。横光は元俳優。'09 横光克彦（民）。'12 岩屋毅（自）。'14 岩屋毅（自）。'17[当]岩屋毅（自⑧）99,412、[比復]横光克彦（立⑦）84,133。

◇参議院（定数１）：足立は医師で、筑波大助教授をつとめた。礒崎は総務官僚。'07 礒崎陽輔（自）。'10 足立信也（民）。'13[当]礒崎陽輔（自②）250,915、[次]後藤慎太郎（無）137,049。'16[当]足立信也（民③）271,783、[次]古庄玄知（自）270,693。

宮崎県 (日向の大部分)

新婚旅行ブームで観光県として躍進

昭和天皇の三女である貴子さまが、昭和35年（1960）には旧佐土原藩主島津家へ輿入れし、新婚旅行に宮崎を訪れた。このことからハネムーンを宮崎で過ごすことが大ブームとなり、年間に誕生する120万組の新婚カップルの35パーセント近くが宮崎を訪れるという信じがたい盛況ぶりであった。

【県の概要】

宮崎県と日向の国はほぼ一致するが、厳密には南諸県郡が鹿児島県に編入されている。江戸時代には、薩摩・大隅2国と日向の一部が薩摩藩だった。明治4年（1871）には、薩摩国と大隅国のうち南西諸島が鹿児島県、大隅国の主要部と日向国の南部が都城県、日向国北部が美々津県だった。それが明治7年に今日の宮崎県が成立したが、9年には鹿児島県に編入、17年になって独立した。

県庁は、あえて既存の都市でなく宮崎郡の中央にある上別府村に建設された。これが現在の宮崎市である。

神武天皇が日向国全体を支配し帝都を構えていたなどと『日本書紀』に書かれているわけでない。

宮崎郡の名も神武天皇の都に由来するとの説が古くからあるが、「ミヤ」は原野の意であり、その先だから宮崎だという説もある。神武天皇を祭神とする宮崎神宮のルーツにしても、延喜式に該当する神社はない。かなりはっきりとするのは、戦国時代になって伊東氏が社領を寄進したころからである。

江戸時代にも延岡藩飛び地の由緒ある神社として藩主から大事にされていたが、明治になるとにわかに全国的に注目され、大正期に入って宮崎神宮と改称した。

2区から選出されていた江藤隆美は、それこそ天孫降臨の地にふさわしい保守派の政治家だった。江藤は村山内閣で総務庁長官になったが、朝鮮半島の植民地支配について「日韓併合は強制的なものだったとした村山首相（当時）の発言は誤りだ。植民地時代に日本は悪いこともしたが、良いこともした」というオフレコ発言を暴露され辞任した。

宮崎県

【歴代知事】

　宮崎県の第1回の知事公選は、外交官出身で宮崎市長をつとめていた二見甚郷が第1回投票でトップに立ったが、当時の法定得票数に8分の3に達せず決選投票になった。ところが、選挙戦の途中で公職追放になり、新潟県出身で官選知事だった安中忠雄（1947年）が当選した。宮崎大学の設置が業績とされる。

　田中長茂（1951年）は現串間市の出身で東京大学卒業後、農林省に入省し、水産局長、山林局長だった。今日でいう村おこし運動の先駆ともいうべき発想を示したが、議会との関係に円滑さを欠いた。

　再選時には、二見甚郷（1955年）に敗れた。ダムが建設され、交通基盤の整備に重点が置かれた。

　二見の参議院転出を受けた選挙では、副知事だった黒木博（1959年）が当選した。西都市の出身で、宇都宮高等農林学校に学んだ後、県庁入りした。観光で躍進したほか、農業ではビニールハウスなど温暖な気候を活用した野菜の栽培や、早場米の出荷など宮崎の特長を生かした農業が発展した。アジアの「ノーベル賞」ラモン・マグサイサイ賞を受賞した。フェリーの就航、宮崎空港の充実、九州自動車道が熊本から県西部のえびのに延びた。新産業都市に日向市の細島港や延岡が指定されたが条件が悪く実績は出なかった。汚職の容疑で退陣となったが、裁判で無罪となった。

　松形祐堯（1979年）はえびの市の出身で、九州大学農学部から農林省入りし林野庁長官をつとめた。林業対策のほかテクノポリスの誘致に成功した。中高一貫校の実験は全国的な注目を集めたし、県立芸術劇場は全国水準のコンサートホールといわれた。ただ、国際会議場をもつ豪華ホテル、巨大な室内人工海水浴場であるオーシャンドームなどを備えたリゾート施設「シーガイア」建設に取り組んだが、計画がずさんで倒産の憂き目にあった。

　安藤忠恕（2003年）は西都市出身で宮崎大学卒業後に県庁入り。商工労働部長だったが、松形の6期目に対抗して出馬し落選。4年間、草の根の活動を続け、松形が引退した選挙で雪辱。支援者に入札の便宜を図った事件が発覚し、県議会から不信任を受けて辞職。のちに逮捕された。役所を辞めてから当選するまでの公共事業発注をめぐる環境変化を

理解していなかったと思う。

東国原英夫（2007年）は自民系、民主系の候補との三つどもえを制した。東国原は芸能人時代に培ったタレント性と雄弁を武器に、観光と物産のセールスマンとして全国を飛び歩いた。何しろ宮崎物産展が北海道物産展に次ぐ人気になったのだから、脅威の成功だ。自民党から総選挙に出るという話もあったが、全国の知事で最高の支持率を保持したままで去ったのであるから賢明だったし、出処進退のあり方として高く評価すべきだ。

河野俊嗣（2011年）は、広島県呉市出身。東京大学から自治省に入省。ハーバード大学へ留学。2005年に宮崎県総務部長。2007年に副知事。「未来を支える人財育成・確保と中山間地域対策の強化」「世界ブランドや文化・スポーツを生かした地域づくり」「地域経済をけん引する産業づくり」を重点に取り組んでいる。

【こんな政治家も】

社民党の福島瑞穂は参議院比例区からの選出だが、出身は宮崎だ。元気がいい宮崎女性の典型。東国原に対抗して知事選挙に出馬して落選した持永哲志は祖父の義夫、父の和見につづく3代目だったが、落選の後に事故死。

【最近の衆参議員選挙の状況】

◇第1区：武井は会社勤務を経て、県議会議員。'09 川村秀三郎（無）。'12 武井俊輔（自）。'14 武井俊輔（自）。'17 当 武井俊輔（自③）94,780、次 外山斎（希）57,047。

◇第2区：江藤は父の江藤隆美元建設相の秘書を経て、地盤を引き継いだ。'09 江藤拓（自）。'12 江藤拓（自）。'14 江藤拓（自）。'17 当 江藤拓（自⑥）98,170、次 黒木万治（共）29,831。

◇第3区：古川は建設省官僚、2回落選し、'03年に無所属で当選、自民党に追加公認された。'09 古川禎久（自）。'12 古川禎久（自）。'14 古川禎久（自）。'17 当 古川禎久（自⑥）98,008、次 花輪

宮崎県

智史（希）28,286。

◇参議院（定数1）：松下は宮崎県の職員を経て、長峯基の秘書をつとめ、県議会議員。長峯は父（基）の秘書をつとめ、県議会議員、都城市長。'07 外山斎（無）。'10 松下新平（自）。'13㊥ 長峯誠（自①）314,599、次 道休誠一郎（民）84,443。'16㊥ 松下新平（自③）282,407、次 読谷山洋司（無）152,470 票。

【コラム】「政治連盟」などの業界団体は集票機能を果たしているか？

　私はある衆議院議員の手伝いで、各種「政治連盟」に挨拶まわりをしたときに、厳しく叱責されたことがある。全国たばこ販売政治連盟を訪れた際、幹部が「お宅の先生は我が連盟に加入していないが、喫煙に対してはどういう考えをお持ちなのか、それがはっきりしない限り、支援はしない」といった。この議員は受動喫煙を問題視する立場から、連盟加入には乗り気ではなかった。

　たばこ販売業者は喫煙に関する法規制が過度に設けられれば、売上が減ってしまう。従って、規制強化派には票は入れない。政治の動きに密接に関係する「政治連盟」は議員の考え方を厳しく問う。

　「政治連盟」は各業界団体が職責を全うするために、必要な陳情を政府や自治体に求め、自分たちの考えに近い議員を積極的に支援するための政治団体である。日本医師連盟、日本商工連盟、農業者政治連盟、日本遺族政治連盟、神道政治連盟など無数にある。日本弁護士政治連盟などの各種士業もそれぞれ、政治連盟を持っている。

　かつて、これらの「政治連盟」の指令で、会員が一律に特定の政党や候補者を支援したことがあった。しかし、現在では、「連盟」の指令も実効力を持たない。世の中が多様化していく状況で、「連盟」の中にも、さまざまな考え方を持った会員がいるからだ。また、政治家も特定の団体にのみ、便宜を図るようなことをすれば、有権者全体から批判を浴びるので、露骨な利益誘導はできない。つまり、特定の団体が特定の政党や候補者の票田になるということは少なくなっている。

　それでも、一定の割合で政治と深く結び付いている団体・業界はある。選挙に強い政治家はその辺のところをうまく嗅ぎ分けて、便宜を図っている。業界に関連する行政庁に顔が利き、行政を動かすことができる。こういう政治家は良い意味でも悪い意味でも、政治的な嗅覚が異様に発達し、団体・業界の求める微妙なニュアンスを察知して、彼らの歓心を買う。随分、少なくなったが。

（宇山卓栄）

鹿児島県（薩摩・大隅・日向の一部）

自治事務次官が相次いで知事に

薩長というが、首相の数では長州にかなわない。首相になったのは、黒田清隆、松方正義、山本権兵衛の3人である。黒田は西郷が去り、大久保が暗殺された後の薩閥の最有力者。松方は薩摩藩勘定方出身の財政のスペシャリスト。山本権兵衛は海軍のドンだった。ほかに、小泉純一郎の父は南さつま市出身、麻生太郎は大久保利通や三島通庸の子孫だから薩摩に縁がある。

【県の概要】

南九州の薩摩、大隅、日向のことを「奥三州」という。鹿児島県の成立にあっては、宮崎県のところで説明したとおり、鹿児島県と都城県と美々津県の3県体制にはじまり、一度は鹿児島県のもとで一つになったこともあった。また、現在の形になった。つまり、鹿児島県から宮崎県が分かれてできたのだが、歴史的には、日向国から薩摩国や大隅国は分離したのである。神武伝説がどのような意味を持つかは別にして、日向は筑紫地方と比べても早くから大和朝廷と友好関係を結んでいた。

それに対して、日向の南は熊襲など抵抗勢力が跋扈していた。大宝2年（702）に唱更（はやひと）国と多褹国が置かれ、一方、和銅6年（713）には大隅国が置かれ、それが多褹国を吸収した。また、唱更国が薩摩国になった。意外なのは、日向のうち旧諸県郡の一部が含まれていることだ。また、奄美諸島は一時期、琉球王国に属したが、江戸時代に島津氏が琉球を支配下に置いたときに島津直轄領となり、明治になって大隅に編入された。戦後も少しの間だけ沖縄と同じように米軍統治下に置かれている。

薩摩は「幸島」という説が多いが、確かでない。大隅は西南の隅にあるからともいうが、こちらも分からない。

国政では、鹿児島県大隅半島と屋久島、種子島を含む旧鹿児島3区で激しく戦った山中貞則（通産相）と二階堂進（副総理）がいる。

二階堂家は、鎌倉幕府によって送り込まれた地頭を先祖とし、その邸宅は重要文化財だ。田中角栄の官房長官となり、日中国交回復のときにパンダが贈られたと発表した会見が国民の記憶に残っている。

山中貞則は、宮崎県との境にある末吉町（現曽於市）に生まれ、旧制

鹿児島県

都城中学(東国原英夫も同窓生の都城泉ヶ丘高校)に通った。その後、台湾の師範学校で学び、ここで本土復帰後に初代沖縄県知事となった屋良朝苗にも教えられている。新聞記者、県議を経て代議士となる。岸内閣の佐藤栄作蔵相のもとで政務次官をつとめた縁で、山中を長とする自民党税制調査会が実質的な税体系を決める機関となった。

また、佐藤内閣の総理府総務長官だった山中は、屋良との縁も活かし、官僚や米国政府を説得して県民の利益を擁護し、「沖縄のドン」といわれるほど影響力を持った。人気取りに走ったり、地元の利益だけしか考えないような政治家とは一線を画したうるさ型だが、「サムライ」、あるいは「誇り高い隼人」を思わす風格で尊敬された。また、地盤を世襲させなかったことでも印象的な政治家だった。

奄美は島津氏による琉球制圧まで一時期であるが琉球領であり、終戦後も昭和28年(1953)までは米軍の施政下にあった。かつては、定数1の奄美特別区が設けられ、ここでの保岡興治と徳田虎雄の因縁の対決は語り草で、「選挙が第四次産業」といわれたほどだ。

【歴代知事】

金丸三郎、鎌田要人、土屋佳照と3人の自治省事務次官経験者の知事が続いたのが目立つ。

重成格(1947年)は岡山県出身。東京大学から内務省入りし、官選の鹿児島県知事となる。床次徳二などを破って当選。功績として語り継がれるのは、米国の施政下にあった奄美諸島の返還で、来日したエレノア・ルーズベルト夫人に英語で直訴するなどしてダレス国務長官の声明を引き出し、1953年に実現した。自治体外交の希有な成功例。

寺園勝志(1955年)は寺園勝志は姶良郡の現湧水町出身。東京大学から内務省入りし、戦後、鹿児島県経済部長。財政再建団体となった。観光開発、農業開発、鴨池空港や奄美の空港の建設に取り組んだ。内之浦に東京大学宇宙航空研究所のロケット基地ができた。

金丸三郎(1967年)は出水市の出身で東京大学から内務省入りし、鹿児島県副知事ののちいったん事務次官になってから知事になった。内務省三羽がらすの一人ともいわれた能吏。喜入の石油備蓄基地、鹿児島新空港、九州縦貫道などを実現したが、志布志湾を開発する新大隅開発

は環境派に反対されている間にオイルショックで機を逃した。参議院に転出し竹下内閣の総務庁長官。

鎌田要人（1977年）は、日置郡の出身。東京大学から内務省入り。朝鮮総督府への出向、静岡県副知事、自治事務次官を歴任。本州四国連絡橋本四公団副総裁。金丸が厳格だったのに比べ、県民との対話を好んで行った。伝統教育を生かした「自立自興運動」を進め、新幹線の実現に心血を注いだ。

土屋佳照（1989年）は現鹿屋市出身。東京大学を卒業。自治省に入省し、自治事務次官に就任。九州新幹線の新八代・鹿児島中央間のめどがついたほか、県庁舎の建設、そして、屋久島の世界遺産登録決定があった。2期目の途中で脳出血で倒れ、入院したまま辞表を提出した。

須賀龍郎（1996年）は指宿市出身だが、大連生まれで天理語学専門学校を卒業。21年間も鹿児島県東京事務所に勤務していた。私も霞が関で働いていたころ、鹿児島県の東京事務所職員は抜群の仕事ぶりであったが、須賀の功績が非常に大きい。「史上最高の東京事務所長」というべき存在だった。知事時代に県庁舎の工事が完成した。薩摩焼酎ブームだが、これも須賀の時代の地道な努力が実を結んだものである。須賀がとくに力を入れたのが、コンベンション施設や豪華客船の停泊島の未来に絶対に不可欠なインフラだと胸を張る。

伊藤祐一郎（2004年）は出水市出身。東京大学から自治省に入り、自治大学校長などを歴任した。伊藤は知事給与2割減など行政改革の実施、鹿児島ブランドのトップセールスマンとして陣頭指揮に立った。自然、食、文化を一体化した観光のPR活動。また、教育の向上などを主要な施策として取り組んでいる。待望の九州新幹線が八代から鹿児島中央駅に乗り入れた。

三反園訓（2016年）は、指宿市出身。早稲田大学からテレビ朝日。政治記者やキャスターをつとめた。保守系の一部と民主党などの支持を受けた。川内原発の再稼働に慎重な姿勢で当選したが、当選後は再稼働を容認する姿勢に転じた。

【こんな政治家も】

阿久根市のブログ市長こと竹原信一は違法な専決処分を繰り返した

が、性善説にもとづく地方自治法では強制的な是正措置が取りづらく問題になり、リコールで失職した。

【最近の衆参議員選挙の状況】

◇第1区：川内は大和銀行に入行。保岡興治元法務大臣の地盤を引き継いだ子の宏武を破った。'09 川内博史（民）。'12 保岡興治（自）。'14 保岡興治（自）。'17㊥ 川内博史（立⑥）76,699、次 保岡宏武（自）74,831。

◇第2区：金子は保岡興治の秘書を経て、県議会議員、県議会議長。徳洲会事件により、徳田毅が議員辞職したことに伴い、2014年、補欠選挙が行われ、出馬し初当選。'09 徳田毅（自）。'12 徳田毅（自）。'14 補欠選挙 金子万寿夫（自）。'14 金子万寿夫（自）。'17㊥ 金子万寿夫（自③）97,743、次 斎藤佳代（希）43,331。

◇第3区：小里は野村證券に勤務後、父の小里貞利元労働相の大臣秘書官をつとめる。小選挙区区割り変更に伴い、4区から3区へ移行。'09 松下忠洋（国民新党）。'12 補欠選挙 宮路和明（自）、'12 野間健（国民新党）。'14 野間健（無）。'17㊥ 小里泰弘（自⑤）102,501、次 野間健（希）90,240。

◇第4区：森山元農水大臣は鹿児島市議会議員、議会議長をつとめた。小選挙区区割り変更に伴い、5区から4区へ移行。'09 小里泰弘（自）。'12 小里泰弘（自）。'14 小里泰弘（自）。'17㊥ 森山裕（自⑥）128,112、次 野呂正和（社）52,891。

◇旧第5区（2017年廃止）：'09 森山裕（自）。'12 森山裕（自）。'14 森山裕（自）。

◇参議院（定数1）：野村は衆議院議員秘書を経て、農業協同組合中央会につとめる。尾辻元厚労相は県議会議員。'07 加治屋義人（自）。'10 野村哲郎（自）。'13㊥ 尾辻秀久（自⑤）403,450、次 皆吉稲生（民）120,803。'16㊥ 野村哲郎（自③）438,499、次 下町和三（無）216,881。

沖縄県 (琉球国)

琉球政府主席から沖縄県知事に

　戦後の沖縄ではいくつかのミニ財閥が発展したが、その筆頭が米軍基地工事で財を成した国場グループである。トップの国場幸太郎は那覇商工会議所の会頭をつとめ、弟の幸昌は福田派の代議士だった。この対立が中央での田中派と福田派の葛藤とも結びついて西銘対国場の対立となり、それに仲井真も巻き込まれたのである。

【県の概要】

　沖縄のことを台湾では「琉球」といい続けている。沖縄の人々は言語において、日本と同系統に属すが、縄文時代的な採集経済が長く続き、平安時代ごろ、南九州から移民が増えて農業社会が始まった。

　クニらしきものができて、それが三つの国にまとまり出したころ、明が朝貢することを勧めて、その国際秩序の中に入った。日本との関係は律令制が崩れていたので、曖昧なものだった。ちなみに、国を創ったのは源為朝ということになっているからややこしい。始祖伝説では日本から分かれたということになるのだ。

　江戸時代、公式には中国との関係を維持しつつ、薩摩の支配下に入り、しかも徳川幕府に対して従属的な儀礼も行っていた。ヨーロッパでも、19世紀まで英国王が神聖ローマ帝国のハノーバー侯を兼ねるといった体制もあり、近代以前にはおかしな話でもなかった。明治になって、新政府は将来に禍根を残さないために、中国との関係を断絶させ、本島を沖縄という名前の県にした。

　戦後、しばらく施政権を握った米国は、琉球という名を使っていた。琉球という言葉は古代から使われているが、台湾との混同もあるようだ。語源は不明。南蛮人からは「レキオ」と呼ばれた。沖縄の語源はナバ（漁場）＝那覇と関連づける説も多いが確定的なものはない。

　カイロ会談でルーズベルトは蒋介石に沖縄を望まないか聞いたが、蒋介石は代わりに満州や蒙古をソ連に譲渡する取引材料にされることを恐れ、受けなかった。ただし、「中華民国政府」の立場としてはいまだに所属未定である。それに対して、北京は日本復帰を支持した。

　那覇市のうち、かつての王城のあるあたりを首里という。15世紀の

沖縄県

初めから琉球王国の首都だった。明治政府は首里の王族の屋敷を接収して県庁を置こうとしたが、琉球貴族の反発を避けるために隣接する港町である那覇にした。もともと島だったが、海中道路長虹堤で首里とつながっていた。那覇と首里は別の町であり、それぞれ那覇市、首里市だったが、米軍の統治下で真和志市ともども合併させられた。

本土の沖縄への無理解と無神経さはますますひどくなっている。沖縄返還問題のときに、すでに政治家だったり、関心を持って事態を見つめていた世代の人は沖縄のことを気にかけ、よく事情を知ってもいた。だが、最近の若い政治家は、知らないばかりか、沖縄問題を切実に感じていないようだ。

また、沖縄の方も本土の、とくに保守層に理解してもらおうという努力が不足している。ヤマト（本土）と沖縄が離婚することはどちらにとっても賢明な選択とは思えない。沖縄にとって警戒すべきなのは、中国による乗っ取りだ。薩摩もヤマトも米国も支配はしたが、人を送り込んで沖縄の人を少数派に追い込んだわけではない。しかし、中国はそれをやりかねない。私はそれをチベット化と呼んでいる。本土の無神経さは沖縄の理性的な判断を失わせることがあってはならない。

私は沖縄の位置付けとしては47都道府県の一つというよりは、特別地域であった方がいいのではないかと思う。今、地方は東京一極集中の波の中でいいことなど何もない。遠隔地の沖縄がまともに他地域と競争する愚は犯すべきでない。

【歴代知事】

戦後の沖縄は米軍施政下で、米政府の行政機関「沖縄諮詢会」が設けられ、広島高等師範学校出身の教育者である志喜屋孝信が委員長となった。これが沖縄民政府に衣替えされ、志喜屋が引き続き知事に任命された。

1950年には統一機構として臨時琉球諮詢委員会（のちに琉球臨時中央政府）が設けられ、英語に堪能な早稲田大学出身の教育者である比嘉秀平が委員長となった。実際の行政は4つ（奄美・宮古・八重山・沖縄）の群島政府に任され、沖縄群島政府知事には戦前に沖縄県職員だった平良辰雄が民選で選ばれた。平良は沖縄の地方政党である社会大衆党

を結成し初代の委員長になった。意に沿わない民選知事の誕生に苛立った米軍は、1952年に琉球政府を設け、主席に比嘉を据えたが、朝鮮戦争に伴う基地の拡張のための軍用地接収で騒然とする中で急死した。

後任には京都大学出身で戦前・戦後に那覇市長をつとめた当間重剛が任命された。当間は那覇市長の後任に選ばれた瀬長亀次郎（共産党系）を排除し、復帰運動には懐疑的で独立運動に理解を示したりした。

1959年には、早稲田大学法学部卒で高等文官試験に合格し、裁判官、検事、澎湖庁庁長をつとめた大田政作が琉球政府主席に任命された。だが、沖縄の民政に強引に介入するキャラウェー高等弁務官との板挟みになり、西銘順治など反主流派が自民党を脱党する中で辞任に追い込まれた。

後任は、米軍の了解のもと、戦前にインディアナ州のトライステート工科大学に学び、電力会社などを経営する松岡政保が就任した。ベトナム戦争で米軍基地の重みが増す難しい時期だったが、盛り上がる主席公選運動を受け、その実現にこぎ着けた。初の主席公選では、復帰運動の象徴的な存在で広島高等師範学校出の屋良朝苗（1972年）が当選した。そして、初の知事選挙は、復帰を前に半年繰り上げて行われた。自民党は元主席の大田政作を立てたが、屋良の圧倒的な人気の前には勝敗は初めから見えていた。屋良は1期だけで引退したが、屋良はその3年半前に行われた初の主席公選で激しい戦いを勝ち抜いて選ばれていたから、実質的には2期つとめたことになる。沖縄問題を担当した佐藤内閣の山中定則総務長官との良好な関係も背景に、内閣と役割分担をしながらいわゆる核抜き返還へ向けて強力な運動を進め、ついに1972年に念願の復帰が実現した。沖縄国際海洋博覧会が開かれた。

平良幸市（1976年）は西原町出身。沖縄師範学校から教員となり沖縄社会大衆党に入党し、立法院議員及び県議会議員。海洋博後の不況に悩んだ。返還された基地用地の整備、モノレールの建設などに取り組んだ。保革を問わずその人柄を慕われていた。しかし、体調不良から任期途中で辞任した。

西銘順治（1978年）は与那国町生まれ。パラオに在住していたこともある。東京大学を卒業し、外務省に入省するが、沖縄へ戻り、沖縄ヘラルドの社長。沖縄社会大衆党の結党に参加し、立法院議員。社大党を

沖縄県

離党し、琉球政府局長。1962年、沖縄自由民主党の支援を受けて那覇市長。行政主席公選で屋良に敗れる。その後、代議士。自衛隊の募集を県庁で始め、公共事業を積極的に導入。教育の充実に取り組んだ。行政・政治能力に優れ、沖縄の自立を目指したが、西銘の自力でもやっていけるという自信は、普通の地方の県として扱われ、また、政府の沖縄問題の関心が低下することにつながりかねない面もないわけではなかった。

西銘の4選を阻んだ大田昌秀（1990年）は、早稲田大学から米留学。琉球大学学長をつとめた。軍用地の契約継続のための代理署名事件や米兵の少女暴行事件で注目されたが、普天間基地移転問題などでは柔軟な姿勢も見せた。再選時には、翁長助裕・元副知事（翁長雄志の兄）に勝利した。

政府からも現実主義的な交渉相手として評価されていた自治労出身の吉元政矩副知事の再任を革新の一部の造反もあって県議会は否決したのを機に政治基盤は大きく揺らぎ、参議院議員だった父を持つ財界人の稲嶺恵一（1998年）に敗れた。大連生まれで慶應大学卒。大田の経済政策を糾弾することがものをいった。この大田から稲嶺の時期にかけて、政府は小渕首相や野中広務の沖縄に対する特別の思い入れを背景に、積極的な振興策を展開した。

元通産官僚で沖縄総合事務局の部長や沖縄電力の社長をつとめた仲井真弘多（2006年）は大阪生まれで那覇育ち。家系としては華人である。東京大学工学部に国費留学生として学び通産省に入省。沖縄総合事務所勤務や審議官をつとめ、沖縄電力に戻り、大田知事の副知事。沖縄電力に戻って社長、会長、那覇商工会議所会頭をつとめた。経済開発につとめるとともに、沖縄の立場を政府に積極的に主張し安定した支持を誇ったが、健康を害した。鳩山首相が普天間基地の辺野古移転について「少なくとも県外」発言をしたことで窮地に陥った。

翁長雄志（2014年）は現那覇市の真和志で生まれ、法政大学を卒業し、那覇市議、県議、那覇市長。鳩山首相の県外発言を受けて、仲井真も翁長もいったん賛成したが、鳩山が辺野古移転に転じた後、仲井真は曖昧な態度になり、翁長は立場を維持した。どちらにしても、鳩山の軽率な発言がガラス細工のように微妙な普天間問題を音を立てて壊した。

翁長はもともと癌手術の経験もあり健康が心配されていたが、2018年に膵臓癌であることを公表し闘病を続けていたが、8月に死去した。これを美談と捉える人もいるが、一般に、満足に仕事ができず回復の見通しもないのに職務を継続することは好ましいことではない。

また、辺野古の埋め立て許可を取り消す方針を示していたが、決断しないまま死去し職務代行者がこれを実行したが、後任の知事に判断を託すべきことであった。

後任は自由党参議院議員の玉城デニーと自民・公明・維新の推す宜野湾市長の佐喜真淳の間で争われた。

【こんな政治家も】

上原康助は基地労働者の労働組合を背景に社会党代議士となり、細川内閣で北海道開発庁長官、国土庁長官、沖縄開発庁長官となったが、沖縄選出の国会議員として初めての閣僚だった。

【最近の衆参議員選挙の状況】

◇第1区：赤嶺は高等学校教師を経て、那覇市議会議員。国場は国場組の創業者一族。那覇市議会議員。下地元内閣府特命担当大臣（防災）は建設会社元社員。'09下地幹郎（国民新党）。'12国場幸之助（自）。'14赤嶺政賢（共）。'17㊛赤嶺政賢（共⑦）60,605、比復国場幸之助（自③）54,468、比復下

沖縄県

地幹郎（維⑥）34,215。

◇第2区：照屋社民党国対委員長は弁護士、県議会議員を経て参議院議員。'09 照屋寛徳（社）。'12 照屋寛徳（社）。'14 照屋寛徳（社）。'17当 **照屋寛徳**（社⑥）92,143、次 宮崎政久（自）64,193。

◇第3区：玉城は元タレント。沖縄市議会議員。翁長県知事と連携し、基地の県内移設に反対している。父は沖縄米軍基地に駐留していた米兵。知事選出馬のため辞職。'09 玉城デニー（民）。'12 比嘉奈津美（自）。'14 玉城デニー（生活の党）。'17当 **玉城デニー**（無）95,517、次 比嘉奈津美（自）66,527。

◇第4区：西銘は父の西銘順治元衆議院議員、元県知事の秘書を経て、県議会議員。'09 瑞慶覧長敏（民）。'12 西銘恒三郎（自）。'14 仲里利信（無）。'17当 **西銘恒三郎**（自⑤）82,199、次 仲里利信（無）75,887。

◇参議院（定数1）：伊波は宜野湾市役所元職員、県議会議員、宜野湾市長。自民党現職の島尻は敗れた。糸数はバスガイドから県議会議員。'07 **糸数慶子**（無）。'10 島尻安伊子（自）。'13当 糸数慶子（沖縄社会大衆党③）294,420、次 安里政晃（自）261,392。'16当 **伊波洋一**（無①）356,355、次 島尻安伊子（自）249,555。

＜九州ブロック 定数20＞

◇自由民主党 218万1754票 7議席

園田博之（11）重複なし、**宮路拓馬**（2）重複なし、**今村雅弘**（8）重複なし、**古川康**（2）佐賀2区93.5、**国場幸之助**（3）沖縄1区89.8、**冨岡勉**（4）長崎1区88.3、**岩田和親**（3）佐賀1区74.8、次 宮崎政久（69.6、弁護士）沖縄2区、次 **比嘉奈津美**（69.6、元環境政務官）沖縄3区。

園田は熊本県天草市出身。日魯漁業（現マルハニチロ）に勤務。'84年、父の園田直の地盤を引き継ぎ、保守系無所属で当選。'93年、自民党を離党し、新党さきがけの結党に参加、代表幹事に就任。自民党に復党したが再離党し、たちあがれ日本の結党、次世代の党を経て、'17年、自民党に復党。宮路は鹿児島県南さつま市出身。総務官僚、'14年、鹿児島3区から出馬し比例九州ブロックで復活、初当選。'17年、定数是正に伴う選挙区調整のため、鹿児島3区からの出馬を見送り、比例九州ブロックから単独で出馬。今村元復興相は佐賀県鹿島市出身。日本国有鉄道に勤務

後、民営化後のJR九州で経営管理室長などを歴任。'96年、自民党公認で佐賀2区より出馬し、初当選。'05年、郵政民営化法案で造反し、同年の総選挙では無所属で立候補、4選。自民党に復党。'14年の総選挙に際し、区割変更による佐賀2区・佐賀3区の合区に伴い、比例九州ブロックへの転出。'16年、復興相として初入閣したが失言で辞任。

◇公明党102万1227票3議席

江田康幸（7）重複なし、**遠山清彦**（4）重複なし、**浜地雅一**（3）重複なし、次**吉田宣弘**（重複なし、党遊説局次長）。

江田は福岡県八女市出身。財団法人化学及血清療法研究所に入所、'00年、比例九州ブロックから初当選。遠山は千葉県千葉市出身。宮崎国際大学専任講師を務め、'01年に参議院議員選挙に比例区から初当選。'07年の参議院議員選挙で比例区で再選。'08年、参議院議員を任期途中で辞職し、'08年、総選挙で比例九州ブロックで落選。'10年、比例九州ブロック選出の元公明党代表神崎武法の議員辞職に伴い、繰り上げ当選。浜地は福岡県福岡市出身。UBS証券入社、大手マンション開発販売会社に勤務後、司法書士、司法試験に合格。'09年の総選挙で比例九州ブロックに立候補し、落選。'12年比例九州ブロックで初当選。

◇希望の党116万8708票4議席

中山成彬（8）重複なし、**吉良州司**（5）大分1区96.6、**稲富修二**（2）福岡2区92.5、**城井崇**（3）福岡10区91.3、次**野間健**（88.01, 元秘書）鹿児島3区。

中山元文部科学相は宮崎県小林市出身。大蔵官僚、'86年に旧宮崎2区で初当選。'08年、国交相に就任するが、「成田反対はゴネ得」、「日教組を解体へ」などの問題発言で辞任。'09年の総選挙には、'10年の参議院議員通常選挙で、自民党からの立候補を目指したが公認を得られず、たちあがれ日本で立候補したが、落選。'12年、総選挙で、たちあがれ日本が日本維新の会に合流したことにより、宮崎1区に日本維新の会から出馬比例復活当選。次世代の党・日本のこころを大切にするなどに所属、'14年落選。'16年、参議院議員選挙に比例区から出馬するが、落選。'17年の総選挙では、妻・恭子と共に希望の党に参加し、比例九州ブロックから同党の比例単独1位で出馬、当選。

◇日本維新の会27万7203票1議席

下地幹郎（6）沖縄1区 56.4、次 河野正美（49.1、病院理事長）福岡4区
◇立憲民主党 105万4589票 3議席
横光克彦（7）大分3区 84.6、山内康一（4）福岡3区 69.4、矢上雅義（3）熊本4区 59.3、次 山本剛正（52.2、秘書）福岡1区
◇日本共産党 42万1962票 1議席
田村貴昭（2）福岡10区 35.1、次 真島省三（32.4、元県議）福岡9区
◇社会民主党 27万7704票 1議席
吉川元（3）大分2区 78.7

> **【コラム】歴代総理の出身地**
>
> 　戦後の首相で出身、出生、選挙区が一致しているのは、芦田均（京都）、岸信介、佐藤栄作（山口）、池田勇人（広島）、田中角栄（新潟）、三木武夫（徳島）、福田赳夫、中曽根康弘、小渕恵三（群馬）、大平正芳（香川）、鈴木善幸（岩手）、竹下登（島根）、宇野宗佑（滋賀）、海部俊樹（愛知）、羽田孜（長野）、村山富市（大分）、森喜朗（石川）、小泉純一郎（神奈川）、麻生太郎（福岡）養家の吉田家は横浜の貿易商だから神奈川と見るべきだ。
>
> 　出身地と選挙区が違うことも多い。吉田茂は、東京駿河台生まれで、養家は越前藩士だが横浜で貿易商として成功し、大磯に大邸宅をもっていた。しかし、吉田は地盤の安定性を考えて父親が代議士をしていた高知を選挙区にした。鳩山家は岡山県真庭市にあった勝山藩士だが、一郎の父である和夫が東京から代議士になり、一郎はそれを継いだ。その地盤は次男の鳩山邦夫元総務相がついだので、由起夫は北海道から出馬した。
>
> 　片山哲は和歌山県出身だが、選挙区は神奈川県。石橋湛山は東京生まれだが山梨県との縁が深かったが、選挙区は落下傘で静岡県。細川は東京生まれだが、肥後の殿様で選挙区もそちら。野田佳彦は千葉県だが、その父は富山出身だ。橋本龍太郎、宮沢喜一、福田康夫はいずれも父親が官僚だったので東京生まれ。
>
> 　　　　　　　　　　　　　　　　　　　　　　　　　　　　（八幡和郎）

<2016年参議院議員選挙比例区>

◇自由民主党 2011万4788票 19議席

徳茂雅之（1）521060、青山繁晴（1）481890、片山さつき393382（2）中西哲新（1）392433、今井絵理子（1）319359、足立敏之（1）293735、山谷えり子（3）249844、藤木真也（1）236119、自見英子（1）210562、進藤金日子（1）182467、高階恵美子（2）177810、山田宏（1）149833、藤井基之（3）142132、阿達雅志（2）139110、宇都隆史（2）137993、小川克巳（1）130101、宮島喜文（1）122833、水落敏栄（3）114485、園田修光（1）101154、次 竹内功87578（元鳥取市長）、次 増山寿一85355（団体役員）、次 堀内恒夫84597（元読売巨人軍監督）

　徳茂は大阪府出身の郵政官僚。当初、女性郵政官僚である唐木徳子氏が予定されていたが、病気のため差し替えで立候補。日本郵便株式会社近畿支社長、全国郵便局長会相談役などを歴任。

　青山は神戸市出身。共同通信記者、三菱総研勤務、独立総合研究所代表取締役社長をつとめるかたわら、保守派のテレビ解説者として人気を博する。安倍首相とは記者時代からの交友。エネルギー問題に詳しい。

　片山は東京都出身で財務官僚。'05年、総選挙に静岡7区から出馬、郵政民営化法案に反対したため自民党の公認が得られなかった無所属の城内実を破り、初当選。'09年、前回破った保守系無所属の城内実に倍以上の差をつけられ惨敗。'10年、参院議員比例区から出馬し、当選。舛添洋一と結婚するも離婚。マルマン創業家出身で実業家の片山龍一と結婚。

中西は宿毛市議、高知県議。15年、高知県選挙区次期参議院議員候補者に内定されるが、同年、公職選挙法が改正され、高知県選挙区は徳島県選挙区と合区が決定して合同選挙区となった。新設された徳島県・高知県選挙区において自民党本部は現職で旧徳島県選挙区選出の中西祐介を公認。中西哲は参議院比例区に回った。

　今井は沖縄県那覇市出身で元アイドル、歌手。立候補のきっかけは、聴覚障害の子を持つことから聴覚障害者教育福祉協会会長でもある山東派会長山東昭子参議院議員が誘ったことによる。当選後、妻子ある神戸市議との交際がスキャンダル化したが、今井にお咎めはなかった。

　足立は兵庫県西宮市生まれだが、本籍は京都府で高校は和歌山の桐蔭高校出身、国交省の土木技官。国土交通技監などをつとめた。国交省出身で

引退する脇雅史の後継候補として出馬、日本建設業連合会、全国建設業協会など、建設分野の職域を代表した。

山谷は東京都出身。'00年、総選挙に民主党から東海比例区で初当選。民主党では「次の内閣」の教育科学技術相、その後、保守新党に参加。'03年は落選。'04年、参議院比例区で自民党の公認を得て出馬、当選。'14年、国家公安委員会委員長と防災担当相に就任。

藤木は熊本県出身、全国農協青年組織協議会会長をつとめ、上益城農業協同組合（JAかみましき）代表理事組合長。全国農業者農政運動組織連盟の推薦を得た。

自見は長崎県佐世保市生まれ福岡県北九州市育ち、小児科医師、父は自見庄三郎元金融相。日本医師会傘下の政治団体である日本医師連盟の組織内候補として擁立された。

遠藤は秋田県大仙市出身の農水技官。全国土地改良政治連盟の組織内候補として擁立された。

高階は宮城県加美町出身。厚労省の看護技官。日本看護協会常任理事等を歴任。日本看護連盟の組織内候補として擁立された。

山田は東京都出身、松下政経塾から、熊谷弘元内閣官房長官の秘書を経て、都議。'93年、日本新党から旧東京4区で初当選。'99年、杉並区長。'12年の総選挙で日本維新の会から東京19区に出馬、比例復活当選。次世代の党結党、党初代幹事長に就任。'16年の参議院議員選挙に自民党公認を得て、歯科医師連盟の推薦候補として当選。

藤井は岡山県岡山市出身、厚労省薬系技官。日本薬剤師会、日本薬剤師連盟の推薦を受け、'01には比例区で当選するが'07は落選。'10と'16は当選。

阿達は京都府京都市出身、住友商事に勤務、佐藤信二元運輸相の次女と結婚し、佐藤の公設秘書をつとめた。'10年の参議院議員比例区で出馬し、落選。しかし、'14年になり繰り上げ当選。

宇都は鹿児島県鹿児島市出身、防衛大卒業後、航空自衛隊入隊。松下政経塾への合格をきっかけに退官し、卒塾後すぐの'10年参議院議員選挙比例区で当選。

小川は福岡県北九州市出身、理学療法士。総合病院の精神科勤務、日本理学療法士協会副会長。日本理学療法士連盟の推薦を受けた。

宮島は長野県泰阜村出身。臨床検査技師。長野県に入庁し各地の病院で

勤務。長野県立こども病院副院長などを務めた。日本臨床衛生検査技師会会長で、組織内候補として出馬。検査関連団体の推薦を得た。

水落は新潟県十日町市出身、会社員を経て、一般財団法人日本遺族会事務局に入職。事務局長、専務理事を経て、同会の推薦で出馬。'15年、日本遺族会会長。

園田は鹿児島県議、'96の総選挙に自民党公認で鹿児島2区から出馬し、長らく奄美地方で強固な地盤を築いていた徳田虎雄を破り、当選。'00年、落選。'06年に徳田毅が自民党に入党したため、'09年の総選挙には出馬せず徳田を支援し、'13年の参議院議員選挙比例区で落選したが今回は当選。

◇公明党 757万2960票 7議席開票速報

長沢広明（2）942266、**秋野公造（2）**612066、**横山信一（2）**606889、**熊野正士（1）**605225、**谷合正明（3）**478175、**浜田昌良（3）**388473、**宮崎勝（1）**18571、次**竹内真二** 7489 繰り上げ当選

長沢は東京都出身、公明新聞の記者、政治部副部長を務めた。'03の総選挙で比例代表北関東ブロックから当選したが、再選には失敗。'10年には参議院比例区で当選する。復興副大臣となるが女性スキャンダルで副大臣・議員ともに辞職。

秋野は兵庫県神戸市出身、医師。厚生労働省医系技官、長崎大学客員教授などを務める。'10年に初当選。

横山は北海道帯広市出身。北海道庁で水産系技官。道議を経て'10年に初当選。

熊野は兵庫県姫路市出身、医師。放射線科医。

谷合は埼玉県新座市出身、国際医療ボランティア団体AMDA職員として国際人道支援に従事。

浜田は大阪府大阪市出身、高校は神奈川県。経産省技官。'04に初当選。復興副大臣として活躍。

宮崎は埼玉県坂戸市出身、公明新聞記者。

竹内は東京都出身。公明新聞記者で編集局長などを務める。長沢広明の辞職で繰り上げ当選。

◇民進党 1175万965票 11議席

小林正夫（3）270285、**浜口誠（1）**266623、**矢田稚子（1）**215823、**有田芳生（2）**205884、**川合孝典元（2）**196023、**難波奨二（2）**191823、江崎

孝（2）184187、**那谷屋正義**（3）176683、**石橋通宏**（2）171486、**藤末健三**（3）143188、**白真勲**（3）138813、次田城郁 113571（JR総連役員）、次藤川慎一 112995（ものづくり産業労組役員）

　小林は東京都出身。東電労組中央副執行委員長、全国電力関連産業労働組合総連合副会長などを歴任。'04年初当選。現国民民主党。

　浜口は三重県松阪市出身、全トヨタ労連から自動車総連特別中央執行委員に就任。直嶋正行の後継。現国民民主党。

　矢田は大阪府大阪市出身、パナソニックグループ労働組合連合会副中央執行委員長。電機連合男女平等政策委員長をつとめた。現国民民主党。

　有田は京都府京北町（現京都市）出身、共産党員だったがのちに除名。ジャーナリスト、テレビコメンテーター。'10年民主党から当選。現立憲民主党。

　川合は京都府京都市出身、帝人労働組合からUIゼンセン同盟政治局政治委員会事務局長。'07年初当選。現国民民主党。

　難波は岡山県井原市出身、玉島郵便局勤務から日本郵政グループ労働組合初代書記長。現国民民主党。

　江崎は福岡県出身、三橋町役場。自治労福岡県本部書記長、中央本部労働局長。

　那谷屋は神奈川県横浜市出身、教員から日本教職員組合教育政策委員長。立憲民主党。

　石橋は島根県安来市出身。NTT労組特別中央執行委員。

　藤末は熊本県熊本市出身、通産技官。東京大学工学部助教授を経て、政界に転じる。民主党を離党し無所属。

　白は東京都出身、日本人の母と韓国人の父の間に生まれ、'03年までは韓国国籍。朝鮮日報日本支社支社長。

◇日本共産党 601万6195票 5議席

市田忠義（4）77348、**田村智子**（2）49113、**大門実紀史**（4）33078、**岩渕友**（1）31099、**武田良介**（1）23938、次奥田智子 23680（党職員）

　市田は大阪府出身だが高校は滋賀県。龍谷大学教職員組合書記長を経て、京都府委員会委員長、党副委員長。

　田村は長野県小諸市出身、党事務局、議員秘書などを経て各種選挙で落選したが、'10初当選。

大門は京都府京都市出身、東京土建一般労働組合書記長。

岩渕は福島県喜多方市出身、福島県消費生活センター職員を経て、共産党福島県委員会常任委員。

武田は長野県中野市出身。日本民主青年同盟長野県委員会の専従役員、民青同盟長野県委員長、共産党長野県常任委員をつとめた。

◇おおさか維新の会 515万3584票 4議席

片山虎之助（5）194902、**渡辺喜美**（1）143343、**石井苗子**（1）68147、**石井章**（1）50073、次 儀武剛 43679（元金部町長）

片山元総務相は岡山県出身、自治官僚。'89年に元参議院議長である木村睦男の地盤を引き継ぎ、岡山県選挙区で自民党公認として初当選。'07年は民主党の新人候補姫井由美子に敗れ落選。'10年の参議院議員選挙で比例区からの出馬を模索するが、比例区70歳定年制の内規で、公認を得られず、自民党を離党して、たちあがれ日本へ入党、同党公認で、当選。

渡辺は栃木県太田原市出身。父の美智雄が通産相、外相に就任した際、政務秘書官を務めた。父の地盤を継承し、'96年の総選挙に栃木3区から自民党公認で出馬し、初当選。'06年、規制改革相、金融相に就任。'08年、麻生太郎首相に対する批判を繰り返し、自民党離党。江田憲司らとみんなの党代表に就任。'14年、8億円借入問題が発生し、党代表を辞任、'16年4月、おおさか維新の会（現・日本維新の会）へ入党し、参議院議員として初当選。東京都議会議員選挙で離党。

石井苗子は東京都出身、女優・キャスター。看護師、ヘルスケアカウンセラーとしても活動した。

石井章は茨城県出身、藤代町議、取手市議、'09年の総選挙に民主党から比例北関東ブロックで出馬し初当選。国民の生活が第一の結党に参加、'13年、日本維新の会に入党。

◇社会民主党 153万6238票 1議席

福島瑞穂（4）254956、次 吉田忠智 153197（党首）

福島元党首は宮崎県出身、弁護士。'09年、消費者及び食品安全担当相。'13年社民党党首を辞任。

◇生活の党 106万7300票 1議席

青木愛（2）109050、次 姫井由美子 16116（司法書士）

青木は千葉県出身。保育士。小沢一郎に師事し、自由党に参加。'03年の

総選挙に千葉12区の民主党公認で比例復活。'07年参議院議員選挙で比例区に立候補、当選。
◇日本のこころ73万4024票 0議席
◇新党改革58万653票 0議席
◇幸福実現党36万6815票 0議席
◇国民怒りの声46万6706票 0議席
◇支持政党なし64万7071票 0議席

＜2013年参議院議員選挙比例区＞
◇自由民主党1846万404票　18議席
柘植芳文（1）429,002、**山田俊男**（2）338,485、**佐藤正久**（2）326,541、**石井みどり**（2）294,148、**橋本聖子**（4）279,952、**羽生田俊**（1）249,818、**佐藤信秋**（2）215,506、**赤池誠章**（1）208,319、**山東昭子**（7）205,779、**衛藤晟一**（2）204,404、**石田昌宏**（1）201,109、**有村治子**（3）191,343、**宮本周司**（1）178,480、**丸山和也**（2）153,303、**北村経夫**（1）142,613、**渡辺美樹**（1）104,176、**木村義雄**（1）98,979、**太田房江**（1）77,173、次 若狭勝76829（弁護士）、次 園田修光65840（元衆院議員）、次 大江康弘59376（元和歌山県議）

柘植は岐阜県恵那市出身。名古屋の郵便局長。全国郵便局長会会長。
山田は富山県小矢部市出身、全国農業協同組合中央会に勤務し、専務理事を歴任。農政連を支持母体にする。'07年に初当選。

佐藤は福島県出身、防衛大学校卒業後、自衛官。イラク人道復興支援の初代派遣部隊の隊長をつとめ、「ヒゲの隊長」として知られる。'07年に初当選。

石井は広島県出身、歯科医。日本歯科医師会常務理事、日本歯科医師連盟（日歯連）顧問。'07年に初当選。

橋本は北海道安平町出身、富士急行株式会社に勤務、アルベールビル五輪スケートで銅メダル。自転車競技でアトランタ五輪に出場した。'95年初当選。

羽生田は群馬県前橋市出身、眼科医。日本医師会副会長。父の羽生田進は代議士。

佐藤は新潟県出身、国交省土木技官、技監、事務次官をつとめた。'07年に初当選。

赤池は山梨県甲府市出身、松下政経塾で学ぶ。'05年、総選挙に山梨1区から出馬し比例復活当選。1期のみ。定数削減で参議院議員比例区に転じた。

　山東は東京都出身、タレント。'74年、当時の田中角栄首相に請われ、参議院全国区から出馬、初当選。'90年、科学技術庁長官。

　衛藤は大分市議、大分県議。'90年の総選挙で初当選。'05年、郵政民営化に造反し、公認を得られず、落選。'07年、参議院議員通常選挙で比例区から立候補。安倍晋三側近として知られる。

　石田は奈良県大和郡山市出身、看護師・保健師。公益社団法人日本看護協会幹事長。

　有村は石川県出身だが父は元滋賀県議。神社本庁の政治団体である神道政治連盟やマクドナルドの支援を受けた。'13年、消費者および男女共同参画相。

　宮本は石川県能美市出身、酒造業、全国商工会連合会青年部連合会会長。

　丸山は兵庫県たつの市出身。法務省官僚、弁護士。「行列が出来る法律相談所」で人気。'07初当選。

　北村は山口県田布施町出身、産経新聞政治部記者。

　渡辺は神奈川県横浜市出身。ワタミ創業者。

　木村は香川県さぬき市出身。父は代議士の木村竹千代。県議、'86年の総選挙に旧香川1区から出馬し、初当選。

　太田は広島県呉市出身、通産官僚。岡山県副知事から'00年、大阪府知事。

◇公明党 756万8080票　7議席

山本香苗（3）996,959、**平木大作**（1）770,682、**河野義博**（1）703,637、**山本博司**（2）592,814、**若松謙維**（1）577,951、**魚住裕一郎**（4）540,817、**新妻秀規**（1）26,044、次 川島信雄 7737（党職員）

　山本は広島県広島市出身だが各地を転々とし高校は大阪府。外務官僚。トルコ語専門家。'01初当選。

　平木は長野県長野市出身、シティバンクなどの外資系金融に勤務。

　河野は福岡県福岡市出身、三菱UFJ銀行、丸紅株式会社に勤務。

　山本は愛媛県八幡浜市出身、日本IBMに勤務。子が障害者だったので福祉に取り組む。

　若松は福島県石川町出身、公認会計士。トーマツに勤務。'93年の総選挙

で埼玉5区から当選し3期。

魚住は和歌山県天草群出身、弁護士。'95年、東京都選挙区から出馬し初当選。'01年から比例区に転じる。

新妻は埼玉県越谷市出身、川崎重工業、ボーイング社に勤務。

◇民主党713万4215票　7議席

礒崎哲史（1）271,553、**浜野喜史（1）**235,917、**相原久美子（2）**235,636、**大島九州男（2）**191,167　次 川合孝典 138830（ゼンセン顧問）、**神本美恵子（3）**176,248、**吉川沙織（2）**167,437、**石上俊雄（1）**152,121

礒崎は東京都出身、日産労組から自動車総連特別執行委員。国民民主党へ。

浜野は兵庫県高砂市出身。関電労組から電力総連会長代理。国民民主党へ。

相原は札幌市非常勤職員、自治労中央執行委員。'07初当選。立憲民主党へ。

大島は福岡県直方市出身、学習塾やテニス教室を経営、直方市議。現国民民主党。

神本は福岡県朝倉郡出身、小学校教諭を経て、日教組中央執行委員。'07初当選。立憲民主党へ。

吉川は徳島県徳島市出身。NTT労組。立憲民主党へ。

石上は新潟県柏崎市出身、東芝労組副中央執行委員長。電機連合の組織内候補。

◇日本共産党515万4055票5議席

小池晃（3）134,325、**山下芳生（3）**129,149、**紙智子（3）**68,729、**井上哲士（3）**50,874、**仁比聡平（2）**39,768、次 山本陽子 36580（党大阪府委員）

小池党書記局長は東京都出身、医師。全日本民医連理事。'98年初当選。'10年東京都選挙区落選。

山下は香川県善通寺市出身、生活協同組合職員、日本民主青年同盟大阪府副委員長。

紙は北海道札幌市出身、民主青年同盟副委員長。7回の落選ののち'01年に当選。

井上は山口県徳山（現周南）市出身。学生運動から共産党京都府委員会

に勤務。梅田勝の代議士秘書、赤旗新聞記者。参議院幹事長兼国会対策委員長。

仁比は福岡県北九州市出身、弁護士。'04年初当選、'10年は落選ののち返り咲き。

◇日本維新の会 635万5299票 6議席

アントニオ猪木（2）356,605、中山恭子（2）306,341、儀間光男（1）40,484、藤巻健史（1）33,237、中野正志（1）32,926、室井邦彦（2）32,107、次 土田博和 28616（医療法人理事長）

猪木は神奈川県横浜市出身、ブラジルに移民するも帰国してプロレスラー。'89年、スポーツ平和党を結成し、同年の参議院選挙に比例区から出馬し、初当選。現在、無所属。

中山は東京都出身。大蔵官僚。国際交流基金常務理事。在ウズベキスタン大使。'02年、拉致被害者家族担当の内閣官房参与。'07年自民党から比例区で初当選。'08少子化対策・男女共同参画担当、拉致問題担当相。'10年たちあがれ日本へ入党。'17年、夫と共に希望の党へ参加。

儀間は沖縄県出身、浦添市議、県議、浦添市長。

藤巻は東京都出身、三井信託銀行、モルガン銀行。経済人として各種マスコミで活動。

中野は宮城県塩釜市出身、三塚博元蔵相の秘書、宮城県議。'96年総選挙で宮城2区から自民党公認で当選。たちあがれ日本、日本維新の会、次世代の党。党名が日本のこころを大切にする党に変更。'17年、中山恭子代表が辞任したことを受け、代表。

室井は京都府出身、室井運輸株式会社代表取締役を務めた。尼崎市議、兵庫県議。'03年の総選挙に民主党公認で兵庫8区から出馬し、選挙区では公明党の冬柴鐵三に敗れたが、比例復活し、初当選。'05年、落選。'07年の参議院議員選挙で、民主党公認で比例区から出馬し、当選。'13年4月、民主党に離党届を提出、参議院議員辞職。議員辞職後、日本維新の会に入党。同年の参議院議員選挙に日本維新の会公認で比例区から出馬し、当選。

◇みんなの党 475万5160票 4議席

川田龍平（2）117,389、山口和之（1）75,000、渡辺美知太郎（1）50,253、井上義行（1）47,756、次 河合純一 47756（元首相秘書官）

川田は東京都出身、母の悦子の代議士秘書、'07参議院選に東京都選挙区

から無所属で当選。みんなの党へ入党。'13年、江田憲司らとともに結いの党結党。維新の党、「民進党・新緑風会」に入会したが、比例選出議員の政党の移動を禁じた国会法上の規定により無所属。'17年、立憲民主党。
山口は福島県福島市出身。理学療法士、日本理学療法士連盟の支援を受け、'09年の総選挙で民主党から比例東北ブロックで初当選。'13年、みんなの党に入党。政党「日本を元気にする会」の結党に参加。現在、無所属。

渡辺は栃木県出身、会社員を経て、叔父の喜美の秘書。みんなの党の解党後、無所属。その後、自民党に入党。

井上は神奈川県小田原市出身、国鉄に勤務、'88年の国鉄分割民営化で総理府（後の内閣府）に移籍。'06年、安倍首相の政務担当秘書官に就任。みんなの党解党後、日本を元気にする会結党に参加し、国会対策委員長に就任。無所属、会派「自由民主党」に入会。

◇社会民主党125万5235票　1議席

又市征治（3）156,155、次 **山城博治** 112641（自治労沖縄役員）

又市は富山県出身。富山県庁に勤務、自治労富山県本部委員長をつとめた。'01年の参議院議員選挙比例区で出馬し初当選。党幹事長。'18年、吉田忠智の任期満了に伴う後任として、社民党党首に就任。

◇生活の党94万3836票 0議席
◇みどりの風43万673票　0議席
◇新党大地52万3146票 0議席
◇緑の党45万7862票 0議席
◇幸福実現党19万1643票　0議席

中曽根首相以降の首相と内閣

初就任順	代数	内閣	就任	在任日数	通算在任	政権党	本来の出身地	生地	選挙区
45	71	中曽根康弘①	1982/11/27	396		自	群馬	群馬	群馬
	72	中曽根康弘②	1983/12/27	939		自・新自			
	73	中曽根康弘③	1986/7/22	473	1808	自			
46	74	竹下登	1987/11/6	576		自	島根	島根	島根
47	75	宇野宗佑	1989/6/3	69		自	滋賀	滋賀	滋賀
48	76	海部俊樹①	1989/8/10	203		自	愛知	愛知	愛知
	77	海部俊樹②	1990/2/28	616	819	自			
49	78	宮澤喜一	1991/11/5	644		自	広島	東京	広島
50	79	細川護熙	1993/8/9	263		日新・他	熊本	東京	熊本
51	80	羽田孜	1994/4/28	64		新生・他	長野	東京	長野
52	81	村山富市	1994/6/30	561		自・社・さ	大分	大分	大分
53	82	橋本龍太郎①	1996/1/11	302		自・社・さ	岡山	東京	岡山
	83	橋本龍太郎②	1996/11/7	631	933	自・他			
54	84	小渕恵三	1998/7/30	616		自・由・公	群馬	群馬	群馬
55	85	森喜朗①	2000/4/5	91		自・公・保	石川	石川	石川
	86	森喜朗②	2000/7/4	297	388	自・公・保			
56	87	小泉純一郎①	2001/4/26	938		自・公・保	神奈川	神奈川	神奈川
	88	小泉純一郎②	2003/11/19	673		自・公			
	89	小泉純一郎③	2005/9/21	371	1982	自・公			
57	90	安倍晋三①	2006/9/26	366		自・公	山口	東京	山口
58	91	福田康夫	2007/9/26	365		自・公	群馬	東京	群馬
59	92	麻生太郎	2008/9/24	358		自・公	福岡	福岡	福岡
60	93	鳩山由紀夫	2009/9/16	266		民・社他	岡山	東京	北海道
61	94	菅直人	2010/6/8	452		民・国新	岡山	山口	東京
62	95	野田佳彦	2011/9/2	482		民・国新	富山	千葉	千葉
	96	安倍晋三②	2012/12/26	729	1095	自・公			
	97	安倍晋三③	2014/12/24	1044	2139	自・公			
	98	安倍晋三④	2017/11/1			自・公			

衆議院、参議院議員 名簿

平成30年9月現在

衆議院議員

氏名	ふりがな	生年月日	最終学歴	選挙	政党
赤間 二郎	あかまじろう	S43.3.27	立教大学	神奈川14区	自由民主党
秋元司	あきもとつかさ	S46.10.23	大東文化大学	東京15区	自由民主党
阿部俊子	あべとしこ	S34.5.19	イリノイ州立大学シカゴ校大学院	岡山3区	自由民主党
安住 淳	あずみじゅん	S.37.1.17	早稲田大学	宮城5区	無所属
安倍 晋三	あべしんぞう	S.29.9.21	成蹊大学	山口4区	自由民主党
足立康史	あだちやすし	S40.10.14	コロンビア大学大学院	比例近畿	日本維新の会
阿久津 幸彦	あくつゆきひこ	S31.6.26	ジョージワシントン大学	比例東北	立憲民主党
阿部知子	あべともこ	S23.4.24	東京大学	神奈川12区	立憲民主党
逢沢一郎	あいさわいちろう	S29.6.10	慶應義塾大学	岡山1区	自由民主党
青柳陽一郎	あおやぎよういちろう	S44.8.29	早稲田大学大学院	神奈川6区	立憲民主党
青山 雅彦	あおやままさゆき	S37.3.2	東北大学	比例東海	無所属
青山 大人	あおやまやまと	S54.1.24	慶應義塾大学	比例北関東	国民民主党
赤澤亮正	あかざわりょうせい	S35.12.18	コーネル大学経営大学院	鳥取2区	自由民主党
赤羽 一嘉	あかばかずよし	S33.5.7	慶應義塾大学	兵庫2区	公明党
赤松広隆	あかまつひろたか	S23.5.3	早稲田大学	愛知5区	無所属
赤嶺政賢	あかみねせいけん	S22.12.18	東京教育大学(筑波大学)	沖縄1区	日本共産党
秋葉賢也	あきばけんや	S37.7.3	東北大学大学院	宮城2区	自由民主党
秋本真利	あきもとまさとし	S50.8.10	法政大学	千葉9区	自由民主党
浅野哲	あさのさとし	S57.9.25	青山学院大学院	比例北関東	国民民主党
麻生太郎	あそうたろう	S15.9.20	学習院大学	福岡8区	自由民主党
穴見陽一	あなみよういち	S44.7.24	法政大学中退	大分1区	自由民主党
甘利明	あまりあきら	S24.8.27	慶應義塾大学	神奈川13区	自由民主党
荒井聰	あらいさとし	S21.5.27	東京大学	北海道3区	立憲民主党
安藤高夫	あんどうたかお	S34.4.1	日本大学	比例東京	自由民主党
安藤裕	あんどうひろし	S40.3.28	慶應義塾大学	京都6区	自由民主党
井出庸生	いでようせい	S52.11.21	東京大学	長野3区	無所属
井野俊郎	いのとしろう	S55.1.8	明治大学	群馬2区	自由民主党
井上一徳	いのうえかずのり	S37.7.31	横浜国立大学	比例近畿	希望の党
井上信治	いのうえしんじ	S44.10.7	ケンブリッジ大学大学院	東京25区	自由民主党
井上貴博	いのうえたかひろ	S37.4.2	獨協大学	福岡1区	自由民主党
井上英孝	いのうえひでたか	S46.10.25	近畿大学	比例近畿	日本維新の会
井上義久	いのうえよしひさ	S22.7.24	東北大学	比例東北	公明党
井林辰憲	いばやしたつのり	S51.7.18	京都大学大学院	静岡2区	自由民主党
伊佐進一	いさしんいち	S49.12.10	東京大学	大阪6区	公明党
伊東良孝	いとうよしたか	S23.11.24	北海道教育大学	北海道7区	自由民主党
伊藤俊輔	いとうしゅんすけ	S54.8.5	中央大学	比例東京	国民民主党
伊藤信太郎	いとうしんたろう	S28.5.6	ハーバード大学大学院	宮城4区	自由民主党
伊藤忠彦	いとうただひこ	S39.7.11	早稲田大学	愛知8区	自由民主党
伊藤達也	いとうたつや	S36.7.6	慶應義塾大学	東京22区	自由民主党
伊藤渉	いとうわたる	S44.11.13	大阪大学大学院	比例東海	公明党
伊吹文明	いぶきぶんめい	S13.1.9	京都大学	京都1区	自由民主党
池田真紀	いけだまき	S47.5.23	北海道大学大学院	比例北海道	立憲民主党
池田道孝	いけだみちたか	S22.2.9	下関市立大学	比例中国	自由民主党
池田佳隆	いけだよしたか	S41.6.20	慶應義塾大学大学院	比例東海	自由民主党
石井啓一	いしいけいいち	S33.3.20	東京大学	比例北関東	公明党
石川昭政	いしかわあきまさ	S47.9.18	國學院大学	茨城5区	自由民主党
石川香織	いしかわかおり	S60.5.10	聖心女子大学	北海道11区	立憲民主党
石崎徹	いしざきとおる	S60.1.25	慶應義塾大学	比例北陸信越	自由民主党
石田祝稔	いしだのりとし	S26.9.1	創価大学大学院	比例四国	公明党
石田真敏	いしだまさとし	S27.4.11	早稲田大学	和歌山2区	自由民主党
石破茂	いしばしげる	S32.2.4	慶應義塾大学	鳥取1区	自由民主党
石原伸晃	いしはらのぶてる	S32.4.19	慶應義塾大学	東京8区	自由民主党
石原宏高	いしはらひろたか	S39.6.19	慶應義塾大学	東京3区	自由民主党

氏名	よみ	生年月日	出身校	選挙区	所属政党
泉健太	いずみけんた	S49.7.29	立命館大学	京都3区	国民民主党
泉田裕彦	いずみだひろひこ	S37.9.15	京都大学	新潟5区	自由民主党
稲田朋美	いなだともみ	S34.5.19	早稲田大学	福井1区	自由民主党
稲津久	いなつひさし	S33.2.9	専修大学	北海道10区	公明党
稲富修二	いなとみしゅうじ	S45.8.26	コロンビア大学公共政策大学院	比例九州	国民民主党
今井雅人	いまいまさと	S37.2.21	上智大学	比例東海	国民民主党
今枝宗一郎	いまえだそういちろう	S60.2.18	名古屋大学	愛知14区	自由民主党
今村雅弘	いまむらまさひろ	S22.1.5	東京大学	比例九州	自由民主党
岩田和親	いわたかずちか	S48.9.20	九州大学	比例九州	自由民主党
岩屋毅	いわやたけし	S32.8.24	早稲田大学	大分3区	自由民主党
上野賢一郎	うえのけんいちろう	S40.8.3	京都大学	滋賀2区	自由民主党
上杉謙太郎	うえすぎけんたろう	S50.4.20	早稲田大学	比例東北	自由民主党
上野宏史	うえのひろし	S46.2.23	ハーバード大学ケネディスクール	比例南関東	自由民主党
浮島智子	うきしまともこ	S38.2.1	東京立正高等学校	比例近畿	公明党
生方幸夫	うぶかたゆきお	S22.10.31	早稲田大学	比例南関東	立憲民主党
浦野靖人	うらのやすと	S48.4.4	聖徳大学（関西学院大学）	比例近畿	日本維新の会
江崎鉄磨	えざきてつま	S18.9.17	立教大学	愛知10区	自由民主党
江田憲司	えだけんじ	S31.4.28	東京大学	神奈川8区	無所属の会
江田康幸	えだやすゆき	S31.3.19	熊本大学大学院	比例九州	公明党
江渡聡徳	えとあきのり	S30.10.12	日本大学大学院	比例東北	自由民主党
江藤拓	えとうたく	S35.7.1	成城大学	宮崎2区	自由民主党
衛藤征士郎	えとうせいしろう	S16.4.29	早稲田大学大学院	大分2区	自由民主党
枝野幸男	えだのゆきお	S395.31	東北大学	埼玉5区	立憲民主党
遠藤敬	えんどうたかし	S43.6.6	大阪産業大学附属高等学校	大阪18区	日本維新の会
遠藤利明	えんどうとしあき	S25.1.17	中央大学	山梨1区	自由民主党
小川淳也	おがわじゅんや	S46.4.18	東京大学	比例四国	立憲民主党
小熊慎司	おぐましんじ	S43.6.16	専修大学	比例東北	国民民主党
小倉將信	おぐらまさのぶ	S56.5.30	オックスフォード大学大学院	東京23区	自由民主党
小此木八郎	おこのぎはちろう	S40.6.22	玉川大学	神奈川3区	自由民主党
小里泰弘	おざとやすひろ	S33.9.29	慶應義塾大学	鹿児島3区	自由民主党
小沢一郎	おざわいちろう	S17.5.24	慶應義塾大学	岩手3区	自由党
小田原潔	おだわらきよし	S39.5.23	東京大学	比例東京	自由民主党
小野寺五典	おのでらいつのり	S35.5.5	東京大学大学院	宮城6区	自由民主党
小渕優子	おぶちゆうこ	S48.12.11	早稲田大学大学院	群馬5区	自由民主党
尾辻かな子	おつじかなこ	S49.12.16	同志社大学	比例近畿	立憲民主党
尾身朝子	おみあさこ	S36.4.26	東京大学	群馬1区	自由民主党
越智隆雄	おちたかお	S39.2.27	東京大学大学院	比例東京	自由民主党
大岡敏孝	おおおかとしたか	S47.4.16	早稲田大学	滋賀1区	自由民主党
大河原雅子	おおかわらまさこ	S28.4.8	国際基督教大学	比例北関東	立憲民主党
大串博志	おおぐしひろし	S40.8.31	UCLAビジネススクール	佐賀2区	無所属の会
大串正樹	おおぐしまさき	S41.1.20	北陸先端科学技術大学院	兵庫6区	自由民主党
大口善徳	おおぐちよしのり	S30.9.5	創価大学	比例東海	公明党
大隈和英	おおくまかずひで	S44.8.20	聖マリアンナ医科大学	比例近畿	自由民主党
大島敦	おおしまあつし	S32.12.21	早稲田大学	埼玉6区	国民民主党
大島理森	おおしまただもり	S21.9.6	慶應義塾大学	青森2区	自由民主党
大塚高司	おおつかたかし	S39.9.11	追手門学院大学	大阪8区	自由民主党
大塚拓	おおつかたく	S48.6.14	ハーバード大学ケネディ行政大学院	埼玉9区	自由民主党
大西健介	おおにしけんすけ	S46.4.13	京都大学	愛知13区	国民民主党
大西英男	おおにしひでお	S21.8.28	國學院大學	東京16区	自由民主党
大西宏幸	おおにしひろゆき	S42.7.15	芦屋大学	大阪1区	自由民主党
大野敬太郎	おおのけいたろう	S43.11.1	東京工業大学	香川3区	自由民主党
大見正	おおみまさし	S33.6.20	関西外国語大学	比例東海	自由民主党
太田昭宏	おおたあきひろ	S20.10.6	京都大学大学院	東京12区	公明党
太田昌孝	おおたまさたか	S36.8.28	創価大学	比例北陸信越	公明党

氏名	ふりがな	生年月日	出身校	選挙区	政党
逢坂誠二	おおさかせいじ	S34.4.24	北海道大学	北海道8区	立憲民主党
岡下昌平	おかしたしょうへい	S50.3.8	日本大学	比例近畿	自由民主党
岡島一正	おかじまかずまさ	S32.11.3	早稲田大学	比例南関東	立憲民主党
岡田克也	おかだかつや	S28.7.14	東京大学	三重3区	無所属の会
岡本あき子	おかもとあきこ	S39.8.16	東北大学	比例東北	立憲民主党
岡本三成	おかもとみつなり	S40.5.5	創価大学	比例北関東	公明党
岡本充功	おかもとみつのり	S46.6.18	名古屋大学大学院	比例東海	国民民主党
奥野信亮	おくのしんすけ	S19.3.5	慶應義塾大学	比例近畿	自由民主党
奥野総一郎	おくのそういちろう	S39.7.15	東京大学	比例南関東	国民民主党
落合貴之	おちあいたかゆき	S54.8.17	慶應義塾大学	東京6区	立憲民主党
鬼木誠	おにきまこと	S47.10.16	九州大学	福岡2区	自由民主党
加藤鮎子	かとうあゆこ	S54.4.19	コロンビア大学院	山形3区	自由民主党
加藤勝信	かとうかつのぶ	S30.11.22	東京大学	岡山5区	自由民主党
加藤寛治	かとうかんじ	S21.4.24	日本大学	長崎2区	自由民主党
海江田万里	かいえだばんり	S24.2.26	慶應義塾大学	東京1区	立憲民主党
柿沢未途	かきざわみと	S46.1.21	東京大学	比例東京	無所属
笠井亮	かさいりょう	S27.10.15	東京大学	比例東京	日本共産党
梶山弘志	かじやまひろし	S30.10.18	日本大学	茨城4区	自由民主党
勝俣孝明	かつまたたかあき	S51.4.7	慶應義塾大学大学院	比例東海	自由民主党
門博文	かどひろふみ	S40.8.18	和歌山大学	比例近畿	自由民主党
門山宏哲	かどやまひろあき	S39.9.3	中央大学	千葉1区	自由民主党
金子恵美	かねこえみ	S53.2.27	早稲田大学	新潟4区	自由民主党
金子俊平	かねこしゅんぺい	S53.5.28	慶應義塾大学	岐阜4区	自由民主党
金子万寿夫	かねこますお	S22.1.11	鹿児島県立大島高等学校	鹿児島2区	自由民主党
金子恭之	かねこやすし	S36.2.27	早稲田大学	熊本4区	自由民主党
金田勝年	かねだかつとし	S24.10.4	一橋大学	秋田2区	自由民主党
上川陽子	かみかわようこ	S28.3.1	ハーバード大学ケネディスクール	静岡1区	自由民主党
神谷昇	かみやのぼる	S24.4.12	大阪府立泉大津高等学校	比例近畿	自由民主党
神谷裕	かみやひろし	S43.8.10	帝京大学	比例北海道	立憲民主党
神山佐市	かみやまさいち	S29.8.17	高千穂商科大学	埼玉7区	自由民主党
亀井亜紀子	かめいあきこ	S40.5.14	カールトン大学	比例中国	立憲民主党
亀岡偉民	かめおかよしたみ	S30.9.10	早稲田大学	比例東北	自由民主党
川内博史	かわうちひろし	S36.11.2	早稲田大学	鹿児島1区	立憲民主党
川崎二郎	かわさきじろう	S22.11.15	慶應義塾大学	比例東海	自由民主党
河井克行	かわいかつゆき	S38.3.11	慶應義塾大学	広島3区	自由民主党
河村建夫	かわむらたけお	S17.11.10	慶應義塾大学	山口3区	自由民主党
神田憲次	かんだけんじ	S38.2.19	愛知学院大学大学院	比例東海	自由民主党
神田裕	かんだゆたか	S33.6.4	明治大学	比例北関東	自由民主党
菅直人	かんなおと	S21.10.10	東京工業大学	比例東京	立憲民主党
菅家一郎	かんけいちろう	S30.5.2	早稲田大学	福島4区	自由民主党
木村誠二	きはらせいじ	S45.6.20	東京大学	東京20区	自由民主党
木原稔	きはらみのる	S44.8.22	早稲田大学	熊本1区	自由民主党
木村次郎	きむらじろう	S42.12.16	中央大学	青森3区	自由民主党
木村哲也	きむらてつや	S44.7.6	法政大学大学院	比例南関東	自由民主党
木村弥生	きむらやよい	S40.8.11	慶應義塾大学	比例近畿	自由民主党
吉良州司	きらしゅうじ	S33.3.16	東京大学	比例九州	国民民主党
城井崇	きいたかし	S48.6.23	京都大学	比例九州	国民民主党
城内実	きうちみのる	S40.4,19	東京大学	静岡7区	自由民主党
黄川田仁志	きかわだひとし	S45.10.13	大阪大学大学院	埼玉3区	自由民主党
菊田真紀子	きくたまきこ	S44.10.24	新潟県立加茂高等学校	新潟4区	無所属の会
岸信夫	きしのぶお	S34.4.1	慶應義塾大学	山口2区	自由民主党
岸田文雄	きしだふみお	S32.7.29	早稲田大学	広島1区	自由民主党
岸本周平	きしもとしゅうへい	S31.7.12	東京大学	和歌山1区	国民民主党
北川知克	きたがわともかつ	S26.11.8	関西大学	大阪12区	自由民主党

北川一雄	きたがわかずお	S28.3.2	創価大学	大阪16区	公明党
北村誠吾	きたむらせいご	S22.1.29	早稲田大学	長崎4区	自由民主党
工藤彰三	くどうしょうぞう	S39.12.8	中央大学	愛知4区	自由民主党
串田誠一	くしだせいいち	S33.6.20	法政大学	比例南関東	日本維新の会
国重徹	くにしげとおる	S49.11.23	創価大学	大阪5区	公明党
国光あやの	くにみつあやの	S54.3.20	長崎大学	茨城6区	自由民主党
熊田裕通	くまだひろみち	S39.8.28	神奈川大学	愛知1区	自由民主党
黒岩宇洋	くろいわたかひろ	S41.10.13	東京大学（中退）	新潟3区	無所属の会
玄葉光一郎	げんばこういちろう	S39.5.20	上智大学	福島3区	無所属の会
源馬謙太郎	げんばけんたろう	S47.12.21	アメリカン大学大学院	比例東海	国民民主党
小泉進次郎	こいずみしんじろう	S56.4.14	コロンビア大学大学院	神奈川11区	自由民主党
小泉龍司	こいずみりゅうじ	S27.9.17	東京大学	埼玉11区	自由民主党
小島敏文	こじまとしふみ	S25.9.7	大東文化大学	比例中国	自由民主党
小寺裕雄	こでらひろお	S35.9.18	同志社大学	滋賀4区	自由民主党
小林茂樹	こばやししげき	S39.10.9	慶應義塾大学	奈良1区	自由民主党
小林鷹之	こばやしたかゆき	S49.11.29	東京大学	千葉2区	自由民主党
小林史明	こばやしふみあき	S58.4.8	上智大学	広島7区	自由民主党
小宮山泰子	こみやまやすこ	S40.4.25	日本大学大学院	比例北関東	国民民主党
古賀篤	こがあつし	S47.7.14	東京大学	福岡3区	自由民主党
後藤茂之	ごとうしげゆき	S30.12.9	ブラウン大学大学院	長野4区	自由民主党
後藤祐一	ごとうゆういち	S44.3.25	東京大学	比例南関東	国民民主党
後藤田正純	ごとうだまさずみ	S44.8.5	慶應義塾大学	徳島1区	自由民主党
河野太郎	こうのたろう	S38.1.10	ジョージタウン大学	神奈川15区	自由民主党
高村正大	こうむらまさひろ	S45.11.14	慶應義塾大学	山口1区	自由民主党
國場幸之助	こくばこうのすけ	S48.1.10	早稲田大学	比例九州	自由民主党
穀田恵二	こくたけいじ	S22.1.11	立命館大学	比例近畿	日本共産党
近藤和也	こんどうかずや	S48.12.12	京都大学	比例北陸信越	国民民主党
近藤昭一	こんどうしょういち	S33.5.26	上智大学	愛知3区	立憲民主党
佐藤章	さとうあきら	S26.7.12	福井大学	大阪2区	自由民主党
佐々木隆博	ささきたかひろ	S24.3.10	北海道士別高等学校	北海道6区	立憲民主党
佐々木紀	ささきはじめ	S49.10.18	東北大学	石川2区	自由民主党
佐藤明男	さとうあきお	S27.2.14	明治大学	比例北関東	自由民主党
佐藤公治	さとうこうじ	S34.7.28	慶應義塾大学	広島6区	無所属
佐藤茂樹	さとうしげき	S34.6.8	京都大学	大阪3区	公明党
佐藤勉	さとうつとむ	S27.6.20	日本大学	栃木4区	自由民主党
佐藤英道	さとうひでみち	S35.9.26	創価大学大学院	比例北海道	公明党
佐藤ゆかり	さとうゆかり	S36.8.19	ニューヨーク大学大学院	比例近畿	自由民主党
斉木武志	さいきたけし	S49.5.13	東京大学	比例北陸信越	国民民主党
齋藤鉄夫	さいとうてつお	S27.2.5	東京工業大学大学院	比例中国	公明党
齋藤健	さいとうけん	S34.6.14	ハーバード大学ケネディスクール行政大学院	千葉7区	自由民主党
斎藤洋明	さいとうひろあき	S51.12.8	早稲田大学	比例北陸信越	自由民主党
坂井学	さかいまなぶ	S40.9.4	東京大学	神奈川5区	自由民主党
坂本哲志	さかもとてつし	S25.11.6	中央大学	熊本3区	自由民主党
櫻井周	さくらいしゅう	S45.8.16	早稲田大学大学院	比例近畿	立憲民主党
櫻田義孝	さくらだよしたか	S24.12.20	明治大学	千葉8区	自由民主党
笹川博義	ささがわひろよし	S41.8.29	明治大学中退	群馬3区	自由民主党
志位和夫	しいかずお	S29.7.29	東京大学	比例南関東	日本共産党
塩川鉄也	しおかわてつや	S36.12.18	東京都立大学	比例北関東	日本共産党
塩崎恭久	しおざきやすひさ	S25.11.7	ハーバード大学ケネディースクール	愛媛1区	自由民主党
塩谷立	しおのやりゅう	S25.2.18	慶應義塾大学	静岡8区	自由民主党
重徳和彦	しげのりかずひこ	S45.12.21	東京大学	愛知12区	無所属
繁本護	しげもとまもる	S47.12.26	神戸大学大学院	比例近畿	自由民主党
階猛	しなたけし	S41.10.7	東京大学	岩手1区	国民民主党
篠原豪	しのはらごう	S50.2.12	早稲田大学大学院	比例南関東	立憲民主党

氏名	よみ	生年月日	出身大学	選挙区	所属政党
篠原孝	しのはらたかし	S23.7.17	京都大学	長野1区	国民民主党
柴山昌彦	しばやままさひこ	S40.12.5	東京大学	埼玉8区	自由民主党
下地幹郎	しもじみきお	S36.8.14	中央学院大学	比例九州	日本維新の会
下条みつ	しもじょうみつ	S30.12.29	信州大学	長野2区	国民民主党
下村博文	しもむらはくぶん	S29.5.23	早稲田大学	東京11区	自由民主党
白石洋一	しらいしよういち	S38.6.25	カリフォルニア大学バークレー校経営大学院	愛媛3区	国民民主党
白須賀貴樹	しらすかたかき	S50.3.16	東京歯科大学	千葉13区	自由民主党
新谷正義	しんたにまさよし	S50.3.8	東京大学	広島4区	自由民主党
新藤義孝	しんどうよしたか	S33.1.20	明治大学	埼玉2区	自由民主党
末松義規	すえまつよしのり	S31.12.6	プリンストン大学大学院	比例東京	立憲民主党
菅義偉	すがよしひで	S23.12.6	法政大学	神奈川2区	自由民主党
菅原一秀	すがわらいっしゅう	S37.1.7	早稲田大学	東京9区	自由民主党
杉田水脈	すぎたみお	S42.4.22	鳥取大学	比例中国	自由民主党
杉本和己	すぎもとかずみ	S35.9.17	ハーバード大学ケネディスクール	比例東海	日本維新の会
鈴木馨祐	すずきけいすけ	S52.2.9	東京大学	神奈川7区	自由民主党
鈴木俊一	すずきしゅんいち	S28.4.13	早稲田大学	岩手2区	自由民主党
鈴木淳司	すずきじゅんじ	S33.4.7	早稲田大学	比例東海	自由民主党
鈴木貴子	すずきたかこ	S61.1.5	トレント大学	比例北海道	自由民主党
鈴木憲和	すずきのりかず	S57.1.30	東京大学	山形2区	自由民主党
鈴木隼人	すずきはやと	S52.8.8	東京大学大学院	東京10区	自由民主党
関健一郎	せきけんいちろう	S53.8.8	慶應義塾大学	比例東海	国民民主党
関芳弘	せきよしひろ	S40.6.7	関西学院大学	兵庫3区	自由民主党
園田博之	そのだひろゆき	S17.2.19	日本大学	比例九州	自由民主党
園浦健太郎	そのうらけんたろう	S47.6.3	東京大学	千葉5区	自由民主党
田嶋要	たじまかなめ	S36.9.22	ペンシルベニア大学ウォートン・スクール	比例南関東	無所属の会
田所嘉徳	たどころよしのり	S29.1.19	白鷗大学法科大学院	茨城1区	自由民主党
田中和徳	たなかかずのり	S24.1.21	法政大学	神奈川10区	自由民主党
田中英之	たなかひでゆき	S45.7.11	京都外国語大学	京都4区	自由民主党
田中良生	たなかりょうせい	S38.11.11	立教大学	埼玉15区	自由民主党
田野瀬太道	たのせたいどう	S49.7.4	早稲田大学	奈良3区	自由民主党
田畑毅	たばたつよし	S47.5.2	早稲田大学	比例東海	自由民主党
田畑裕明	たばたひろあき	S48.1.2	獨協大学	富山1区	自由民主党
田村貴昭	たむらたかあき	S36.4.30	北九州市立大学	比例九州	日本共産党
田村憲久	たむらのりひさ	S39.12.15	千葉大学	三重1区	自由民主党
平将明	たいらまさあき	S42.2.21	早稲田大学	東京4区	自由民主党
高井崇志	たかいたかし	S44.9.26	東京大学	比例中国	立憲民主党
高市早苗	たかいちさなえ	S36.3.7	神戸大学	奈良2区	自由民主党
高木啓	たかぎけい	S40.3.16	立教大学	比例東京	自由民主党
高木毅	たかぎつよし	S31.1.16	青山学院大学	福井2区	自由民主党
高木美智代	たかぎみちこ	S27.9.13	創価大学	比例東京	公明党
高木陽介	たかぎようすけ	S34.12.16	創価大学	比例東京	公明党
高木錬太郎	たかぎれんたろう	S47.7.21	中央大学	比例北関東	立憲民主党
高鳥修一	たかとりしゅういち	S35.9.29	早稲田大学	新潟6区	自由民主党
高橋千鶴子	たかはしちづこ	S34.9.16	弘前大学	比例東北	日本共産党
高橋ひなこ	たかはしひなこ	S33.1.19	日本大学	比例東北	自由民主党
竹内譲	たけうちゆずる	S33.6.25	京都大学	比例近畿	公明党
竹下亘	たけしたわたる	S21.11.3	慶應義塾大学	島根2区	自由民主党
竹本直一	たけもとなおかず	S15.11.23	京都大学	大阪15区	自由民主党
武井俊輔	たけいしゅんすけ	S50.3.29	早稲田大学大学院	宮崎1区	自由民主党
武内則男	たけうちのりお	S33.9.8	高知県立高知工業高等学校	比例四国	立憲民主党
武田良太	たけだりょうた	S43.4.1	早稲田大学大学院	福岡11区	自由民主党
武部新	たけべあらた	S45.7.20	シカゴ大学公共政策大学院	北海道12区	自由民主党
武村展英	たけむらのぶひで	S47.1.21	慶應義塾大学	滋賀3区	自由民主党
橘慶一郎	たちばなけいいちろう	S36.1.23	ケンブリッジ大学大学院	富山3区	自由民主党

棚橋泰文	たなはしやすふみ	S38.2.11	東京大学	岐阜2区	自由民主党
谷公一	たにこういち	S27.1.28	明治大学	兵庫5区	自由民主党
谷川とむ	たにがわとむ	S51.4.27	大阪大学大学院	比例近畿	自由民主党
谷川弥一	たにがわやいち	S16.8.12	長崎県立長崎東高等学校	長崎3区	自由民主党
谷畑孝	たにはたたかし	S22.1.10	関西大学	比例近畿	日本維新の会
玉木雄一郎	たまきゆういちろう	S44.5.1	ハーバード大学ケネディスクール	香川2区	国民民主党
玉城デニー (知事選出馬で失職)	たまきでにー	S34.10.13	上智社会福祉専門学校	沖縄3区	自由党
樽床伸二	たるとこしんじ	S34.8.6	大阪大学	比例近畿	無所属
津島淳	つしまじゅん	S41.10.18	学習院大学	青森1区	自由民主党
津村啓介	つむらけいすけ	S46.10.27	オックスフォード大学経営大学院	比例中国	国民民主党
辻清人	つじきよと	S54.9.7	京都大学	東京2区	自由民主党
辻元清美	つじもときよみ	S35.4.28	早稲田大学	大阪10区	立憲民主党
土屋品子	つちやしなこ	S27.2.9	聖心女子大学	埼玉13区	自由民主党
手塚仁雄	てづかよしお	S41.9.14	早稲田大学	比例東京	立憲民主党
寺田学	てらだまなぶ	S51.9.20	中央大学	比例東北	無所属
寺田稔	てらだみのる	S33.1.24	ハーバード大学大学院	広島5区	自由民主党
照屋寛徳	てるやかんとく	S20.7.24	琉球大学	沖縄2区	社会民主党
とかしきなおみ	とかしきなおみ	S37.7.16	早稲田大学ビジネススクール	大阪7区	自由民主党
冨樫博之	とがしひろゆき	S30.4.27	秋田経済大学	秋田1区	自由民主党
渡海紀三朗	とかいきさぶろう	S23.2.11	早稲田大学	兵庫10区	自由民主党
土井亨	どいとおる	S33.8.12	東北学院大学	宮城1区	自由民主党
遠山清彦	とおやまきよひこ	S44.6.5	ブラッドフォード大学大学院	比例九州	公明党
冨田勉	とみおかつとむ	S23.7.4	長崎大学	比例九州	自由民主党
冨田茂之	とみたしげゆき	S28.10.1	一橋大学	比例南関東	公明党
中川正春	なかがわまさはる	S25.6.10	ジョージタウン大学	三重2区	無所属の会
中島克仁	なかじまかつひと	S42.9.27	帝京大学	比例南関東	無所属
中曽根康隆	なかそねやすたか	S57.1.19	コロンビア大学大学院	比例北関東	自由民主党
中谷一馬	なかたにかずま	S58.8.30	呉竹鍼灸柔整専門学校	比例南関東	立憲民主党
中谷元	なかたにげん	S32.10.14	防衛大学校	高知1区	自由民主党
中谷真一	なかたにしんいち	S51.9.30	防衛大学校	比例南関東	自由民主党
中根一幸	なかねかずゆき	S44.7.11	専修大学大学院	比例北関東	自由民主党
中野洋昌	なかのひろまさ	S53.1.4	コロンビア大学国際公共政策大学院	兵庫8区	公明党
中村喜四郎	なかむらきしろう	S24.4.10	日本大学	茨城7区	無所属の会
中村裕之	なかむらひろゆき	S36.2.23	北海学園大学	北海道4区	自由民主党
中山成彬	なかやまなりあき	S18.6.7	東京大学	比例九州	希望の党
中山典宏	なかやまのりひろ	S43.9.16	早稲田大学大学院	比例南関東	自由民主党
中山泰秀	なかやまやすひで	S45.10.14	早稲田大学大学院	大阪4区	自由民主党
永岡桂子	ながおかけいこ	S28.12.8	学習院大学	比例北関東	自由民主党
長尾敬	ながおたかし	S37.11.29	立命館大学	大阪14区	自由民主党
長尾秀樹	ながおひでき	S27.2.14	京都大学	比例近畿	立憲民主党
長坂康正	ながさかやすまさ	S32.4.10	青山学院大学	愛知9区	自由民主党
長島昭久	ながしまあきひさ	S37.2.17	慶應義塾大学大学院	東京21区	未来日本
長妻昭	ながつまあきら	S35.6.14	慶應義塾大学	東京7区	立憲民主党
二階俊博	にかいとしひろ	S14.2.17	中央大学	和歌山3区	自由民主党
丹羽秀樹	にわひでき	S47.12.20	玉川大学	愛知6区	自由民主党
西岡秀子	にしおかひでこ	S39.3.15	学習院大学	長崎1区	国民民主党
西田昭二	にしだしょうじ	S44.5.1	愛知学院大学	石川3区	自由民主党
西村昭宏	にしむらあきひろ	S35.7.16	早稲田大学大学院	宮城3区	自由民主党
西村智奈美	にしむらちなみ	S42.1.13	新潟大学大学院	新潟1区	立憲民主党
西村康稔	にしむらやすとし	S37.10.15	メリーランド大学大学院	兵庫9区	自由民主党
西銘恒三郎	にしめこうざぶろう	S29.8.7	上智大学	沖縄4区	自由民主党
額賀福志郎	ぬかがふくしろう	S19.1.11	早稲田大学	茨城2区	自由民主党
根本匠	ねもとたくみ	S26.3.7	東京大学	福島2区	自由民主党

氏名	よみ	生年月日	出身校	選挙区	所属
根本幸典	ねもとゆきのり	S40.2.21	一橋大学	愛知15区	自由民主党
野田聖子	のだせいこ	S35.9.3	上智大学	岐阜1区	自由民主党
野田毅	のだたけし	S16.10.3	東京大学	熊本2区	自由民主党
野田佳彦	のだよしひこ	S32.5.20	早稲田大学	千葉4区	無所属の会
野中厚	のなかあつし	S51.11.17	慶應義塾大学	埼玉12区	自由民主党
葉梨康弘	はなしやすひろ	S34.10.12	東京大学	茨城3区	自由民主党
馬場信幸	ばばのぶゆき	S40.1.27	大阪府立鳳高等学校	大阪17区	日本維新の会
萩生田光一	はぎうだこういち	S38.8.31	明治大学	東京24区	自由民主党
橋本岳	はしもとがく	S49.2.5	慶應義塾大学大学院	岡山4区	自由民主党
馳浩	はせひろし	S36.5.5	専修大学	石川1区	自由民主党
畑野君枝	はたのきみえ	S32.1.19	横浜国立大学	比例南関東	日本共産党
初鹿明博	はつしかあきひろ	S44.4.15	東京大学	比例東京	立憲民主党
鳩山二郎	はとやまじろう	S54.1.1	杏林大学大学院（中退）	福岡6区	自由民主党
浜田靖一	はまだやすかず	S30.10.21	専修大学	千葉12区	自由民主党
濱地雅一	はまちまさかず	S45.5.8	早稲田大学	比例九州	公明党
濱村進	はまむらすすむ	S50.9.30	関西学院大学	比例近畿	公明党
林幹雄	はやしもとお	S22.1.3	日本大学	千葉10区	自由民主党
原口一博	はらぐちかずひろ	S34.7.2	東京大学	佐賀1区	国民民主党
原田憲治	はらだけんじ	S23.6.9	日本大学	大阪9区	自由民主党
原田義昭	はらだよしあき	S19.10.1	東京大学	福岡5区	自由民主党
日吉雄太	ひよしゆうた	S43.8.7	一橋大学	比例東海	立憲民主党
百武公親	ひゃくたけきみちか	S37.2.27	高千穂商科大学	比例北関東	自由民主党
平井卓也	ひらいたくや	S33.1.25	上智大学	香川1区	自由民主党
平口洋	ひらぐちひろし	S23.8.1	東京大学	広島2区	自由民主党
平沢勝栄	ひらさわかつえい	S20.9.4	デューク大学大学院	東京17区	自由民主党
平野博文	ひらのひろふみ	S24.3.19	中央大学	大阪11区	国民民主党
広田一	ひろたはじめ	S43.10.10	早稲田大学	高知2区	無所属の会
福井照	ふくいてる	S28.12.14	東京大学	比例四国	自由民主党
福田昭夫	ふくだあきお	S23.4.17	東北大学	栃木2区	立憲民主党
福田達夫	ふくだたつお	S42.3.5	慶應義塾大学	群馬4区	自由民主党
福山守	ふくやままもる	S27.12.19	麻布獣医科大学	比例四国	自由民主党
藤井比早之	ふじいひさゆき	S46.9.11	東京大学	兵庫4区	自由民主党
藤野保史	ふじのやすふみ	S45.6.4	京都大学	比例北陸信越	日本共産党
舩田元	ふなだはじめ	S28.11.22	慶應義塾大学大学院	栃木1区	自由民主党
船橋利実	ふなばしとしみつ	S35.11.20	北海商科大学大学院	比例北海道	自由民主党
古川元久	ふるかわもとひさ	S40.12.6	東京大学	愛知2区	国民民主党
古川康	ふるかわやすし	S33.7.15	東京大学	比例九州	自由民主党
古川禎久	ふるかわよしひさ	S40.8.3	東京大学	宮崎3区	自由民主党
古田圭一	ふるたけいいち	S32.8.14	九州大学大学院	比例中国	自由民主党
古本伸一郎	ふるもとしんいちろう	S40.3.11	立命館大学	愛知11区	国民民主党
古屋圭司	ふるやけいじ	S27.11.1	成蹊大学	岐阜5区	自由民主党
古屋範子	ふるやのりこ	S31.5.14	早稲田大学	比例南関東	公明党
穂坂泰	ほさかやすし	S49.2.17	青山学院大学	埼玉4区	自由民主党
星野剛士	ほしのつよし	S38.8.8	エルマイラ大学	比例南関東	自由民主党
細田健一	ほそだけんいち	S39.7.11	ハーバード大学ケネディスクール	比例北陸信越	自由民主党
細田博之	ほそだひろゆき	S19.4.5	東京大学	島根1区	自由民主党
細野豪志	ほそのごうし	S46.8.21	京都大学	静岡5区	無所属
堀井学	ほりいまなぶ	S47.2.19	専修大学	北海道9区	自由民主党
堀内詔子	ほりうちのりこ	S40.10.28	学習院大学大学院	山梨2区	自由民主党
堀越啓仁	ほりこしけいじん	S55.3.28	大正大学	比例北関東	立憲民主党
本田太郎	ほんだたろう	S48.12.1	早稲田大学大学院	京都5区	自由民主党
本多平直	ほんだひらなお	S39.12.2	北海道大学	比例北海道	立憲民主党
前原誠司	まえはらせいじ	S37.4.30	京都大学	京都2区	国民民主党
牧義夫	まきよしお	S33.1.14	上智大学（中退）	比例東海	国民民主党

牧島かれん	まきしまかれん	S51.11.1	ジョージ・ワシントン大学大学院	神奈川17区	自由民主党
牧原秀樹	まきはらひでき	S46.6.4	ジョージタウン大学ロースクール	比例北関東	自由民主党
枡屋敬悟	ますやけいご	S26.4.3	創価大学	比例中国	公明党
松島みどり	まつしまみどり	S31.7.15	東京大学	東京14区	自由民主党
松田功	まつだいさお	S43.1.24	愛知大学	比例東海	立憲民主党
松平浩一	まつひらこういち	S49.9.16	上智大学	比例北陸信越	立憲民主党
松野博一	まつのひろかず	S37.9.13	早稲田大学	千葉3区	自由民主党
松原仁	まつばらじん	S31.7.31	早稲田大学	比例東京	無所属
松本純	まつもとじゅん	S25.4.11	東京薬科大学	神奈川1区	自由民主党
松本剛明	まつもとたけあき	S34.4.25	東京大学	兵庫11区	自由民主党
松本文明	まつもとふみあき	S24.3.25	明治大学	比例東京	自由民主党
松本洋平	まつもとようへい	S48.8.31	慶應義塾大学	東京19区	自由民主党
丸山穂高	まるやまほだか	S59.1.10	東京大学	大阪19区	日本維新の会
三浦靖	みうらやすし	S48.4.9	神奈川大学	比例中国	自由民主党
三谷英弘	みたにひでひろ	S51.6.28	ワシントン大学ロースクール	比例南関東	自由民主党
三ツ林裕巳	みつばやしひろみ	S30.9.7	日本大学	埼玉14区	自由民主党
三ツ矢憲生	みつやのりお	S25.12.13	コロンビア大学大学院	三重4区	自由民主党
三原朝彦	みはらあさひこ	S22.5.23	カールトン大学大学院	福岡9区	自由民主党
御法川信英	みのりかわのぶひで	S39.5.25	コロンビア大学大学院	秋田3区	自由民主党
道下大樹	みちしただいき	S50.12.24	中央大学	北海道1区	立憲民主党
緑川貴士	みどりかわたかし	S60.1.10	早稲田大学	比例東北	国民民主党
宮内秀樹	みやうちひでき	S37.10.19	青山学院大学	福岡4区	自由民主党
宮川伸	みやかわしん	S45.6.29	東京工業大学大学院	比例南関東	立憲民主党
宮川典子	みやがわのりこ	S54.4.5	慶應義塾大学	比例南関東	自由民主党
宮腰光寛	みやこしみつひろ	S25.12.21	京都大学（中退）	富山2区	自由民主党
宮澤博行	みやざわひろゆき	S50.1.10	東京大学	静岡3区	自由民主党
宮路拓馬	みやじたくま	S54.12.6	東京大学	比例九州	自由民主党
宮下一郎	みやしたいちろう	S33.8.1	東京大学	長野5区	自由民主党
宮本岳志	みやもとたけし	S34.12.25	和歌山大学（除籍）	比例近畿	日本共産党
宮本徹	みやもととおる	S47.1.22	東京大学	比例東京	日本共産党
武藤容治	むとうようじ	S30.10.18	慶應義塾大学	岐阜3区	自由民主党
務台俊介	むだいしゅんすけ	S31.7.3	東京大学	比例北陸信越	自由民主党
宗清皇一	むねきよこういち	S45.8.9	龍谷大学	大阪13区	自由民主党
村井英樹	むらいひでき	S55.5.14	ハーバード大学大学院	埼玉1区	自由民主党
村上誠一郎	むらかみせいちろう	S27.5.11	東京大学	愛媛2区	自由民主党
村上史好	むらかみふみよし	S27.6.10	京都産業大学	比例近畿	立憲民主党
もとむら賢太郎	もとむらけんたろう	S45.4.17	青山学院大学	比例南関東	無所属
望月義夫	もちづきよしお	S22.5.2	中央大学	静岡4区	自由民主党
茂木敏充	もてぎとしみつ	S30.10.7	ハーバード大学大学院	栃木5区	自由民主党
本村伸子	もとむらのぶこ	S47.10.20	龍谷大学大学院	比例東海	日本共産党
盛山正仁	もりやままさひと	S28.12.14	神戸大学大学院	兵庫1区	自由民主党
森英介	もりえいすけ	S23.8.31	東北大学	千葉11区	自由民主党
森夏枝	もりなつえ	S56.7.2	鹿屋体育大学	比例近畿	日本維新の会
森田俊和	もりたとしかず	S49.9.19	慶應義塾大学	比例北関東	国民民主党
森山浩行	もりやまひろゆき	S46.4.8	明治大学	比例近畿	立憲民主党
森山裕	もりやまひろし	S20.4.8	鹿児島県立日新高等学校	鹿児島4区	自由民主党
八木哲也	やぎてつや	S22.8.10	中央大学	比例東海	自由民主党
矢上雅義	やがみまさよし	S35.8.8	上智大学	比例九州	立憲民主党
簗和生	やなかずお	S54.4.22	東京大学大学院	栃木3区	自由民主党
山内康一	やまうちこういち	S48.8.25	ロンドン大学教育学研究所	比例九州	立憲民主党
山尾志桜里	やまおしおり	S49.7.24	東京大学	愛知7区	立憲民主党
山岡達丸	やまおかたつまる	S54.7.22	慶應義塾大学	比例北海道	国民民主党
山川百合子	やまかわゆりこ	S44.8.14	恵泉女学園大学	比例北関東	立憲民主党
山際大志郎	やまぎわだいしろう	S43.9.12	東京大学大学院	神奈川18区	自由民主党

山口俊一	やまぐちしゅんいち	S25.2.28	青山学院大学	徳島2区	自由民主党
山口泰明	やまぐちたいめい	S23.11.10	日本大学	埼玉10区	自由民主党
山崎壮	やまぐちつよし	S29.10.3	ジョンズ・ホプキンス大学院	兵庫12区	自由民主党
山崎誠	やまさきまこと	S37.11.22	横浜国立大学大学院	比例東北	立憲民主党
山下貴司	やましたたかし	S40.9.8	東京大学	岡山2区	自由民主党
山田賢司	やまだけんじ	S41.4.20	神戸大学	兵庫7区	自由民主党
山田美樹	やまだみき	S49.3.15	コロンビア大学	比例東京	自由民主党
山井和則	やまのいかずのり	S37.1.6	京都大学大学院	比例近畿	国民民主党
山花郁夫	やまはないくお	S42.1.18	立命館大学	比例東京	立憲民主党
山本公一	やまもとこういち	S22.9.4	慶應義塾大学	愛媛4区	自由民主党
山本幸三	やまもとこうぞう	S23.8.8	東京大学	福岡10区	自由民主党
山本拓	やまもとたく	S27.7.7	法政大学	比例北陸信越	自由民主党
山本ともひろ	やまもとともひろ	S50.6.20	京都大学大学院	比例南関東	自由民主党
山本有二	やまもとゆうじ	S27.5.11	早稲田大学	比例四国	自由民主党
山本和嘉子	やまもとわかこ	S43.7.18	同志社大学	比例北陸信越	立憲民主党
柚木道義	ゆのきみちよし	S47.5.28	岡山大学	比例中国	立憲民主党（国民から移籍）
横光克彦	よこみつかつひこ	S18.11.4	北九州市立大学	比例九州	立憲民主党
吉川貴盛	よしかわたかもり	S25.10.20	北海道大学大学院	北海道2区	自由民主党
吉川元	よしかわはじめ	S41.9.28	神戸大学中退	比例九州	社会民主党
吉田統彦	よしだつねひこ	S49.11.14	名古屋大学大学院	比例東海	立憲民主党
吉野正芳	よしのまさよし	S23.8.8	早稲田大学	福島5区	自由民主党
義家弘介	よしいえひろゆき	S46.3.31	明治学院大学	神奈川16区	自由民主党
笠浩史	りゅうひろふみ	S40.1.3	慶應義塾大学	神奈川9区	無所属
早稲田夕季	わせだゆき	S33.12.6	法政大学	神奈川2区	立憲民主党
和田義明	わだよしあき	S46.10.10	東京大学	北海道5区	自由民主党
若宮健嗣	わかみやけんじ	S36.9.2	慶應義塾大学	東京5区	自由民主党
鷲尾英一郎	わしおえいいちろう	S52.1.3	東京大学	新潟2区	無所属
渡辺孝一	わたなべこういち	S32.11.25	東日本学園大	比例北海道	自由民主党
渡辺周	わたなべしゅう	S36.12.11	明治大学	静岡6区	国民民主党
渡辺博道	わたなべひろみち	S25.8.3	明治大学大学院	千葉6区	自由民主党
鰐淵洋子	わにぶちようこ	S47.4.10	創価女子短期大学	比例近畿	公明党

参議院議員

氏名	ふりがな	生年月日	最終学歴	選挙	政党
アントニオ猪木	あんとにおいのき	S.18.2.20	横浜市立寺尾中学校	比例	無所属クラブ
足立信也	あだちしんや	S.32.6.5	筑波大学	大分県	国民民主党
足立敏之	あだちとしゆき	S.29.5.20	京都大学大学院	比例	自由民主党
阿達雅志	あだちまさし	S.34.9.27	東京大学	比例	自由民主党
相原久美子	あいはらくみこ	S.22.3.14	北海学園大学	比例	立憲民主党
愛知治郎	あいちじろう	S.44.6.23	中央大学	宮城県	自由民主党
青木愛	あおきあい	S.40.8.18	千葉大学大学院	比例	自由党
青木一彦	あおきかずひこ	S.36.3.25	早稲田大学	鳥取県及び島根県	自由民主党
青山繁晴	あおやましげはる	S27.7.25	早稲田大学	比例	自由民主党
赤池誠章	あかいけまさあき	S36.7.19	明治大学	比例	自由民主党
秋野公造	あきのこうぞう	S42.7.11	長崎大学大学院	比例区	公明党
浅田均	あさだひとし	S25.12.29	スタンフォード大学大学院	大阪府	日本維新の会
朝日健太郎	あさひけんたろう	S50.9.19	法政大学	東京都	自由民主党
東徹	あずまとおる	S41.9.16	東京学芸大学大学院	大阪府	日本維新の会
有田芳生	ありたよしふ	S.27.2.20	立命館大学	比例	立憲民主党
有村治子	ありむらはるこ	S.45.9.21	スクールフォーインターナショナルトレーニング大学院	比例	自由民主党
井上哲士	いのうえてつし	S33.5.5	京都大学	比例	日本共産党
井上義行	いのうえよしゆき	S38.3.12	日本大学	比例	自由民主党
井原巧	いはらたくみ	S38.11.13	専修大学	愛媛県	自由民主党
伊藤孝江	いとうたかえ	S43.1.13	関西大学	兵庫県	公明党
伊藤貴恵	いとうたかえ	S50.6.30	金城学院大学	愛知県	国民民主党
伊波洋一	いはよういち	S27.1.4	琉球大学	沖縄県	無所属（沖縄の風）
石井章	いしいあきら	S32.5.6	専修大学	比例	日本維新の会
石井準一	いしいじゅんいち	S32.11.23	千葉県立長生高等学校	千葉県	自由民主党
石井浩郎	いしいひろお	S39.6.21	早稲田大学（中退）	秋田県	自由民主党
石井正弘	いしいまさひろ	S20.11.29	東京大学	岡山県	自由民主党
石井みどり	いしいみどり	S24.6.23	鶴見大学	比例	自由民主党
石井苗子	いしいみつこ	S29.2.25	東京大学大学院	比例	日本維新の会
石上敏雄	いしがみとしお	S37.1.18	新潟県立柏崎工業高等学校	比例	国民民主党
石川博崇	いしかわひろたか	S48.9.12	創価大学	大阪府	公明党
石田昌宏	いしだまさひろ	S42.5.20	東京大学	比例	自由民主党
石橋通宏	いしばしみちひろ	S40.7.1	アラバマ大学大学院	比例	立憲民主党
磯崎仁彦	いそざきよしひこ	S32.9.8	東京大学	香川県	自由民主党
磯崎哲史	いそざきてつじ	S44.4.7	東京電機大学	比例	国民民主党
磯崎陽輔	いそざきようすけ	S32.10.9	東京大学	大分県	自由民主党
市田忠義	いちだただよし	S17.12.28	立命館大学	比例	日本共産党
糸数慶子	いとかずけいこ	S22.10.11	読谷高等学校	沖縄県	無所属（沖縄の風）
猪口邦子	いのくちくにこ	S27.5.3	イェール大学大学院	千葉県	自由民主党
今井絵理子	いまいえりこ	S58.9.22	八雲学園高等学校	比例区	自由民主党
岩井茂樹	いわいしげき	S43.6.2	名古屋大学大学院	静岡県	自由民主党
岩渕友	いわぶちとも	S51.10.3	福島大学	比例	日本共産党
宇都隆史	うとたかし	S49.11.12	防衛大学校	比例	自由民主党
上野道子	うえのみちこ	S33.4.21	共立女子大学	栃木県	自由民主党
魚住裕一郎	うおずみゆういちろう	S27.8.1	東京大学	比例	公明党
江崎孝	えさきたかし	S31.8.11	法政大学	比例	立憲民主党
江島潔	えじまきよし	S32.4.2	東京大学大学院	山口県	自由民主党
衛藤晟一	えとうせいいち	S22.10.1	大分大学	比例	自由民主党
小川克巳	おがわかつみ	S26.8.31	熊本商科大学	比例	自由民主党
小川勝也	おがわかつや	S38.7.7	日本大学	北海道	無所属
小川敏夫	おがわとしお	S23.3.18	立教大学	東京都	立憲民主党
小野田紀美	おのだきみ	S57.12.7	拓殖大学	岡山県	自由民主党
尾辻秀久	おつじひでひさ	S15.10.2	東京大学（中退）	鹿児島県	自由民主党
大家敏志	おおいえさとし	S42.7.17	北九州大学	福岡県	自由民主党

47都道府県　政治地図

氏名	よみ	生年月日	出身校	選挙区	所属政党
大島九州男	おおしまくすお	S36.6.11	日本大学	比例	国民民主党
大塚耕平	おおつかこうへい	S34.10.5	早稲田大学大学院	愛知県	国民民主党
大野元裕	おおのもとひろ	S38.11.12	慶應義塾大学	埼玉県	国民民主党
大野泰正	おおのやすただ	S34.5.31	慶應義塾大学	岐阜県	自由民主党
太田房江	おおたふさえ	S26.6.26	東京大学	比例	自由民主党
岡田直樹	おかだなおき	S37.6.9	東京大学	石川県	自由民主党
岡田広	おかだひろし	S22.1.31	立命館大学	茨城県	自由民主党
風間直樹	かざまなおき	S41.10.22	慶應義塾大学	新潟県	立憲民主党
片山さつき	かたやまさつき	S34.5.9	東京大学	比例	自由民主党
片山大介	かたやまだいすけ	S41.10.6	早稲田大学大学院	兵庫県	日本維新の会
片山虎之助	かたやまとらのすけ	S10.8.2	東京大学	比例区	日本維新の会
金子原二郎	かねこげんじろう	S19.5.8	慶應義塾大学	長崎県	自由民主党
神本美恵子	かみもとみえこ	S23.1.22	福岡教育大学	比例	立憲民主党
紙智子	かみともこ	S30.1.13	北海道女子短期大学	比例	日本共産党
川合孝典	かわいたかのり	S39.1.29	立命館大学	比例	国民民主党
川田龍平	かわたりゅうへい	S51.1.12	東京経済大学	比例	立憲民主党
河野義博	かわのよしひろ	S52.12.1	慶應義塾大学	比例	公明党
木戸口英司	きどくちえいじ	S38.8.21	千葉大学	岩手県	自由党
木村義雄	きむらよしお	S23.4.17	中央大学	比例	自由民主党
吉良よし子	きらよしこ	S57.9.14	早稲田大学	東京都	日本共産党
儀間光男	ぎまみつお	S18.7.24	東京農業大学	比例	日本維新の会
北村経夫	きたむらつねお	S30.1.5	中央大学	比例	自由民主党
熊野正士	くまのせいじ	S40.4.19	愛媛大学	比例	公明党
倉林明子	くらばやしあきこ	S35.12.3	京都市立看護短期大学	京都府	日本共産党
郡司彰	ぐんじあきら	S24.12.11	明治学院大学中退	茨城県	国民民主党
こやり隆史	こやりたかし	S41.9.9	京都大学大学院	滋賀県	自由民主党
小池晃	こいけあきら	S35.6.9	東北大学	比例	日本共産党
小西洋之	こにしひろゆき	S47.1.28	コロンビア大学大学院	千葉県	無所属（立憲）
小林正夫	こばやしまさお	S22.5.11	東京都立世田谷工業高校	比例	国民民主党
古賀友一郎	こがゆういちろう	S42.11.2	東京大学	長崎県	自由民主党
古賀之士	こがゆきひと	S34.4.9	明治大学	福岡県	国民民主党
上月良祐	こうげりょうすけ	S37.12.26	東京大学	茨城県	自由民主党
行田邦子	こうだくにこ	S40.9.8	国際基督教大学	埼玉県	希望の党
鴻池祥肇	こうのいけよしただ	S15.11.28	早稲田大学	兵庫県	自由民主党
佐々木さやか	ささきさやか	S56.1.18	創価大学	神奈川県	公明党
佐藤啓	さとうけい	S54.4.7	南カルフォルニア大学大学院	奈良県	自由民主党
佐藤信秋	さとうのぶあき	S22.11.8	京都大学大学院	比例	自由民主党
佐藤正久	さとうまさひさ	S35.10.23	防衛大学校	比例	自由民主党
佐藤嘉隆	さとうよしたか	S38.2.18	愛知教育大学	愛知県	無所属
酒井庸行	さかいやすゆき	S27.2.14	日本大学	愛知県	自由民主党
櫻井充	さくらいみつる	S31.5.12	東北大学大学院	宮城県	国民民主党
里見隆治	さとみりゅうじ	S42.10.17	東京大学	愛知県	公明党
山東昭子	さんとうあきこ	S17.5.11	文化学院大学	比例	自由民主党
清水貴之	しみずたかゆき	S49.6.29	関西学院大学大学院	兵庫県	日本維新の会
自見はなこ	じみはなこ	S51.2.15	東海大学	比例	自由民主党
芝博一	しばひろかず	S25.4.21	皇學館大学	三重県	無所属（三重民主連合）
島田三郎	しまださぶろう	S31.7.6	青山学院大学	島根県	自由民主党
島村大	しまむらだい	S35.8.11	東京歯科大学	神奈川県	自由民主党
進藤金日子	しんどうかねひこ	S38.7.7	岩手大学	比例	自由民主党
椎葉賀津也	しんばかづや	S42.4.25	オタバイン大学	静岡県	国民民主党
末松信介	すえまつしんすけ	S30.12.17	関西学院大学	兵庫県	自由民主党
杉久武	すぎひさたけ	S51.1.4	創価大学	大阪府	公明党
杉尾秀哉	すぎおひでや	S32.9.30	東京大学	長野県	立憲民主党
世耕弘成	せこうひろしげ	S37.11.9	ボストン大学大学院	和歌山県	自由民主党

氏名	ふりがな	生年月日	出身校	選挙区	所属政党
関口昌一	せきぐちまさかず	S28.6.4	城西歯科大学	埼玉県	自由民主党
そのだ修光	そのだしゅうこう	S.32.3.13	日本大学	比例	自由民主党
田名部匡代	たなぶまさよ	S44.7.10	玉川学園女子短期大学	北海道	国民民主党
田村智子	たむらともこ	S40.7.4	早稲田大学	比例	日本共産党
伊達忠一	だてちゅういち	S14.1.20	北海道立衛生検査技師養成所	北海道	無所属（議長のため）
大門実紀史	だいもんみきし	S31.1.10	神戸大学	比例	日本共産党
高階恵美子	たかがいえみこ	S38.12.21	東京医科歯科大学大学院	比例	自由民主党
高木かおり	たかぎかおり	S47.10.10	京都女子大学	大阪府	日本維新の会
高瀬弘美	たかせひろみ	S56.12.21	コロンビア大学大学院	福岡県	公明党
高野光二郎	たかのこうじろう	S49.9.30	東京農業大学	高知県	自由民主党
高橋克法	たかはしかつのり	S32.12.7	明治大学	栃木県	自由民主党
滝沢求	たきざわもとむ	S33.10.11	中央大学	青森県	自由民主党
滝波宏文	たきなみひろふみ	S46.10.20	シカゴ大学大学院	福井県	自由民主党
竹内真二	たけうちしんじ	S39.3.19	早稲田大学	比例	公明党
竹谷とし子	たけやとしこ	S44.9.30	創価大学	東京都	公明党
武田良介	たけだりょうすけ	S54.8.13	信州大学	比例	日本共産党
武見敬三	たけみけいぞう	S26.11.5	慶応義塾大学大学院	東京都	自由民主党
辰巳孝太郎	たつみこうたろう	S51.8.21	エマーソン大学	大阪府	日本共産党
谷合正明	たにあいまさあき	S48.4.27	京都大学大学院	比例	公明党
柘植芳文	つげよしふみ	S20.10.11	愛知大学	比例	自由民主党
塚田一郎	つかだいちろう	S38.12.27	ボストン大学大学院	新潟県	自由民主党
鶴保庸介	つるほようすけ	S42.2.5	東京大学	和歌山県	自由民主党
堂故茂	どうこしげる	S27.8.7	慶応義塾大学	富山県	自由民主党
徳茂雅之	とくしげまさゆき	S37.5.2	東京大学	比例	自由民主党
徳永エリ	とくながえり	S37.1.1	法政大学（中退）	北海道	国民民主党
豊田俊郎	とよだとしろう	S27.8.21	中央工学校	千葉県	自由民主党
那谷屋正義	なたにやまさよし	S32.8.3	横浜国立大学	比例	立憲民主党
中泉松司	なかいずみまつじ	S54.5.7	中央大学	秋田県	自由民主党
中川雅治	なかがわまさはる	S22.2.22	東京大学	東京都	自由民主党
中曽根弘文	なかそねひろふみ	S20.11.28	慶應義塾大学	群馬県	自由民主党
中西健治	なかにしけんじ	S39.1.4	東京大学	神奈川県	自由民主党
中西哲	なかにしさとし	S26.12.7	中央大学	比例	自由民主党
中西祐介	なかにしゆうすけ	S54.7.12	慶應義塾大学	徳島県及び高知県	自由民主党
中野正志	なかのまさし	S23.2.29	東北学院大学	比例	無所属
中山恭子	なかやまきょうこ	S15.1.26	東京大学	比例	希望の党
長浜博行	ながはまひろゆき	S33.10.20	早稲田大学	千葉県	国民民主党
長峯誠	ながみねまこと	S44.8.2	早稲田大学	宮崎県	自由民主党
難波奨二	なんばしょうじ	S34.4.1	岡山県立成羽高等学校	比例	立憲民主党
二之湯智	にのゆさとし	S19.9.13	京都大学	京都府	自由民主党
二之湯武史	にのゆたけし	S52.1.21	京都大学	滋賀県	自由民主党
二比聡平	にひそうへい	S38.10.16	京都大学	比例	日本共産党
新妻秀規	にいづまひでき	S45.7.22	東京大学大学院	比例	自由民主党
西田昌司	にしだしょうじ	S33.9.19	滋賀大学	京都府	自由民主党
西田実仁	にしだまこと	S37.8.27	慶應義塾大学	埼玉県	公明党
野上浩太郎	のがみこうたろう	S42.5.20	慶應義塾大学	富山県	自由民主党
野田国義	のだくによし	S33.6.3	日本大学	福岡県	無所属
野村哲郎	のむらてつろう	S18.11.20	ラサール高等学校	鹿児島県	自由民主党
羽田雄一郎	はたゆういちろう	S42.7.29	玉川大学	長野県	国民民主党
羽生田俊	はにゅうだたかし	S23.3.28	東京医科大学	比例	自由民主党
長谷川岳	はせがわがく	S46.2.16	北海学園大学	北海道	自由民主党
馬場成志	ばばせいし	S39.11.30	熊本県立熊本工業高等学校	熊本県	自由民主党
白眞勲	はくしんくん	S33.12.8	日本大学	比例	立憲民主党
橋本聖子	はしもとせいこ	S39.10.5	駒沢大学付属苫小牧高等学校	比例	自由民主党
鉢呂吉雄	はちろよしお	S23.1.25	北海道大学	北海道	立憲民主党

浜口誠	はまぐちまこと	S40.5.18	筑波大学	比例	国民民主党
浜田昌良	はまだまさよし	S32.2.28	京都大学	比例	公明党
浜野喜史	はまのよしふみ	S35.12.21	神戸大学	比例	国民民主党
林芳正	はやしよしまさ	S36.1.19	ハーバード大学	山口県	自由民主党
平木大作	ひらきだいさく	S49.10.16	東京大学	比例	公明党
平野達男	ひらのたつお	S29.5.2	東京大学	岩手県	自由民主党
平山佐知子	ひらやまさちこ	S46.1.3	日本福祉大学女子短期大学	静岡県	無所属
福岡資麿	ふくおかたかまろ	S48.5.9	慶應義塾大学	佐賀県	自由民主党
福島みずほ	ふくしまみずほ	S30.12.24	東京大学	比例	社会民主党
福山哲朗	ふくやまてつろう	S37.1.19	京都大学大学院	京都府	立憲民主党
藤井基之	ふじいもとゆき	S22.3.16	東京大学	比例	自由民主党
藤川政人	ふじかわまさひと	S35.7.8	南山大学	愛知県	自由民主党
藤木眞也	ふじきしんや	S42.2.25	熊本県立熊本農業高等学校	比例	自由民主党
藤末健三	ふじすえけんぞう	S39.2.18	早稲田大学大学院	比例	無所属
藤田幸久	ふじたゆきひさ	S25.4.19	慶應義塾大学	茨城県	国民民主党
藤巻健史	ふじまきけんじ	S25.6.3	一橋大学	比例	日本維新の会
船山康江	ふなやまやすえ	S41.5.26	北海道大学	山形県	無所属
古川俊治	ふるかわとしはる	S38.1.14	オックスフォード大学	埼玉県	自由民主党
堀井巌	ほりいいわお	S40.10.22	東京大学	奈良県	自由民主党
真山勇一	まやまゆういち	S19.1.8	東京教育大学	神奈川県	無所属（立憲民主党）
舞立昇治	まいたちしょうじ	S50.8.13	東京大学	鳥取県	自由民主党
牧野たかお	まきのたかお	S34.1.1	早稲田大学	静岡県	自由民主党
牧山ひろえ	まきやまひろえ	S39.9.29	トーマスクーリー法科大学院	神奈川県	立憲民主党
増子輝彦	ましこてるひこ	S22.10.8	早稲田大学	福島県	国民民主党
又市征治	またいちせいじ	S19.7.18	富山県立富山高等学校	比例	社会民主党
松川るい	まつかわるい	S46.2.26	東京大学	大阪府	自由民主党
松沢成文	まつざわしげふみ	S33.4.2	慶應義塾大学	神奈川県	希望の党
松下新平	まつしたしんぺい	S41.8.18	法政大学	宮崎県	自由民主党
松村祥史	まつむらよしふみ	S39.4.22	専修大学	熊本県	自由民主党
松山政司	まつやままさじ	S34.1.20	明治大学	福岡県	自由民主党
丸川珠代	まるかわたまよ	S46.1.19	東京大学	東京都	自由民主党
丸山和也	まるやまかずや	S21.1.23	ワシントン大学ロースクール	比例	自由民主党
三浦信祐	みうらのぶひろ	S50.3.5	東京工業大学大学院	神奈川県	公明党
三木亨	みきとおる	S42.7.10	中央大学	徳島県	自由民主党
三原じゅん子	みはらじゅんこ	S39.9.13	明治大学付属中野高等学校中退	神奈川県	自由民主党
三宅伸吾	みやけしんご	S36.11.24	早稲田大学	香川	自由民主党
水落敏栄	みずおちとしえい	S18.2.24	新潟県立新潟商業高等学校	比例	自由民主党
溝手顕正	みぞてけんせい	S17.9.13	東京大学	広島県	自由民主党
宮崎勝	みやざきまさる	S33.3.18	埼玉大学	比例	公明党
宮口由佳	みやざわゆか	S37.11.19	名古屋市立大学	山梨県	立憲民主党
宮沢洋一	みやざわよういち	S25.4.21	ハーバード大学行政学大学院	広島県	自由民主党
宮島喜文	みやじまよしふみ	S26.7.28	帝京医学技術専門学校	比例	自由民主党
宮本周司	みやもとしゅうじ	S46.3.27	東京経済大学	比例	自由民主党
室井邦彦	むろいくにひこ	S22.4.10	追手門学院大学	比例	日本維新の会
元榮太一郎	もとえいたいちろう	S50.12.14	慶應義塾大学	千葉県	自由民主党
森まさこ	もりまさこ	S39.8.22	東北大学	福島県	自由民主党
森ゆうこ	もりゆうこ	S31.4.20	新潟大学	新潟県	自由党
森本真治	もりもとしんじ	S48.5.2	同志社大学	広島県	国民民主党
森屋宏	もりやひろし	S32.7.21	山梨学院大学大学院	山梨県	自由民主党
矢倉克矢	やくらかつお	S50.1.11	カリフォルニア大学ロサンゼルス校	埼玉県	公明党
矢田わか子	やたわかこ	S40.9.25	大阪府立寝屋川高等学校	比例	国民民主党
薬師寺みちよ	やくしじみちよ	S39.5.3	九州大学大学院	愛知県	無所属
柳田稔	やなぎだみのる	S29.11.6	東京大学	広島県	国民民主党
柳本卓治	やなぎもとたくじ	S19.11.11	早稲田大学大学院	大阪府	自由民主党

山口和之	やまぐちかずゆき	S31.4.7	国際商科大学	比例	無所属
山口那津男	やまぐちなつお	S27.7.12	東京大学	東京都	公明党
山崎正昭	やまさきまさあき	S17.5.24	日本大学	福井県	自由民主党
山下雄平	やましたゆうへい	S54.8.27	慶應義塾大学	佐賀県	自由民主党
山下芳生	やましたよしき	S35.2.27	鳥取大学	比例	日本共産党
山添拓	やまぞえたく	S59.11.20	早稲田大学大学院	東京都	日本共産党
山田修路	やまだしゅうじ	S29.3.18	東京大学	石川県	自由民主党
山田俊男	やまだとしお	S21.11.29	早稲田大学	比例	自由民主党
山田宏	やまだひろし	S33.1.8	京都大学	比例	自由民主党
山谷えり子	やまたにえりこ	S25.9.19	聖心女子大学	比例	自由民主党
山本一太	やまもといちた	S33.1.24	ジョージタウン大学大学院	群馬県	自由民主党
山本香苗	やまもとかなえ	S46.5.14	京都大学	比例	公明党
山本順三	やまもとじゅんぞう	S29.10.27	早稲田大学	愛媛県	自由民主党
山本太郎	やまもとたろう	S49.11.24	箕面自由学園高等学校中退	東京都	自由党
山本博司	やまもとひろし	S29.12.9	慶應義塾大学	比例	公明党
横山信一	よこやましんいち	S34.7.21	北海道大学大学院	比例	公明党
吉川沙織	よしかわさおり	S51.10.9	同志社大学大学院	比例	立憲民主党
吉川ゆうみ	よしかわゆうみ	S48.9.4	東京農工大学大学院	三重県	自由民主党
吉田博美	よしだひろみ	S24.6.17	早稲田大学	長野県	自由民主党
蓮舫	れんほう	S42.11.28	青山学院大学	東京都	立憲民主党
和田政宗	わだまさむね	S49.10.14	慶應義塾大学	宮城県	自由民主党
若松謙維	わかまつかねしげ	S30.8.5	中央大学	比例	公明党
渡辺猛之	わたなべたけゆき	S43.4.18	名古屋大学	岐阜県	自由民主党
渡邉美樹	わたなべみき	S34.10.5	明治大学	比例	自由民主党
渡辺美知太郎	わたなべみちたろう	S57.12.28	慶應義塾大学	比例	自由民主党
渡辺喜美	わたなべよしみ	S27.3.17	早稲田大学	比例	無所属

■著者
八幡和郎（やわた・かずお）
1951年滋賀県大津市生まれ。東京大学法学部を卒業後、通商産業省に入省。
ENA（フランス国立行政学院）留学。
国土庁長官官房参事官、通商産業省大臣官房情報管理課長などを経て、
評論家、テレビコメンテーター、作家として活躍。
現在、徳島文理大学教授、国士舘大学大学院客員教授。
著者に、『歴代総理の通信簿』（PHP新書）、
『「反安倍」という病‐拝啓、アベノセイダーズの皆様』
『「立憲民主党」「朝日新聞」という名の偽リベラル』（以上ワニブックス）
『中国と日本がわかる最強の中国史』（扶桑社新書）など多数。

■編著
新世紀政経研究所
代表：**宇山卓栄**（うやま・たくえい）
1975年、大阪生まれ。慶應義塾大学経済学部卒業。
代々木ゼミナール世界史科講師を務め、著作家。テレビ、ラジオ、雑誌など各メディアで、
時事問題を歴史の視点でわかりやすく解説。
2015年、自民党から大阪府議会議員選挙に出馬するも次点落選。
おもな著書に、『世界一おもしろい世界史の授業』（KADOKAWA）、
『世界史で学べ！間違いだらけの民主主義』（かんき出版）、
『大阪のお金が誰でもわかる本』（あたま出版）、
『民族で読み解く世界史』（日本実業出版社）などがある。

47都道府県 政治地図

■発行日　平成30年10月20日第1刷発行

■発行人　漆原亮太
■編集人　甲斐菜摘
■カバーデザイン・DTP　山口英雄デザイン室
■発行所　啓文社書房
〒160-0022 東京都新宿区新宿1-29-14
パレドール新宿202
電話 03-6709-8872　FAX 03-6709-8873
■発売所　啓文社
■印刷・製本　シナノ印刷

ISBN 978-4-89992-048-9 C0030　　　　　　　http://www.kei-bunsha.co.jp
© Kazuo Yawata 2018 Printed in Japan
◎乱丁、落丁がありましたらお取替えします
◎本書の無断複写、転載を禁じます